Über dieses Buch

Die Hoffnung der letzten zwei Jahrzehnte, daß ein Krisenmanagement der europäischen Behörden und der transatlantischen Bündnispartner eine Weltwirtschaftskrise verhindern könnte, hat in neuerer Zeit einen gewaltigen Dämpfer erfahren. Die Gefahr einer Weltwirtschaftskrise ist groß, wenn die verantwortlichen Politiker und Wirtschaftsexperten die Augen vor den Krisenursachen verschließen. Sie ist nicht mit den Lehren John M. Keynes zu bekämpfen, denn Mittel gegen Inflation und eine gleichzeitige Stagnation stehen nicht in Keynes' Rezeptbuch. Wenn die Wirtschaft wieder gesunden soll, helfen keine wahllos verteilten Milliarden. Was nottut, ist die Förderung neuer Technologien und neuer Techniken – damit das Kapital wieder eine lohnende Anlagemöglichkeit und der Arbeitslose wieder Arbeit findet!

Der Autor

Gerhard Mensch, Jahrgang 1937, ist Professor im Wissenschaftszentrum Berlin. Er studierte in Bonn, Stanford und Berkeley und lehrte an der Tulane University und an der Universität Bonn.

GERHARD
MENSCH

DAS TECHNOLOGISCHE PATT

Innovationen überwinden die Depression

Fischer Taschenbuch Verlag

Fischer Taschenbuch Verlag
November 1977
Umschlagentwurf: Jan Buchholz / Reni Hinsch
Fischer Taschenbuch Verlag GmbH, Frankfurt am Main
Lizenzausgabe mit freundlicher Genehmigung
des Umschau Verlages Breidenstein KG, Frankfurt am Main

Gesamtherstellung: Hanseatische Druckanstalt GmbH, Hamburg
Printed in Germany
780-ISBN-3-596-21978-7

Inhaltsverzeichnis

Danksagung

Mein besonderer Dank gilt Mitgliedern des Arbeitskreises Innovationsforschung der Fritz Thyssen Stiftung, die diesem Buchprojekt in den Jahren 1972–1974 mit Kritik und gutem Rat geholfen haben. Ich bin Frau Marlene Brockmann sehr dankbar für viele Stilverbesserungen; und Frau Gertraude Hempe sei Dank für die mühevollen Schreibarbeiten.

Vorwort für die Taschenbuchausgabe

Dieses Buch ist in den Jahren 1973 und 1974 sozusagen gegen den Strich der damals vorherrschenden Fortschrittsgläubigkeit und Wachstumseuphorie geschrieben worden. Diese Euphorie äußerte sich in kühnen Prognosen über die künftigen Zuwachsraten des geldlichen Sozialprodukts. Diese wiederum basierten auf der fragwürdigen Annahme, daß der technische »Fortschritt« die materiellen Voraussetzungen für die Zuwächse schon besorgen werde; eine Annahme, die ich gern die »Sternthaler-Theorie des technischen Fortschritts« nenne. Diese weitverbreitete Theorie ist erstens unbefriedigend, weil dabei der technische »Wandel« per se als »Fortschritt« in den Lebens- bzw. Arbeitsverhältnissen gewertet wird, obwohl jede technische Änderung bzw. ein Anders-Machen mit Originalität (»Innovation») zumindest eine zweischneidige Sache ist, weil die Besserstellung des einen über den Konkurrenzmechanismus immer auch der Nachteil eines anderen ist. Diese Theorie ist zweitens falsch, weil sie unterstellt, daß Innovationen gleichsam vom Himmel fallen, und zwar schon zur rechten Zeit, noch dazu in modernen Zeiten beschleunigt, und dann noch dank der modernen Forschung und Entwicklung bei Staat und Wirtschaft in der rechten Menge, Art und Güte.

Der Titel »Das technologische Patt« stellt diese Erwartung in Frage. Er bringt zum Ausdruck, daß es verschiedene Arten der Innovation gibt (Basisinnovationen, Produkt- und Prozeßinnovationen, Scheininnovationen) und daß unter den verschiedenen Arten ganz markante Unausgewogenheiten auftreten und Strukturverwerfungen der Wirtschaft verursachen können. Durch den technischen Wandel und Strukturwandel kann man den Wirtschaftsablauf mindestens ebensogut charakterisieren wie mit Hilfe der üblichen Kennzahlen (Umsätze, Preise, Kosten, etc.); und außerdem bekommt man Frühwarnung vor Strukturkrisen.

Die folgenden beiden Thesen machen dies deutlich:

1. Basisinnovationen, mit denen ganz neue Märkte erschlossen und/oder neuartige Wirtschaftszweige angelegt werden, erfolgen diskontinuierlich im Zeitgeschehen, nämlich als Innovationsschübe, und

2. Folgeinnovationen, also die Serien von Verbesserungen der Produkte und Verfahren in den einst durch Basisinnovationen eingerichteten Branchen, unterliegen dem Wolfschen Gesetz der technisch-ökonomischen Entwicklungsgrenzen: Die Verbesserungseffekte unterliegen ab gewisser Schwellen auf der Angebotsseite dem Gesetz abnehmender Ertragszuwächse und auf der Nachfrageseite dem Gesetz des abnehmenden Zusatznutzens. Deshalb werden die Serien der Folgeinnovationen bei zunehmender Ausdifferenzierung der Technik öfter und öfter durch Scheininnovationen unterbrochen, und der Absatz stagniert mangels qualitativer Anreize zum Kauf.

So ließ sich 1973 an der beobachteten Innovationslücke bei Basisinnovationen und Produktinnovationen (von Sozialinnovationen einmal ganz zu schweigen) ablesen, daß der nächste Konjunkturabschwung ein besonders tiefer und hartnäckiger sein würde, weil es sich bei der Absatzkrise und der Investitionslücke um strukturelle Ursachen handelte. Die mangelhafte Anpassung des Güterangebots an die gewandelte Bedarfsstruktur der kaufkräftigen Menschen verursacht Nachfrageausfälle, die nur durch teilweise Umstrukturierung des Angebots an Produktion und Dienstleistungen aufgeholt werden können. Aber solche Innovationsprozesse erfordern in erster Linie Zeit und Wissen.

Diese Erkenntnis hat sich inzwischen durchgesetzt. Das zweite Anliegen dieses Buches war und ist nun, das von dieser Erkenntnis ausgehende resignative Moment aufzufangen durch den Hinweis im Untertitel: »Innovationen überwinden die Depression.« Die entscheidende Frage betrifft folglich das Aufkommen an Innovationsmöglichkeiten. Der wissenschaftliche Mittelteil dieses Buches ist deshalb der zeitlichen Dynamik gewidmet, die im Wissenstransfer (in der Umsetzung von Technikwissenschaft in die Innovationspraxis) angelegt ist. Mein Dank gebührt einer Reihe von Wissenschaftlern im In- und Ausland, die an den Wissenstransfer-Studien mitgearbeitet haben (siehe die Referenzen im 4. Kapitel), denn mit den Studien zum Wissenstransfer wurde echtes Neuland betreten. Die Erforschung der Quellen und Entstehungsgänge von Innovationschancen führte auf ein Gebiet, das vom Stammvater der Innovationsforschung, J. A. Schumpeter, weitgehend ausgeblendet worden war, und das heute, wo die Industrieländer zwei bis drei Prozent ihres Volkseinkommens in diesen Bereich investieren, zum Suchfeld geworden ist für lohnende Investitionsgelegenheiten, für neue Möglichkeiten des qualitativen Wachstums und für zukunftsträchtige Beschäftigungsfelder für Erwerbslose und Jugendliche ohne Ausbildungs- und Arbeitsplatz.

Dieses Suchfeld liegt nicht nur im Brennpunkt des Interesses an innovativen Unternehmensstrategien privater und öffentlicher Unternehmungen, die mit besseren oder auch neuartigen Produkten und Dienstleistungen im Wettbewerb bestehen müssen, sondern es ist auch das Betätigungsfeld der staatlichen Forschungs- und Technologiepolitik und Wirtschaftsstrukturpolitik. Und weil es nicht unwahrscheinlich ist (analog zu den stattgefundenen Innovationsschüben in der zweihundertjährigen Wirtschaftsgeschichte seit der Industriellen Revolution), daß die strukturelle Arbeitslosigkeit die Regierenden so unter Zugzwang setzt, daß ihnen am Ende jedes großtechnische Innovationsprojekt von privaten oder staatlichen oder gemischtwirtschaftlichen Unternehmen gerade recht kommt, um der Unterbeschäftigung entgegenwirken zu helfen, deshalb kann man erwarten, daß sich in nicht sehr ferner Zukunft wiederum ein Schwall von neuen Großtechnologien über uns und unsere Kinder ergießt; mehr und anders als uns lieb ist.

Bei einem solchen Innovationsschub ist – das ist im Patentsystem und in anderen Rahmenbedingungen der Technikverwertung so angelegt – das Schnelle der Feind des Besseren. Das nenne ich den Technikdrall der Marktwirtschaft, und ich meine, wir haben erst dann wirklich eine soziale Marktwirtschaft, wenn im Zeitalter der Atomenergie, der Genmanipulation und der chemischen Umweltnutzung die Auswahl von neuen Techniken besser auf unsere Sicherheitsbedürfnisse und Gebrauchszwecke paßt; insbesondere, wenn Sozialinnovationen eine bessere Chance in der Konkurrenz mit neuen Technologien haben.

Berlin, Mai 1977 Gerhard Mensch

ERSTES BUCH

GRUNDZÜGE DES WIRTSCHAFTSWANDELS

Solo in inconstantia constans

BENJAMIN CONSTANT

An der Börse für düstere Zukunftsaussichten werden heute zwei Schreckensbilder gehandelt, die beide ausreichen, um die Phantasie der Leute bis an die Grenze ihrer Vorstellungskraft zu strapazieren. Das eine kündet von einer bevorstehenden Weltwirtschaftskrise: Wer kann schon die mögliche Tiefe des Zusammenbruchs erdenken? Das andere kündet von einer sich unaufhaltsam einschleichenden Depression des Wirtschaftslebens: Wer vermag wohl ihr Ende abzusehen? Hat das Gefühl, daß nichts zu machen sei, einen triftigen Grund?

Gewiß hat die Hoffnung der letzten zwei Jahrzehnte, daß ein Krisenmanagement der europäischen Behörden und der transatlantischen Bündnispartner eine Weltwirtschaftskrise verhindern könnte, in letzter Zeit ganz gewaltige Dämpfer erfahren. Sind es doch gerade die Exponenten dieser Institutionen, deren „Frühwarnung" die Krisenangst in die Schlagzeilen bringt, anstatt an die richtige Adresse: zu den Experten, deren Aufgabe die Vorsorge gegen kritische Entwicklungen ist oder eigentlich sein sollte.

Auch mag niemand mehr den Versprechungen der führenden Wirtschaftspolitiker trauen, die uns in der Zeit des Wirtschaftswunders glauben machen wollten, daß wirtschaftliche Depressionen für alle Zeiten unter Kontrolle gebracht sind [1]. Offenbar ist bei den Verantwortlichen auch noch ein beträchtlicher Glaubensrest übriggeblieben, der trotz Stagnation immer noch einen Vorwand gegen zügige Vorkehr bietet. Auch die Vorkehrungen gegen Krisen verlangen nach Opfern.

Diese Angst ist jedenfalls da und hat auch den Wohlstandsbürger gepackt. Sie tut ihm ganz und gar nicht den Gefallen, nur den anderen zu betreffen, der auf der Schattenseite der Konjunktur marschiert. Zum Teil ist sie herbeigeredet worden. Aber sie hat auch eine reale Basis. Da sind Kräfte am Werk, für die Joseph A. Schumpeter den Sammelbegriff „Prozeß der schöpferischen Zerstörung“ geprägt hat. Als ein evolutorischer Prozeß des Werdens, Wachsens, Weichens und Vergehens verändert er alle Formen des Wirtschaftslebens in der Drift des Strukturwandels. Wer möchte da nicht in einem Aufwärtstrend mitschwimmen, und wer möchte schon in den Abwärtsstrom einer Strukturkrise geraten?

In den Zeiten des Wohlstands trifft die permanente Krise nur eine Minderheit der Mitbürger, und die Mehrheit kann von den Früchten des Wachstums in den modernen Wirtschaftszweigen sattsam leben, besser und besser, aber doch auch nicht ewig besser. Es gibt Grenzen des Wachstums, die von der Knappheit an Rohstoffen, von der Begrenztheit des Lebensraumes und von der Übersättigung der Wohlstandsbürger gezogen werden. Verstopfte Märkte sind nun einmal das Merkmal einer sogenannten Wohlstandsgesellschaft. Wenn nun das Wachstum in mehreren modernen Wirtschaftszweigen an diese Grenzen stößt, dann ufert die permanente Krise aus und zieht weitere Bevölkerungskreise in Mitleidenschaft. Dann wirft die Sonne der Konjunktur ihr Licht nur noch auf die schmalere Seite der Wohlfahrtsstraße.

Eine Umkehr dieses Stagnationstrends kann nur durch Innovationen bewerkstelligt werden, durch Neuerungen, die der Knappheit ein Schnippchen schlagen und die Nachfrage der Bevölkerung nach neuartigen Gütern und Dienstleistungen anstacheln. Innovationen sind die Zuflucht für die Arbeiter und Angestellten, die aus den stagnierenden Industriezweigen entlassen werden. Denn Innovationen sind auch die Unternehmungen, denen das Kapital zufließt, das in den stagnierenden Branchen freigesetzt wird. Aber wo sind die Innovationen? „Was soll ich tun?“ sprach der reiche Kornbauer (Lukas 12,16); „Wohin kann ich mich wenden?“ fragen die Leute in *Hair.* „Können freigesetzte Arbeitskräfte im Industriesektor unterkommen?“ ist die Kernfrage in der Stagnation. Paul Douglas stellte sie im Jahre 1930, während der letzten Weltwirtschaftskrise, im *American Federationist* – reichlich spät übrigens für einen Fachmann.

„Das technologische Patt" gilt dem Wechselspiel von Stagnation und Innovation, von Krise und Erneuerung. Da die Zuflucht bei den Innovationen liegt, kann das Wissen um die Innovationen, die bereits hinter der nächsten Biegung des Krisenpfades erkennbar sind, die Krisenfurcht auf ein berechtigtes, aber überschaubares Maß eindämmen. Damit ist die wesentliche Gefahr gebannt, die in der Vergangenheit in ähnlichen Situationen noch immer einen panischen Krisentaumel ausgelöst hat; das Pulver der Panik wird naß.

Ob um 1825, um 1873 oder um 1929, die Weltwirtschaftskrisen jener Jahre wurden immer durch übersteigerte Reaktionen auf eine maßlose Krisenangst vom Zaun gebrochen, also durch Panik der Verantwortlichen.

Bei aktuellen Anlässen könnte aus ähnlichen Ereignissen in der Vergangenheit gelernt werden – wenn man nur den Blick für analoge Ereignisse hätte. Wir leben unser Leben vorwärts, aber wir verstehen es rückwärts, sagte Kierkegaard. Das Verständnis der gegenwärtigen Situation wächst mit der Häufigkeit, mit der es ähnliche Konstellationen in der Vergangenheit gab.

Für solche geschichtliche Wiederholung bietet das Konzept der „langen Wellen" in der sozialwirtschaftlichen Entwicklung ein Perioden-Schema, wann und in welchen Zeitabschnitten der wirtschafts- und sozialgeschichtlichen Vergangenheit man ähnliche Großwetterlagen vermuten könnte. Ein solcher intertemporärer Vergleich funktioniert allerdings nur unter der Voraussetzung, daß sich die Geschichte wiederholt – und diese Voraussetzung ist heftig umstritten.

Ulrich Weinstock beispielsweise, der die Wiederkehr ähnlicher Großwetterlagen der industriellen Entwicklung ablehnt, hat zahlreiche Gegenargumente und die entsprechende Literatur gesammelt [2]. Andererseits hat Hans Rosenberg seinen Reichtum an Faktenwissen nur im konzeptionellen Rahmen der langen Wechsellagen einordnen können; seine Literaturübersicht füllt Seiten [3].

Beim Durchforsten dieser Schriften kommt man zu dem gewiß vorläufigen Eindruck, daß die Kontroverse über eine langfristige Wiederkehr der entsprechenden Konstellationen (etwa alle 50 Jahre) einem Generationskonflikt gleichkommt. Freilich kann man erst als älterer Mensch ein déjà-vue-Erlebnis haben. Ist vielleicht wegen der relativen Jugend der heutigen Nobelpreisträger für Wirtschaftswissenschaften von ihnen kein plausibles Wort über die Abwendung der drohenden Gefahren zu hören?

Generationskonflikt ist auch die bislang plausibelste Erklärung für die beobachtete Wiederkehr ähnlicher Großwetterlagen der sozialwirtschaftlichen Entwicklung. Die Zwischendauer beträgt etwa zwei Generationen. Und daß die Enkel ähnlich wie die Großeltern denken und handeln, geht als roter Leitfaden durch die kunstsoziologischen Schriften Pitrim Sorokins und durch die kulturanthropologischen Schriften Alfred Kroebers. Ihre Studien über dialektische Einstimmungsänderungen und Stilwandel zeigen das kulturelle Pendant zu den wirtschaftlichen Wechsellagen – zu den Umschwüngen im Nachfragevolumen und in der Nachfragekomposition.

Die Periode der Umorientierung nenne ich das technologische Patt: Die Krisengefahr spitzt sich zu, die widerstreitenden Kräfte im Strukturwandel treffen härter aufeinander, und es werden die Neuerungen hervorgebracht, die einen Ausweg aus der Krise eröffnen.

Bei diesen Umschwüngen im technologischen Patt reiben sich die evolutorischen Kräfte der Erneuerung und die bewahrenden Kräfte im sozialwirtschaftlichen Raum. Zunächst überwiegen die bewahrenden Kräfte, und die Innovationen lassen auf sich warten. Zunächst einmal werden nicht-innovative Versuche zur Überwindung der Stagnation in den Wachstumsindustrien unternommen – mit magerem Erfolg, denn die Stagnation ist ja nur Ausdruck der von den standardisierten Massenartikeln entfremdeten Nachfrage. In den vom Publikumsgeschmack verlassenen Wachstumsbranchen läßt sich das alte Beschäftigungsniveau auch nicht durch das Verausgaben der Konjunkturausgleichsreserven bewirken. Diese 1975 nach dem Gießkannen-

prinzip verstreuten Milliarden fehlen dann später für innovative Maßnahmen.
Die Bedeutung der Innovationen für die wirtschaftliche Prosperität und den sozio-ökonomischen Wandel hat als erster moderner Ökonom Joseph A. Schumpeter hervorgehoben:

„Der Kapitalismus ist also von Natur aus eine Form oder Methode der ökonomischen Veränderung und ist nicht nur nie stationär, sondern kann es auch nie sein. Dieser evolutionäre Charakter des kapitalistischen Prozesses ist nicht einfach der Tatsache zuzuschreiben, daß das Wirtschaftsleben in einem gesellschaftlichen und natürlichen Milieu vor sich geht, das sich verändert und durch seine Veränderung die Daten der wirtschaftlichen Tätigkeit ändert; diese Tatsache ist zwar wichtig und diese Veränderungen (Kriege, Revolutionen usw.) bedingen oft auch eine Veränderung der Industrie; sie sind aber nicht ihre primäre Triebkraft. Auch ist dieser evolutionäre Charakter nicht einer quasi-automatischen Bevölkerungs- und Kapitalzunahme oder den Launen des Geldsystems zuzuschreiben, von denen genau das gleiche gilt. Der fundamentale Antrieb, der die kapitalistische Maschine in Bewegung setzt und hält, kommt von den neuen Konsumgütern, den neuen Produktions- und Transportmethoden, den neuen Märkten, den neuen Formen der industriellen Organisation, welche die kapitalistische Unternehmung schafft“ [4].
Schumpeters Einsicht: „Die Innovationen tragen die Konjunkturen“ und bewirken den wirtschaftlichen Aufschwung, führen wir hier fort. Wir fragen, woher denn die Innovationen kommen, denn sie fallen ja nicht vom Himmel („exogene Variable“). Vielmehr entstehen sie im evolutorischen Wechselspiel von Stagnation und Innovation: Die Stagnation dämpft den Nutzen des weiteren Arbeits- und Kapitaleinsatzes (Investition) in überwachsenen Beschäftigungsfeldern und lockt dadurch Innovationen hervor. Übrigens ist dieser Vorgang nicht systemabhängig; nicht nur der Kapitalismus, auch die feudale und die sozialistische Wirtschaftsform – was immer das ist – leben durch Innovationen fort.

Der menschliche Drang zur Neuerung wird im technologischen Patt zur wirtschaftlichen Notwendigkeit, zum Sachzwang. Das technologische Patt ist eine Phase im Industrialisierungsprozeß, in der die mit Überkapazitäten antretenden Großfirmen auf den Weltmärkten ins Gedränge kommen, weil die Nachfrage versiegt. Beispiel: Zu Weihnachten 1973 orderten nur halb soviel Westdeutsche ein neues Auto wie im Dezember 1972.
Im technologischen Patt herrschen besondere Instabilitäten. Unsere Volkswirtschaften waren um 1825, um 1873 und 1929 in einer recht ähnlichen Weise davon betroffen. Die kritischen Erscheinungen der Stagnation der jeweils am mächtigsten florierenden Bereiche erschütterten und erschüttern auch heute die sozialen und realwirtschaftlichen Privilegien der Nutznießer dieser Bereiche und stürzen sie in veritable Identitätskrisen. Ihnen drohen also nicht nur sachliche Verluste von den Instabilitäten im technologischen Patt. Die Marxisten sprechen von einer drohenden „Entwertung des Kapitals".
Solche Umstände produzieren soziale Krämpfe. Im technologischen Patt wankt, so wie gegenwärtig im ganzen Westen, das zu anderen Zeiten hochgehaltene Unternehmerbild. Das Unternehmertum wird gescholten und sein Sinn in Frage gestellt. Ganz ähnlich war es auch schon unter den Umständen des technologischen Patt vor hundert Jahren. Nicht allein die Kommunisten und Sozialisten schimpften damals auf die Unternehmer. In Gassendeutsch abgefaßte Auslassungen über Berliner Industrielle, insbesondere auch über die Siemensfamilie, sind von keinem Geringeren als vom Herrscher aller Preußen überliefert.
Aber das technologische Patt bietet auch neue Chancen. Andere Personengruppen knüpfen Erwartungen an eben diese Brüchigkeiten der Situation. Denn die Krise des Etablierten ist die evolutorische Chance des Neuen. Die Linien von Stagnation und Innovation überschneiden sich im technologischen Patt und erzeugen Konflikte. Revolutionäre, aber auch die ewig Gestrigen, die das Rad der Geschichte zurückdrehen wollen, wittern in den Instabilitäten dieser Sachlage die Möglichkeit zur doktrinären Festlegung des Evolutionskurses auf extreme Ordnun-

gen, in denen die Vorteile der Akteure maximal sind – auf Kosten der Gemeinschaft. Reformer und Innovatoren haben es schwer, sich von diesen radikalen Kräften positiv zu unterscheiden. Auch die Reformer und Innovatoren, die den sozialen und technischen Wandel betreiben, ohne daß sie die Verteilung zugunsten einer bestimmten, nämlich zugunsten ihrer Gruppe „verbessern“ wollen, haben im technologischen Patt die besten Gelegenheiten, mit Sozialinnovationen und technologischen Basisinnovationen zum Zuge zu kommen.
Denn die Sachzwänge des Krisendrucks geben auch jenen hellen Köpfen eine Chance, die nicht um elitärer Interessen und Ziele willen, sondern einfach zum Zwecke der Minimierung der physischen und psychischen Not ihrer Mitmenschen mit Neuerungen aufwarten wollen. Leider besteht im Krisendruck auch die Gefahr, daß nützliche Reformen zugunsten von schnell wirkenden technischen Programmen verdrängt werden, deren Sekundär-Effekte mehr schaden als nützen.
Im evolutionären Wechselspiel von Stagnation in etablierten und Innovation in neuen Bereichen der Arbeitswelt sind Krise und Arbeitslosigkeit ein mächtiger Antrieb für die Schaffung von neuen Arbeitsplätzen mit großtechnischen Neuerungen. Das erfordert Projekte. Aber die zum Zwecke der Arbeitsbeschaffung im technologischen Patt nötigen Projekte für Basisinnovationen – so nenne ich Innovationen, die auf industrielles Neuland führen [5] – sind auf den Vorstufen der Forschung und Entwicklung schon verbummelt und verzögert worden, weil die erwerbswirtschaftlichen Investitionen in grundlegende Neuerungen auf kurze Sicht keinen Gewinn versprechen. Wie kurzsichtig und uneinsichtig ist doch das betriebswirtschaftliche Investitionskalkül!
Dabei war der Mangel an schnell realisierbaren Innovationsprojekten bereits im Konjunktureinbruch von 1966/67 allen Experten, die es hätten sehen sollen, drastisch vor Augen geführt worden. Bereits 1967 war der Mangel an Innovationsprojekten ein Hemmschuh der Konjunkturbelebung. Zu diesem Zwecke hatte die Bundesregierung im Januar 1967 einen Extrahaushalt für Investitionen in Höhe von 2,5 Milliarden DM beschlossen;

im Juli 1967 fügte sie noch einmal 5,3 Mrd. DM hinzu. Alles in allem waren mit ERP-Mitteln 11,6 Mrd. DM zusätzliche Kaufkraft aufgeboten worden.

„Es zeigt sich allerdings bei der Vergabe der Mittel der beiden Investitionshaushalte die fehlende Vorbereitung von sofort realisierbaren und schnell expansiv wirkenden Investitionsobjekten durch die Verwaltungen. So waren (a) bis Ende 1967 nämlich erst Aufträge in Höhe von 4 Mrd. DM, (b) bis Mitte April 1968 in Höhe von 8 Mrd. DM vergeben, und (c) erst bis Mitte Juni 1968 wurde der Gesamtbetrag auftragswirksam" [6].

Heute, im Jahre 1975, stehen rund 9 Mrd. DM allein aus den Mitteln der Konjunkturausgleichsabgabe zur Verfügung. Auch ist die Rede von „Schubladenprojekten", die kurzfristig machbar sein sollen. Dabei handelt es sich jedoch vorwiegend um zusätzliche Vorhaben auf Gebieten, in denen bereits in der Vergangenheit viel getan wurde: im Hochbau, im Tiefbau, im Schulbau, im Straßenbau, kurzum auf Gebieten, deren weitere Beackerung keine belebende Wirkung auf die anderen Bereiche verspricht, in denen die Grenzen des Wachstums wirksam geworden sind. Der erhoffte „Multiplikator-Effekt" der öffentlichen Ausgaben muß ausbleiben, wenn die Mittel in ohnehin verstopfte Gebiete fließen, während sie anderweitig für die Finanzierung von Basisinnovationen und Sozialinnovationen fehlen.

Mit dem Lebertran der Investition in der Bauwirtschaft kann die Krise nicht kuriert werden; vielmehr ist eine Vitaminkur mit Basisinnovationen in neuen Bereichen das richtige Mittel, um das technologische Patt zu überwinden.

Das voraussehbare Fiasko einer Politik der Arbeitsbeschaffung mit Bauprojekten der althergebrachten Art wird den Glaubensrest in die Wirksamkeit der keynesianischen Rezeptur zerstören. Zu Unrecht, aber mit schlimmen Folgen, wenn die Enttäuschung „die Lust am Untergang" (Friedrich Sieburg) weiter speist. Nur wenn die öffentlichen Aufträge für innovative Projekte vergeben werden, kann die Ausgabenpolitik die Krise auffangen. Überwunden werden kann sie nur mit ausreichend vie-

len Basisinnovationen, die der „Lust zum Evolvieren“ (Teilhard de Chardin) Nahrung geben.
Und damit kommen wir zur Zentralthese dieses Buches: *Basisinnovationen treten in Schwärmen auf.* Es gibt Phasen im Wirtschaftsablauf, in denen die Wirtschaft nur sehr wenige Basisinnovationen tätigt. Dann gerät „der Tiger des technischen Fortschritts“ (Paul A. Samuelson) aus dem Tritt; anstatt auch auf Neuland zu gehen, dreht er sich im Kreise auf abgejagten Gebieten. Dann wieder gibt es Phasen im Wirtschaftsablauf, in denen ein Schwall von Basisinnovationen über die Bühne der Zeit gehen. Sie signalisieren das Ende des technologischen Patt.

Kapitel 1
Das technologische Patt

Einer kann sich da nicht retten
BERTOLT BRECHT

Das technologische Patt ist die Umbruchphase der kapitalistischen Wirtschaft in der sozialwirtschaftlichen Evolution der Neuzeit. Der industrielle Fortschritt verharrt für eine Weile in einer Antriebs- und Willenspause. Die Stagnation der bislang vorherrschenden, weil von der Nachfrage der Konsumenten getragenen Wirtschaftskräfte öffnet einen sozialwirtschaftlichen Bereich der Unbestimmtheit des Möglichen. Das Machtvakuum und die Antriebsschwäche haben einen starken Aufforderungscharakter; sie schaffen günstige Bedingungen sowohl für revolutionäre und restaurative Bewegungen als auch für evolutorische Veränderungen (Sozialinnovationen und technologische Innovationen). „Tu nach deiner Weisheit!" sprach König David auf dem Totenbett zu seinem Sohn und Thronfolger Salomo. Leider hat bisher selten eine Regierung so weise Neuerungen durchgeführt, wie Salomo es tat.

Das technologische Patt wird irgendwann durch Einlegen eines anderen evolutorischen Ganges beendet; in der überschaubaren Vergangenheit der Industrialisierung wurden die jeweiligen Pattsituationen stets durch einen Schwall von technischen Neuerungen überwunden. Natürlich haben in einer bestimmten historischen Lage bestimmte neue Technologien einen höheren Stellenwert als andere. Zum Beispiel werden heute energiesparende, umweltschonende Technologien vorgezogen. Die Favorisierung gewisser Technologien durch aktuelle Nöte des Volkes und Sachzwänge in der Wirtschaft schafft auch den Bedarf nach bestimmten Sozialinnovationen (Reformen, Novellen); ein Mindestmaß an Anpassung ist unvermeidlich. Keine Regierung kann diesem Druck der Verhältnisse standhalten. Sperrt sie sich, so wird sie über kurz oder lang von Massenbewegungen

weggespült. Die Beispiele für das Austoben solcher blockierter Sachzwänge seit der Industriellen Revolution erstrecken sich vom Sturm auf die Bastille, Paris 1789, und der Jakobinerschaft bis zur Machtübernahme der Nazis 1933.
Welches sind die Sachzwänge, die das technologische Patt begründen? Man kann sie in keinem engeren Bezugsrahmen als in dem der langen Frist, des realwirtschaftlichen Wandels der Technik und der Bedarfsentwicklung auf den Weltmärkten sehen. Diese Sachzwänge sind gekennzeichnet einerseits durch die Stagnation und andererseits durch den Widerstand gegen Innovationen bzw. durch die Versäumnisse im Wissenstransfer von der Theorie in die Praxis. Solche Sachzwänge halten die Volkswirtschaften der modernen Industrieländer heute in der Klemme.
Stagnation ist eine Weltmarkterscheinung. Die Großindustrien der Industrieländer stehen einander auf allen Märkten im In- und Ausland als Konkurrenten gegenüber. Dabei läßt die zunehmende Nachfragesättigung auf den Märkten für die Standardgüter, auf deren Produktion die Wachstumsindustrien sich spezialisiert haben, eine immer kleinere Restnachfrage übrig, um die sich die immer gigantischeren Großbetriebe streiten. Der Wettbewerb wird härter und härter auf verengtem, weiter schrumpfendem Raum.
Die Regierungen der Nationalstaaten identifizieren sich natürlich mit „ihren" Konzernen und mit „ihrer" Rest-Nachfrage. Sie neigen unter dem Zwang zu einer erfolgreichen Politik dazu, die heimischen Märkte durch Importbeschränkungen gegen die Auslandskonkurrenz abzuschirmen und den heimischen Exporteuren mit Subventionen und Exportvergünstigungen unter die Arme zu greifen. Eine solche Situation, in der alle Industrieländer dasselbe wollen, und dies nur mit den gleichen Mitteln derselben Technik und derselben Politik erreichen können, ist reif für die Konfrontation. Vom Protektionismus zum Schlagabtausch in einem Wirtschaftskrieg bleibt nur ein kleiner Schritt; er ist so gering wie der vom Hochmut zum Fall.
Die Gefährlichkeit der Situation wird noch erhöht durch offenbare Widersprüche zwischen dem mangelnden Verständnis der

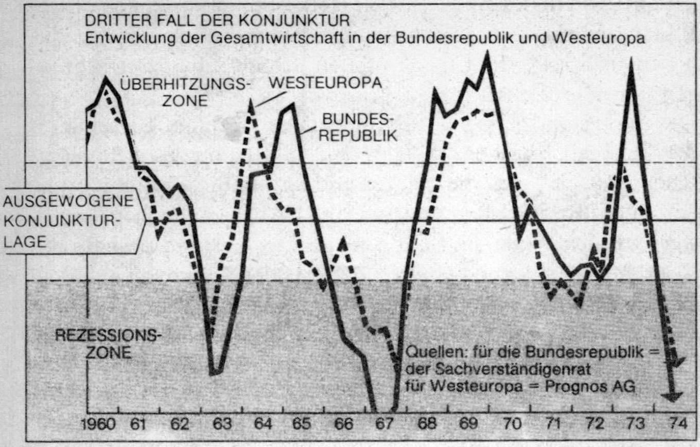

Abb. 1.1 Quelle: DER SPIEGEL (31. 12. 1973)

Wirtschaftspolitiker für die Sachlage und durch die Sachzwänge selbst. Diese Sachzwänge sind langfristig gewachsen und realwirtschaftlicher Natur; sie stellen sich für die meisten Industrieländer, die eng miteinander verbunden sind, ganz ähnlich. Die enge Verzahnung der westlichen Wirtschaft offenbart sich z. B. an den gekoppelten Konjunkturschwankungen in den Ländern Westeuropas. Abbildung 1.1 zeigt die Einbettung der westdeutschen Wirtschaftsdynamik in die der westeuropäischen Handelsgemeinschaft.

Langfristigkeit, Realwirtschaft und Weltmaßstab sind die Koordinaten der Sachlage im technologischen Patt. An welchem Punkte aber setzen die Wirtschaftspolitiker an? Die Merkmale ihrer Maßnahmen sind Kurzfristigkeit, Geldwirtschaftlichkeit und Nationalegoismus. Diese Linien schneiden sich in den Manipulationen der Zinsen und Wechselkurse mit der Absicht, die Chancen der heimischen Industrie im Auslandsgeschäft zu verbessern. Darüber geht das Währungssystem zu Bruch, bzw. die Fugen können nur mühsam gekittet werden.

„Heute, wie in der ganzen Geschichte, stehen finanzielle Kapazitäten und politischer Scharfblick oft im umgekehrten Verhältnis zueinander“, sinnt Galbraith am Schluß seiner Betrachtungen über die Weltwirtschaftskrise von 1929 [7].
Der Wohlstand hat eine unerquickliche Beigabe. Er schläfert die Sinne ein. So ist es das Schlimme am Beginn des technologischen Patt, daß sich die Bürger und ihre in die Verantwortung gewählten Repräsentanten trotz vieler Anzeichen einen Trendwechsel nicht vorstellen können oder wollen und deshalb auf Vorkehrungen verzichten. Ein Zeugnis der Stimmung am Vorabend der Krise von 1929 gibt Ortega y Gasset in seinem Buch „Der Aufstand der Massen“, das er damals um 1927 und 1928 – also während der Zeit der „prosperity“ – schrieb:

„Welchen Aspekt bietet das Leben den Menschenmengen, die das 19. Jahrhundert in immer steigender Fülle erzeugte? Zunächst den einer durchgängigen materiellen Unbeschwertheit. Niemals hat der Durchschnittsmensch sein ökonomisches Problem in solcher Muße lösen können. Während die großen Vermögen verhältnismäßig zurückgingen und das Leben des Industriearbeiters härter wurde, öffnete sich der wirtschaftliche Horizont für den Durchschnittsmenschen immer freier. Immer neue Luxusgewohnheiten nahm er in seinen Lebensstandard auf; immer sicherer und von fremder Willkür unabhängiger wurde seine Stellung. Was man vorher als eine Gnade des Schicksals angesehen hätte, die in demütiger Dankbarkeit hingenommen wurde, betrachtete man jetzt als ein Recht, für das man nicht dankt, das man fordert.
Seit 1900 beginnt auch der Arbeiter sein Leben sicherer zu gestalten. Doch muß er darum kämpfen. Ihm wird das Wohlleben nicht wie den Mittelklassen von einer Gesellschaft und einem Staat, die ein Wunder an Organisation sind, fürsorglich vor die Füße gelegt.
Dieser wirtschaftlichen gesellt sich die physische Sicherheit und Mühelosigkeit hinzu: der Komfort und die öffentliche Ordnung. Das Leben läuft auf glatten Schienen, Erschütterungen und Gefahren sind unwahrscheinlich“ [8].

Beim Verschließen der Augen vor den dämmernden Krisengefahren, und beim Verleugnen der ersten Krisenzeichen, herrscht natürlich Wunschdenken vor. Jean Cocteau schreibt:

„1929 glaubte man, den Gipfelpunkt erreicht zu haben, eine amerikanische Apotheose der Maschinen, der Wolkenkratzer, der Wissenschaft und des Komforts“ [9]. Und etwas Neues zu hören, besonders wenn es an Vorkehrungen für schlechtere Zeiten gemahnt, „ist dem Ohre peinlich und schwierig“ [10].

Wir stehen also vor den beiden Fragen:
1. Wie kommt es zum technologischen Patt?
2. Wie kommt die Wirtschaft wieder aus der Klemme heraus?

A. Der Weg ins technologische Patt

Wir wollen nun die evolutorische Ereigniskette skizzieren, die ins technologische Patt führt. Dabei betrachten wir lange Fristen unter dem Zeitraffer. In den dreißiger Jahren, am Start der Zeitreise über 40 bis 50 Jahre, stand ein Schwall von Basisinnovationen, die die Starre des damals bestehenden technologischen Patt lösten und der wirtschaftlichen Depression ein Ende machten, weil sie neuartige Tätigkeitsfelder für Arbeit und Kapital eröffneten. In der Fülle und Eigenart des Innovationsschubs brachen sich allerdings auch schädliche Technologien Bahn, und mit der Ungezügeltheit des Durchbruchs wurde schon die Krise von überübermorgen, von heute, vorprogrammiert. In folgender Sequenz:

1. Im Auslauf des technologischen Patt trat ein Schwarm von technologischen Basisinnovationen auf, durch welche mehrere neue Industriezweige entstanden. Solche Innovationsschübe gab es um 1825, um 1886 und um 1935; mit diesen zusätzlichen Beschäftigungsmöglichkeiten (siehe Kapitel 4) wurde die Lähmung der Wirtschaft in jenen Epochen überwunden.
2. Nachdem die ersten Fabriken in den neuen Industriezweigen eingerichtet waren und die neuartigen Güter den Besitzwillen

der Konsumenten anreizten, wurden diese Branchen durch Verbesserungsinnovationen an den Produkten und an den Fabrikationsprozessen zügig immer weiter ausgebaut. Dadurch kamen Wachstumszyklen in den neuen Branchen in Gang. Diese verliefen dann eng verkoppelt ab, und zwar wurden die Wachstumszyklen durch Komplementaritätsbeziehungen zwischen den Gütern, „die einfach zusammengehören“ in der modernen Lebensart, parallelgeschaltet.

3. Das parallele Branchenwachstum brachte bald ein wahres Wirtschaftswunder im ganzen Lande. Mit den Jahren wurden nämlich die Wünsche nach Besitz oder Genuß der neuen Waren und Dienstleistungen immer mehr zur Selbstverständlichkeit, und „man“ mußte die neuen Güter einfach haben. Auf den meisten Märkten für Güter des gehobenen Bedarfs zeigten längere Lieferfristen den „Verkäufermarkt“ an. Es herrschte ein Nachfrageüberhang. Das Wachstum sprudelte.

4. Im Zuge der Expansion wurden die wachsenden Unternehmen vom Export abhängig. Durch Konzentration und Vergrößerung der Kapazitäten gelang es den wettbewerbsfreudigeren Firmen, ihre Fertigung zu rationalisieren und die Lohnkosten pro Stück zu senken. Um die gewinnträchtige Massenfabrikation zu ermöglichen, mußten die den Inlandsbedarf übersteigenden Warenmengen im Ausland verkauft werden. Wachstum und Exportneigung sind zwei Seiten der gleichen Sache.

5. Die verschiedenen Wachstumsindustrien, die ehedem etwa zur gleichen Zeit durch den Schwarm von Basisinnovationen eingerichtet worden sind, dann verkoppelt expandiert haben, erreichten mit der Zeit jene Größenordnung, bei der die gesamte Kapazität in der Branche bedeutend größer ist als die heimische Marktabsorption, so daß die Großunternehmen exportieren müssen, ob sie wollen oder nicht, wenn sie nicht schrumpfen wollen. Das Firmenwachstum gerät an die Alarm-Schwelle, wenn die wachsende Kapazität die zunehmend gesättigte Nachfrage übersteigt. Angebotsüberhang auf „Käufermärkten“ kennzeichnet eine Wohlstandsgesellschaft, denn ex definitione ist jetzt die Bevölkerung mit den Massengütern des gehobenen und täglichen Bedarfs wohl versorgt.

6. In den Nachbarländern gibt es aber inzwischen ähnlich moderne und konzentrierte Industrien, die auch in die Nähe ihrer Alarm-Schwelle gelangt sind und auch in den Export drängen. Die technologischen Qualitätslücken zwischen den verschiedenen internationalen Produzenten sind auf ein Minimum geschrumpft. Die Standardprodukte unterscheiden sich in den wesentlichen Eigenschaften nur noch wenig. Sie sind austauschbar. Unwesentliche Nuancen bestimmen die Kaufentscheidungen der Nachfrager, und das gesamte Nachfragevolumen stagniert. Die Restnachfrage auf dem Weltmarkt wird von den Großkonzernen immer heißer umkämpft.
7. Die Alarm-Schwelle macht es den Kapitaleignern bewußt, daß es profitabler wäre, die riesige Fülle des akkumulierten Kapitals, das auf dem Konto für Netto-Verkaufserlöse einläuft, nicht mehr in die Ausweitung der ohnehin überexpandierten Betriebe und in die abgegrasten Technologien zu investieren, sondern es an anderer Stelle, etwa am internationalen Kapital- und Geldmarkt, arbeiten zu lassen.
8. Ein riesiger Geld- und Kapitalmarkt baut sich auf. Die Finanzmanager können sich dem Sachzwang zu lukrativen Währungsspekulationen und Rentenabschöpfungen gar nicht entziehen, selbst wenn sie lieber davon Abstand nähmen. Die Notenbanken der einzelnen Staaten setzen in der Verfolgung der nationalistischen Wirtschaftspolitik bei jeder geldwirtschaftlichen Maßnahme Millionen ein, die auf dem Konto der Spekulanten gutgeschrieben und auf dem der Steuerzahler belastet werden.
9. Dies ist die Zeit, in der die Verkäufer aus den Industrieländern vor den Einkaufskontoren in der Dritten Welt Schlange stehen, dort aber, wenn überhaupt, dann nur gegen großzügige Kredite zum Abschluß kommen, denn der Verfall der Rohwarenpreise und der Schuldendienst hat diese Länder zahlungsunfähig gemacht.
Und dies sind denn auch die Merkmale des technologischen Patt: Die Großindustrien der Industrieländer haben engste Tuchfühlung auf allen Märkten im In- und Ausland; ein wider alle wirtschaftliche Vernunft parallel laufender Kapital- und

Güterstrom geht von Nord nach Süd, wobei die reichen Länder sowohl Geld als auch Güter hingeben; und es existiert ein riesiger Aufstau von Kapital, das eine Anlage in Produktivvermögen der alten Art scheut und lieber in Finanzinvestitionen gesteckt wird, wo es allerdings ein unsicheres Vagabundendasein führt. Ständig durch einen internationalen Groß- und Kleinbankenkrach von der Entwertung bedroht, dreht sich das Währungskarussell wie ein Ringelspiel mit 300 Milliarden schwarzen Petern, die man einerseits gern besäße, andererseits aber auch gern wieder losschlagen möchte, damit die drohende Entwertung den nächsten trifft. Diese umherschwirrende Liquidität sucht sichere Häfen, sucht die Anlage in gewinnversprechenden industriellen Innovationen. Aber wo sind diese?

B. Die realwirtschaftliche Großwetterlage von heute

Angesichts der akuten Stagflation (der Stagnation in den meisten der bisher mächtigsten Wachstumsindustrien bei gleichzeitiger internationaler Preis-Inflation), angesichts des enormen Dollar-Überhangs, des keimenden Außenhandelsprotektionismus und der Rohstoffverknappung geht die bange Frage um: Ist die Weltwirtschaft aus den Fugen?
Sie ist es heute wieder einmal. Wie schon mehrmals in der Geschichte, nämlich am Vorabend der Weltwirtschaftskrisen von 1825, von 1873 und von 1929 – hat sie jene Konstellation von Umständen erreicht, die ich als technologisches Patt bezeichne. Und so stellt sich die Lage heute dar:

– völlig aus den Fugen ist die Weltwirtschaft im Nord-Süd-Verhältnis; die Unterschiede zwischen den reichen Industrieländern und den wirtschaftsschwachen, bevölkerungsreichen Entwicklungsländern sind größer denn je. Geld und Gut, die im gegenseitigen Handel eigentlich hin und her fließen sollten, damit es allen gefällt, fließen heute beide vornehmlich hin;
– völlig aus den Fugen ist auch das Währungssystem. Ein riesiger Dollar-Überhang auf dem Markt für Dollars, die wie heiße

Eisen von Hand zu Hand geschoben werden, drängt letztlich darauf, in die USA zurückzukehren*; aber das geht nicht;
– völlig aus den Fugen ist auch das Deckungsverhältnis zwischen dem Gefüge der nationalen Wirtschaftspolitiken und der Weltwirtschaft. Beide passen nicht aufeinander. Die Sachlage auf den Weltmärkten und die Nationalinteressen in den Wohlstandsgesellschaften stehen einander entgegen.

Ein Zusammenbruch der Weltwirtschaft scheint deshalb unvermeidlich zu sein.

C. Kann eine Weltwirtschaftskrise überhaupt ausbleiben?

Um die Frage nach der Abwendbarkeit der Krise im technologischen Patt zu veranschaulichen, empfiehlt es sich, den Vergleich weiterzutreiben, der zwischen dem Schachspiel und der Clinch-Haltung der mächtigen, überexpandierten Wachstumsindustrien aus aller Herren Ländern besteht.
Zunächst der Zweck-Vergleich. Das Ziel des internationalen Wettbewerbs am Weltmarkt ist es, der Auslandskonkurrenz die Kunden wegzunehmen. Was denn sonst? Wenn im Schach eine Situation entsteht, in der kein Schachspieler einen Sieg erringen kann, und wenn kein Konkurrent im Welthandel genügend Kunden finden kann, dann liegt ein Patt vor.

---

* Feuerlein beziffert den Dollar-Überhang auf 57 Mrd., das ist die Riesensumme, die seit 1967, also seit dem Beginn des Stagnationstrends, aus der passiven Zahlungsbilanz der USA ausgeflossen ist. Und wohin? Von diesem Dollarstrom haben Japan und Deutschland, die ehemaligen Verbündeten, über 60% (37 Mrd.) aufgenommen. Nur zwei Länder, Frankreich und Kanada, hatten außerdem Zunahmen von mehr als 3 Mrd. Der Rest ist weit verstreut [11]. Die meisten anderen Autoren, die Schätzungen des Dollarüberhangs veröffentlicht haben, greifen zu höheren Zahlen; und diese Barmittel müssen noch mit einem Kreditmultiplikator aufgebläht werden. Dann ergibt sich der Umfang der verhängnisvollen internationalen Liquidität.

Wie kann man ein Patt überwinden? Mehrere Wege führen aus der verfahrenen Situation heraus.
Der professionelle Schachspieler wird eher dazu neigen, mit seinem Partner eine ganz neue Partie zu starten *(Innovations-Lösung),* statt lange mit den restlichen Figuren hin- und herzufahren *(Finessieren)* in der Hoffnung, daß dem anderen mit der Zeit doch noch ein Fehlzug unterläuft.
Ein professioneller Spieler, der seinen Partner für weitere Runden behalten will, wird aber gewiß die unsportliche Torheit vermeiden, damit anzufangen, Zug um Zug, Auge um Auge, Schlag auf Schlag die ganzen Figuren auszuschalten, denn das bringt den Partner nur in Zorn, bringt aber den Sieg nicht näher und häuft nur Leichen an *(Raubschach).*
Prinzipiell die gleichen Schachzüge stehen den Industrieländern für die Überwindung des technologischen Patt zur Verfügung, in dem ihre Leitindustrien stehen. Prinzipiell haben die einzelnen Länder in dieser Lage echte Sorge um die Beschäftigung in den bedrängten Industrien. Sie könnten sich deshalb auf Raubschach einlassen. Dann kommt es Zug um Zug zur gegenseitigen Aussperrung der ausländischen Anbieter auf den meisten Märkten und zum Zusammenbruch des Welthandels. Das bedeutet den Abbruch des Zusammenspiels, ohne daß für eine neue, gemeinsame Partie vorläufig die rechte Lust und Laune verbleibt.
Solches oder ähnliches hat noch jedesmal stattgefunden, wenn in der Wirtschaftsgeschichte der letzten 200 Jahre ein technologisches Patt vorlag. Und immer war es ein Hochspielen und Austoben des Ärgers: Ein paar verhältnismäßig (im Weltmaßstab) kleine Staaten scherten aus dem Konzert des gegenseitigen Verständnisses aus. Sie meinten, dies unbemerkt zu ihrem Vorteil tun zu können. Aber die Rache der großen Länder folgte auf dem Fuße, und die Tragödie des „Raubschach“ zog ihre Kreise*.
Die Weltwirtschaftskrise kann nur vermieden werden, wenn die Großmächte ein professionelles Verhalten an den Tag legen. Das fordert viel: Sie dürfen ihrerseits keinen Raubzug unternehmen und sich dazu auch nicht von Raubzügen der kleinen

Länder verleiten lassen. Die größte Gefahr bedeutet in dieser Hinsicht die Existenz des Eurodollarmarktes, auf dem rund 60 Milliarden heiße US-Dollars meist in deutscher und japanischer Hand ein Vagabundendasein führen: Ein Pulverfaß voller Versuchung zu panischen Ausbrüchen. Dagegen sind die Petrodollars eher harmlos, sowohl dem Umfang nach als auch deshalb, weil sie als Problem erkannt sind.

Notwendige Bedingung für eine Abwendung der drohenden Krise ist es, jeden Zug zu vermeiden, der den Partnern in der brüchigen Währungsordnung und den Konkurrenten auf den umkämpften Weltmärkten als ein Auftakt zum Raubschach erscheinen könnte. Schon der bloße Anschein könnte den Racheakt vom Zaun brechen.

Hinreichende Bedingung für eine kurzfristige Abwendung der Krise ist das Finessieren. Hinreichende Gewähr für eine langfristige Bannung der Krisengefahr bietet allerdings nur die Innovationslösung.

1. Das Finessieren: Zeit gewinnen!

Nehmen wir zunächst das Finessieren unter die Lupe, das geduldige Weiterlaufenlassen des Spiels trotz der Erkenntnis, daß die laufende Partie keinen Gewinn verspricht. Es kommt heute darauf an, den Außenhandel weiter fortzuspinnen, obwohl die wirtschaftlichen Vorteile den Arbeitsaufwand eigentlich nicht mehr so recht lohnen. Das muß man zeitweilig hinnehmen.

---

* „. . . eine Gruppe, die es an Verantwortungsgefühl fehlen ließ . . . bildeten die kleineren Länder: Belgien, die Niederlande, Schweiz, Skandinavien . . . etwa bei den Konversionen von Pfunden in Gold . . . oder bei ihren übereifrigen Zollerhöhungen . . . Es gibt jedoch keinen allgemein anerkannten Standard für das Verhalten der kleinen Länder. Einerseits fehlt ihnen die Macht, auf große Ereignisse einzuwirken, und man gesteht ihnen deshalb das Privileg zu, ihr nationales Privatinteresse zu verfolgen, statt sich um das öffentliche Gut der Stabilität in der Weltwirtschaft als Ganzem zu kümmern" berichtet Kindleberger von der letzten Weltwirtschaftskrise [12].

Welches ist der realwirtschaftliche Spielraum des Finessierens im technologischen Patt? Die Warenströme laufen in dieser Welt normalerweise zu den Plätzen, wo der Netto-Vorteil vergleichsweise am größten ist, und wo eine technologische Lücke gegenüber dem Herstellungsort besteht. Normalerweise herrscht also Arbeitsteilung zwischen den Ländern, und jedes Land fabriziert das, wozu es in der Lage ist, real und finanziell.

Die OECD-Studie über „Gaps in Technology" hat ergeben, daß in der Mitte der sechziger Jahre noch erhebliche Lücken zwischen den technischen Fertigkeiten verschiedener Industrieländer klafften, vor allem gegenüber den USA. Aber diese Lükken sind inzwischen weitgehend geschlossen worden, jedenfalls in der Konsumgütertechnologie. Beim Einzug ins technologische Patt haben die hochindustrialisierten Länder einander aufs Engste angeglichen, und zwar in den güterwirtschaftlichen Merkmalen der Produktionstechnik, im Lebensstandard und in der Lebensweise. „Der Deutsche", „der Franzose", „der Amerikaner", wie ähnlich ist es, was sie sonn- und alltags tun und verzehren. Die Gegenstände und Muster des Konsums, aber auch die Berufe und Beschäftigungsarten in der Landwirtschaft, in allen Zweigen des Gewerbes, der Industrie und im Dienstleistungssektor weisen in den westlichen Industrieländern kaum noch gravierende Unterschiede auf.
Natürlich gibt es regionale und subkulturelle Unterschiede. Jeder fünfte Schwede, aber nur jeder neunte Deutsche verreiste im Urlaub 1971 in den sonnigen Süden; mehr Briten lesen die Tageszeitung als Italiener, die ein persönliches Gespräch lieben; Amerikaner bauen leichtere Einfamilienhäuser als Deutsche – so können sie es leichter verkaufen und umziehen; und die Niederländer greifen öfter zum Fahrrad als die Alpenbewohner, während die Schweizer öfter als Viehhalter und die Holländer öfter als Gemüsebauern tätig sind. Aber ihre materiellen Wohlstandssymbole – Auto, Kühlschrank, Fernsehen, Pelzkragen, Flugreise – sind in etwa die gleichen, auch die Versorgungslükken auf den meisten Konsumgütermärkten in diesen Wohlstandsgesellschaften, sind ähnlich eng geschlossen.

Die Märkte für Standard-Güter des täglichen Bedarfs und des Prestigekonsums sind in fast allen Industrienationen hochgradig gesättigt. Aber fast alle dieser Länder verfügen über eigene Autofabriken, Kühlschrankfabriken, Fernsehgerätefabriken, Pelzkragenfabriken, Fluglinien usw., die groß genug sind, um nicht nur den Inlandsbedarf reichlich zu decken, sondern auch einen Teil des Bedarfs bei den Nachbarn. Die meisten westlichen Wohlstandsgesellschaften könnten die gängigen Güter des gehobenen Bedarfs eigentlich aus den eigenen Kapazitäten dekken, bzw. sie könnten ein eventuell bestehendes Kapazitätsdefizit im Handumdrehen auffüllen. Jedenfalls hat eine weitgehende Angleichung der Lohnniveau-Unterschiede zwischen den Industrieländern den Preisvorteil von ehemals Niedriglohnländern weitgehend getilgt.
Aber weil infolge der erreichten Liberalisierung des internationalen Handels zwischen den Industrieländern jeder Anbieter in den Nachbarländern fast ungehindert Zutritt hat, und weil der Individualismus der Leute in der westlichen Staatengemeinschaft es wünschenswert macht, sich vom anderen zu unterscheiden durch den Besitz ausgefallener Güter, finden die Produkte der verschiedenen ausländischen Anbieter in den verschiedenen Ländern durchaus auch dann noch Absatz, wenn eigentlich auch heimische Produkte gekauft werden könnten. So trifft die Palette des Geschmacks auf ein breitgestreutes Sortiment von Waren, und so kommt es zu einer vielseitigen Verflechtung: Autos aus aller Herren Ländern werden von Leuten in allen Ländern gekauft. Differenzierter Geschmack und differenziertes Angebot erlauben es, daß die Überproduktion in den einzelnen Ländern auf „Weltmärkten“ abgesetzt werden kann. Wohlgemerkt, diese internationalen Handelsströme von Standardgütern werden im Fahrwasser des Stagnationstrends gar nicht oder nur noch schwach von wirtschaftlichen Erwägungen, sondern vom Geschmack an der Nuance in Gang gehalten. Der Warenaustausch wird auch nicht von der mächtigen Spannung betrieben, die zwischen beiden Polen einer großen technischen Lücke besteht. Die Käufer könnten eigentlich auch „heimisch“ statt „ausländisch“ kaufen. Nur der verwöhnte Gefallen an der

besonderen Note hält den Handel in den traditionellen Güterarten in Gang; Preisunterschiede spielen kaum noch eine Rolle bei den Kaufentscheidungen über Standardgüter des gehobenen Bedarfs. Der internationale Handel in diesen Gütern lebt von nachrangigen Qualitätsunterschieden.
Dieser luxuriöse Treibstoff ist natürlich äußerst launisch. Er ist ein Zauber, der wie ein Scherz vergeht, wenn zwischenstaatliche Ärgernisse auftauchen. So können die VW-Händler in den USA an ihren Tagesumsätzen ablesen, ob gestern abend schlechte Spätnachrichten aus Deutschland über die US-Sender gingen. Und der französische Käseexporteur fürchtet die Stimmungsberichte aus Paris wegen der Rückwirkungen auf die Vorliebe für fromage. Der Außenhandel innerhalb der westlichen Industrieländer ist im technologischen Patt empfindlich wie der gute Ruf von Raquel Welsh. Und beide kann man über Jahre hin aufrechterhalten, wenn nur kein Skandal passiert.
Wie das Finessieren beim Schach ist auch das Fortsetzen des Handels trotz sinkender Gewinne eine wichtige Methode, um Zeit zu gewinnen; Zeit, in der keine Krise ausbricht und in der das eigentliche Gegenmittel gebraut wird, das noch nicht in ausreichendem Umfang zur Verfügung steht: Basisinnovationen zur Einrichtung neuer Industriezweige und neuer Dienstleistungsbereiche, in denen eine große Anzahl von Menschen eine andere Arbeit finden kann (Innovationslösung).

2. Das Versagen der Arbeitsbeschaffungspolitik

Die Wirtschaftspolitiker der Keynesianischen Schule glauben, ein Rezept gegen die Stagnation zu kennen. Sie glauben, heute unter viel günstigeren Bedingungen gegen eine Krisengefahr anzutreten als ihre Kollegen um 1929, denn es gibt in der modernen Industriegesellschaft sogenannte automatische Stützmechanismen, vor allem ein hoher, vom Staat kontrollierter Anteil am Sozialprodukt und eine pluralistische Wirtschaft, in der das Krisenrisiko – sagt man – verstreut sei.

Zweifel an der Wirksamkeit dieser eingebauten Stabilisatoren sind angebracht. Insbesondere bezweifle ich den Wahrheitsgehalt der Behauptung, daß eine differenziertere Wirtschaft in allen ökonomischen Großwetterlagen stabiler sei als eine weniger gegliederte. Diese Behauptung stützen die meisten Keynesianer mit dem Argument, daß die Krisengefahr in jeder Branche andere Gründe habe. Demgegenüber behaupte ich, daß viele Wachstumsbranchen in der Wohlstandsgesellschaft etwa zur gleichen Zeit stagnieren. Der Stagnationstrend ist längst unterwegs, und zusätzliche Krisenfaktoren sind blinde Passagiere in diesem Zug. Das gilt für den Ölboykott ebenso wie für Mißernten usw. In Zeiten der Stagnation gibt es keine Streuung des Risikos über die Branchen, sondern eine Ballung im technologischen Patt*.

Mein Argument stützt sich auf das geballte Auftreten von Basisinnovationen (Kapitel 4) und das gebündelte Ablaufen der Branchenzyklen (Kapitel 2). Gerade während ich diese Zeilen überarbeite, an der Jahreswende 1974/75, geben mir die tagespolitischen Ereignisse recht: die Wachstumsindustrien erleben die Talfahrt gleichsam Hand in Hand. Die Wirtschaftspolitiker treten nicht unter besseren Umständen an als ihre Kollegen vor 50 Jahren.

Die Wirtschaftspolitiker glauben ferner, durch öffentliche Aufträge, eventuell sogar mit einer defizitären Ausgabenpolitik, die Gefahr von Massenentlassungen im Keim ersticken zu können. Ich hege Zweifel an der Wirksamkeit dieser Auftrags- und Ausgabenpolitik der öffentlichen Hand. Diese Skepsis beruht auf der einfachen Tatsache, daß man öffentliche Investitionsgelder, die Arbeitsplätze schaffen sollen, mit Aussicht auf Erfolg nur in konkrete Projekte fließen lassen kann. Die Projekte müssen als Investitionsprojekte für die Unternehmer lohnend erscheinen, und die geschaffenen Arbeitsplätze müssen für die Arbeiter glaubhaft sein. Gewiß kann die Regierung bei großer Arbeitslosigkeit fast jede Art der Arbeitsbeschaffung glaubhaft machen:

---

* So ist der Ölboykott von 1973 im Minderbedarf an Industrieöl verpufft; die Stagnation hatte der Ölwaffe die Spitze genommen.

Sie kann die doppelstöckige Autobahn bauen lassen, den im Vorjahr abgewürgten Wohnungsbau wieder beleben; sie kann sogar die Alpen aufschütten lassen. Sie kann die Gemeinden anregen, den Bau von Schulen, Krankenhäusern, Rathäusern und Gemeindezentren anzufangen.

Aber gegen eine vorsorgliche Arbeitsbeschaffung zur Vermeidung einer Krise, also ohne daß die reale Not bereits im Nacken sitzt, sind die Widerstände der noch nicht Arbeitslosen begreiflicherweise groß. Es ist relativ leicht, einen entlassenen Feinmechaniker oder Verfahrensingenieur zum Straßenbau zu verpflichten, aber es ist äußerst schwer, einen ungekündigten Facharbeiter vom Stammhaus Siemens dazu zu überreden, für die Sicherung anderer Siemenskollegen seinen Platz zu räumen und im Straßenbau die Schaufel anzupacken; er wird dies weit von sich weisen.

Die Hauptthese dieses Buches, die empirisch abzusichern fast die ganze hierin enthaltene Arbeit mehrerer Kollegen erforderte, ist diese: die realwirtschaftliche Stagnation im technologischen Patt ist deshalb so gefährlich, weil die machbaren Projekte für überzeugende Basisinnovationen, die neue Beschäftigungsarten für die von der Freisetzung bedrohten Arbeiter und Angestellten erschließen könnten, vorerst nicht zur Verfügung stehen. Der Wissenstransfer, der diese neuartigen Ausweichmöglichkeiten eigentlich schaffen sollte, ist durch Versäumnisse während des Expansions- und Konzentrationswettrennens der Großunternehmen verzögert worden. Mangelnde Vorsorge als Wohlstandssyndrom.

Gegen Ende 1974 (erst!) bereitete die Bundesregierung ein Maßnahmenbündel zur Expansionspolitik vor. Die Vermutung, daß es sich bei den sogenannten Schubladenprogrammen nicht um Pakete von innovativen Projekten handeln kann, wird durch einen internationalen Vergleich der Innovativität in verschiedenen Industrieländern erhärtet. Ein Expertengremium erarbeitete ihn im Frühjahr 1974 im Auftrage der US-National Science Foundation. Und zwar wurde ermittelt, welche technologischen Innovationen in den letzten zwanzig Jahren (1953–1973) durchgeführt wurden. Resultat (siehe Tabelle 1.1): In den letzten zwanzig Jahren wurden sehr, sehr viele Verbesserungen der etablierten Technologien erreicht, aber nur sehr, sehr wenige Basisinnovationen auf industrielles Neuland durchgeführt.

Tabelle 1.1

Innovationsklasse	Gewichtung	Häufigkeit
1. Basisinnovationen	32 bis 35	7
2. radikale Neuerungen	28 bis 31	29
3. sehr bedeutsame Verbesserungsinnovationen	24 bis 27	62
4. bedeutsame Verbesserungsinnovationen	20 bis 23	145
5. Verbesserungsinnovationen	16 bis 19	239
6. einfache Verbesserungen	0 bis 15	760
Gesamte Häufigkeit	0 bis 35	1242*

* die unteren Klassen sind zunehmend unterrepräsentiert

Man kann den Stagnationstrend, der in den anglo-sächsischen Ländern etwa in der Mitte der sechziger Jahre eingesetzt hat und der sich in der Bundesrepublik – trotz des Konjunktureinbruchs 1966/67 – vielleicht erst etwas später zeigte, auf die einfache Formel bringen:

Stagnation = Mangel an gewichtigen Innovationen

Wenn bis vor kurzem so wenige Basisinnovationen durchgeführt sind, woher sollen so rasch die notwendigen innovativen Projekte kommen?
Ist nicht auch die Verplemperung der Konjunkturausgleichsreserve für die Investitionszulage zu jedwedem Kauf von irgendwelchen Investitionsgütern ein Indiz für das Vertrauen der Expansionspolitiker in die Multiplikatorwirkung ihrer Schubladenprogramme?

Die Arbeitsbeschaffungspolitik schwebt im Fälle des Bedarfs in der Luft, wenn sie keine realwirtschaftliche, glaubhafte, machbare Basis hat. Denn nur innovative Projekte stellen einen glaubhaften Ausweg aus dem technologischen Patt dar. Die Innovationslösung wirkt so, als würden die Schachspieler mit der in die Sackgasse geratenen Partie aufhören und sich auf eine neue Partie einigen. Arbeitsbeschaffung mit Projekten herkömmlicher Art ist wie das Fortsetzen des alten Spiels mit Leerzügen.

Hätte es in den letzten Jahren nicht so sehr an den Basisinnovationen gemangelt, so wäre es vermutlich auch gar nicht erst zur Stagnation in der westlichen Wirtschaft gekommen. Der ursprüngliche Mangel an glaubhaften Innovationsprojekten in der Wirtschaft wird im technologischen Patt bewußt gemacht, und zwar durch die hastig anberaumte Jagd nach Projekten, um die Wirtschaft wieder ankurbeln zu können. Die staatlichen Suchtruppen treffen dabei auf die Vertreter der Großindustrie, die ihre angesammelten Kapitalien nicht länger auf dem heißen Pflaster des Eurodollarmarktes umherschwirren lassen möchten, sondern eine Bindung in Realinvestitionen wünschen. Wegen des Mangels an lohnenden Projekten zur Verbesserungsinnovation in den abgegrasten Technologien und zur Basisinnovation in neuen Bereichen ist Kapital im technologischen Patt in rauhen Mengen vorhanden. Aber die Vorarbeiten zur Entwicklung von Innovationsprojekten sind in den Wohlstandsjahren versäumt worden. Die Erwartung der Keynesianer, mit öffentlichen Aufträgen die Wirtschaft aus der Stagnation reißen zu können, wird dann, wenn es wirklich darauf ankommt, enttäuscht werden. Der Ausgabenstoß muß verpuffen, weil die erhoffte Belebung der Investition in realen Arbeitsstätten ausbleibt; die Investoren und Konsumenten reagieren nicht auf Extra-Geld, das sie auch wieder nur in die abgegrasten Technologien stecken könnten. Die Staatsausgaben werden keine „Multiplikatorwirkung“ haben, also keine Kettenreaktion bei den Konsumenten und Investoren auslösen. Im technologischen Patt warten die Kapitalbesitzer auf neuartige Investitionschancen, auf Produktionsmöglichkeiten, die eine hungrige Nach-

frage ansprechen und deshalb Gewinn und Wachstum versprechen. Aber die Entwicklung neuer Technologien dauert Jahre, Jahrzehnte ...
Die greifenden Maßnahmen des Staates, die eine Innovations-Lösung des technologischen Patt anstreben, liegen deshalb nicht auf dem Gebiete der wirtschaftspolitischen Globalsteuerung. Es ist die Politik der Glättung der Innovationsrate, eine struktur- und stabilitätsorientierte Forschungs- und Technologiepolitik, die den Innovationsmangel beseitigen helfen kann, falls sie sich wirklich am Bedarf der Bevölkerung orientiert.

3. Und welche Gewähr bietet eine internationale Wirtschaftsgemeinschaft?

Wir haben als einen wesentlichen Charakterzug der gegenwärtigen Patt-Situation den Umstand herausgestellt, daß das Geflecht der nationalistischen Wirtschaftspolitiken den weltwirtschaftlichen Realitäten nicht entspricht. Dieses Deckungsverhältnis weist klaffende Fugen auf, die ihren Ursprung in der Stagnation der Wachstumsindustrien haben. Der Übergang zum Nullwachstum, den sich die Wohlstandsgesellschaften vielleicht leisten könnten, läßt sich nicht organisieren.
Ist bei dieser Lage der Zusammenschluß der westlichen Industrieländer im atlantischen Bündnis und in der Währungs- und Wirtschaftsunion nicht ein *hinreichender* Schritt zur Stabilisierung der westlichen Wirtschaften? – Nein.
Es empfiehlt sich an dieser Stelle, die berechtigten und die trügerischen Hoffnungen, die heute in den Ausbau der Wirtschaftsblocks in Ost und West gesetzt werden, ein wenig zu relativieren.
Ausgangspunkt ist die Erkenntnis, daß der eigentliche Stabilisator im Wirtschaftsleben ein Strom von technologischen und sozialen Basisinnovationen ist. Und Ansatzpunkt für die Nutzanwendung dieser Erkenntnis ist das evolutorische Prinzip. Danach sind Innovationen Einzelereignisse.

Es sind ungewöhnliche Leistungen, die in erster Linie mikro-ökonomischen Regeln folgen, deren Erfolg oder Mißerfolg im System jedoch von den makro-ökonomischen Verhältnissen mitbestimmt wird: „. . . evolutionäre Entwicklungen (haben) durchweg ihren Ursprung in Einzelereignissen, die durch den Wachstumsprozeß ‚verstärkt' und damit makroskopisch ‚abgebildet' werden", erklärt Manfred Eigen [13].
Die Rückwirkung der äußeren Umstände auf die Entwicklung der verschiedenen innovativen Einzelleistungen ist ungleich stark; durchweg sind äußere Umstände der Innovationsleistung eher hinderlich als förderlich. Das gilt insbesondere für den Einfluß der „großen Politik". Die konstruktive Gestaltungsfähigkeit der Makro-Kräfte ist viel, viel schwächer als ihr Destruktionspotential: Das Neue zu unterdrücken ist leicht, es zu schaffen ist schwer.
Die Hilfe, die eine nationale oder supranationale „globale" Wirtschaftspolitik beim Zustandekommen von Innovationen bieten könnte, ist unbedeutend. Der Makro-Ansatz der Globalsteuerung ist viel zu grob für Mikro-Ereignisse*. Das beste, was eine großräumige Wirtschaftspolitik zum Innovationsgeschehen tun kann, ist dies: Äußere Zeichen des Wohlwollens für ein gutes Innovationsklima setzen und Abstand halten.
Aus diesem Grunde sehe ich nicht, wieso die Blockbildung in der Wirtschaftspolitik in Ost, West und Süd *hinreichen* könnte, die Krisengefahr zu bannen, denn sie trägt zu einer Innovations-Lösung des Stagnationsproblems nichts bei. Dies sollte nicht falsch verstanden werden. Denn – andererseits kann nämlich die integrierte Währungs- und Wirtschaftspolitik möglicherweise einen wichtigen Beitrag zur *notwendigen* Bedingung für das Vermeiden einer Weltwirtschaftskrise leisten, indem sie verhindert, daß es zum Wirtschaftskrieg (Raubschach) zwischen den Partnern kommt, weil die Zange der Stagflation den einen oder anderen Wirtschaftspolitiker zum Ausbrechen aus der Wirtschaftsgemeinschaft verleiten könnte.

---

* Für eine projektive Innovationsförderung des Staates hingegen gibt es viele Ansatzpunkte [14].

Die nationalistische Wirtschaftspolitik einzelner Staaten, besonders natürlich der großen, hat im Weltwirtschaftsverbund eine potentielle Zerstörungskraft von unübersehbaren Ausmaßen. Unkoordinierte, nicht im solidarischen Gemeinsinn gezügelte Maßnahmen in der Währungspolitik (wie übermäßige Abwertungen, Devisenkontrollen usw.) und in der Handelspolitik (wie hohe Zölle, Kontingentierungen usw.) führen fast zwangsläufig zum Schlagabtausch mit den Nachbarländern, wenn die kurzfristigen Nutzen und Kosten den Wirtschaftschauvinismus profitabel machen, nämlich unter den Umständen eines technologischen Patt. Unkoordinierte, nicht in Institutionen integrierte Wirtschaftspolitik der Länder eignet sich zur Bannung der Krisengefahr wie ein Spinnennetz zum Fischen: Das Geflecht reißt unter der geringsten Belastung.
Selbst eine koordinierte, gemeinschaftliche Wirtschaftspolitik hat meist nur schwachen Zusammenhalt. Sie funktioniert bei gutem Konjunkturklima, nicht aber unter Streß. So haben die Erscheinungsformen der Stagflation die EG praktisch gelähmt. Edgar Salin diagnostizierte diese Lähmung im Jahre 1973 wie folgt:

„Wenn es vor einem Jahr noch möglich gewesen ist, von einer Krisis der EWG zu sprechen, so ist dem Anschein nach wenigstens ein Teil der Krisis behoben. Aber ich sage nicht nur dem Anschein nach, sondern ich sage zu dem neuen Zustand, *daß es in Wirklichkeit ein Zustand ist, wie er bei menschlichen Krankheiten als Koma bezeichnet wird, ein Koma, aus dem ein Erwachen zum Leben möglich, aber auch ein sanftes Hinübergehen in den Tod denkbar ist.* Daß dies der Zustand der EWG heute ist, dies zu beleuchten sind die folgenden Seiten geschrieben, also nicht um Hoffnungslosigkeit zu verbreiten, sondern um von Anfang an schon in der Überschrift zum Ausdruck zu bringen, *daß sowohl Lebenshoffnung wie Todesgefahr besteht.*
Warum? Im Augenblick, da diese Zeilen geschrieben werden, herrscht an allen Fronten Ruhe. Die Währungsunruhe scheint beseitigt, die Währungskurse sind seit einigen Wochen zwar nicht stabil, doch immerhin auf ungefähr gleicher Ebene beweg-

lich, und auch sonst scheinen keine wirklichen Gefahren eines Zusammenbruchs nahe zu sein.
Trotzdem ergibt eine genaue Analyse der sozusagen körperlichen und seelischen Situation des Patienten, daß überall Momente vorhanden sind, die einen schnellen Zusammenbruch durchaus möglich machen, und daß ihre Heilung einer solch seelischen und politischen Kraftanstrengung bedürfte, wie sie kaum mehr von den beteiligten Nationen zu erwarten ist" [15].

Es wäre unverantwortlich, wenn die Europäer die Wirtschaftsgemeinschaft zu Bruch gehen ließen, ohne andere Koordinierungsmechanismen an ihre Stelle zu setzen. Die EG hat sich im Falle des Ausbrechens von Italien bereits auch in der Krise bewährt. Denn eine Panik mit Raubschach konnte verhindert werden. Die Integration der nationalen Wirtschaftspolitiken ist ein *notwendiger* Schritt zur Abwendung des Ausbruchs einer Weltwirtschaftskrise, wenn auch kein *hinreichender.* Hinreichend ist allein die Innovationslösung.

D. Zusammenfassung

Das technologische Patt ist eine realwirtschaftliche Schaltpause in der industriellen Evolution der Industrieländer: In diese Situation gerät die Weltwirtschaft im Zuge der verschärften Konkurrenz der Wachstumsindustrien, die ihre Expansion nicht mehr aus der Restnachfrage auf weitgehend versorgten Märkten füttern können; wenn keine Innovationen die Stagnationskräfte kompensieren.
Die Nationalstaaten identifizieren sich mit „ihren" Exportindustrien und mit „ihren" heimischen Märkten. Die Sachzwänge der Stagnation verführen die unter Erfolgsdruck stehenden Regierungen nur zu leicht zum Protektionismus. Dieser würde allerdings unter dem Streß des technologischen Patt zum Wirtschaftskrieg und zur Weltwirtschaftskrise führen [16]. Nur durch Finessieren, durch Weiterlaufenlassen des Handels, auch wenn er kaum noch Gewinne abwirft, kann die Zeit überbrückt werden.

Denn die Innovationskur, die allein die Krisengefahr bannen kann, steht nicht im Handumdrehen zur Verfügung. Die Projekte sind im Experimentierstadium festgefahren, sie sind im Wirtschaftswunder verbummelt worden, oder sie sind – wie auf dem Gesundheitssektor durch kartellartige Zustände oder wie auf dem Postsektor durch Ausuferung des monopolistischen Einflusses [17] – echt blockiert worden. Deshalb hat das Krisenmanagement der Wirtschaftspolitiker, die mit öffentlichen Aufträgen der Krisengefahr begegnen wollen, auf kurze Sicht kaum Aussicht auf Erfolg in der Arbeitsbeschaffung, solange den Projekten das innovative Element fehlt.

Und die Europäische Gemeinschaft kann kaum helfen, weil Globalpolitik oder Globalsteuerung zu grobe Besen für Innovationsprobleme sind, bei denen der Teufel im Detail steckt. Die Gemeinschaft kann allerdings das Ausscheren einzelner Länder verhindern und auf diese Weise einen drohenden Zusammenbruch vermeiden helfen.

Kapitel 2
Die sozialwirtschaftliche Evolution im Industriezeitalter

Die Lust zum Evolvieren
TEILHARD DE CHARDIN

Die Symptome des technologischen Patt, nämlich die Auswirkungen der Stagflation, quälen den Bürger in den Industrieländern, und sie machen die Wirtschaftspolitik zu einem Vabanquespiel. Die gegenwärtige Situation hat Vorbilder in der Wirtschaftsgeschichte. Um sie im Zeitablauf zu orten, greifen wir auf das Modell der Kondratieff-Zyklen zurück. So heißen die langen Wellen der Konjunktur, nach denen die Wirtschaft in den letzten 200 Jahren seit der Industriellen Revolution wiederholt durch Phasen der Prosperität, Rezession, Depression und wieder Erholung gegangen ist. Diese Phasen sind von den Wirtschaftshistorikern anhand von Preissteigerungen und Preissenkungen wahrgenommen worden. Kondratieff, Kuznets und Schumpeter unterscheiden drei Langzeitwellen, die sich von 1787 bis 1939 erstreckt haben.
Die Datierung der wirtschaftlichen Wechsellagen hat Simon Kuznets, der den Nobelpreis für Wirtschaftswissenschaften auch deswegen bekommen hat, weil er seine modernen Gedanken mit einem Schatz an geschichtlichen Fakten zu belegen pflegt, mit J. A. Schumpeter in Teamarbeit vorgenommen [18].
Weil Rezession, Depression und Erholung eher geldwirtschaftliche als güterwirtschaftliche Begriffe sind, stellt sich die Frage, an welcher Stelle im Kondratieff-Zyklus wir das technologische Patt unterbringen.
Rezession ist der monetaristische Ausdruck für die geldwirtschaftlichen Wirkungen der güterwirtschaftlichen Stagnationserscheinungen; in der Rezessionsphase, im Verlauf des Stagna-

Kuznets-Schema

1. Kondratieff nach der Industriellen Revolution
(Textil-, Eisenindustrie, Dampfkraft)

Prosperität	Rezession	Depression	Erholung
1787–1800	1801–1813	1814–1827	1828–1842

2. Kondratieff („Bourgeois-Kondratieff“)
(Eisenbahn)

Prosperität	Rezession	Depression	Erholung
1843–1857	1858–1869	1870–84/5	1886–1897

3. Kondratieff („Neo-Merkantilistischer Kondratieff“)
(Elektrizität, Chemie)

Prosperität	Rezession	Depression	Erholung
1898–1911	1912–24/5		

tionstrends, braut sich das technologische Patt zusammen; die Wirtschaft gleitet in die Depression ab, und diese wird am Ende wieder durch einen Innovationsschub überwunden; und die Erholung ist der geldwirtschaftliche Ausdruck dafür, daß in der Gütersphäre neue Arbeits- und Investitionsmöglichkeiten geschaffen worden sind. Demnach hätte entsprechend dem Kuznets-Schema in den Depressionsphasen von 1814–27, 1870–85 und 1925–39 ein technologisches Patt vorgelegen. In dieses Zeitschema wollen wir die industrielle Evolution einordnen.

Das technologische Patt ist eine Umschaltphase des Fortschritts auf der güterwirtschaftlichen Ebene. Auf lange Sicht ist diese Umschaltphase freilich nur eine Episode, wenn auch möglicherweise – was das Geschick der Innovatoren und die Einsicht der Politiker verhindern möge – eine schmerzliche Episode für Millionen von Betroffenen. Denn im technologischen Patt droht die Weltwirtschaft infolge von Kurzsichtigkeit und panischer Überreaktion der Verantwortlichen zusammenzubrechen, und die Gefahr einer Depression von Handel und Wandel droht. Das Ifo-Institut schätzt, daß bis 1980 noch 70000 Geschäfte vom deutschen Markt verschwinden werden [19]. Diese Gefahren können nur durch Basisinnovationen aus der Welt geschafft werden. Die Vorarbeiten dafür sind aber in den Jahren des Wohlstands entweder verbummelt oder verzögert worden. Diese Unterlassungssünden bzw. Störaktionen haben den regulären Verlauf im „Prozeß der schöpferischen Zerstörung" aufgehalten; damit wurde die Eventualität großer sozialer Kosten geschaffen. Diese gilt es aufzufangen, und dafür ist das Verständnis der Wechselwirkung von Stagnation und Innovation nötig.

Schöpfung und Zerstörung sind Gegensätze. Wie sind sie miteinander vereinbar? Dadurch, daß sie zusammengehörige Erscheinungen der industriellen Evolution sind.

So wie die modernen Naturwissenschaften die Entstehung des Lebens als eine Massenwirkung in der unbelebten Welt erklären können, nämlich als eine selbstgesteuerte Vervielfältigung der molekularen Formen und eine Auswahl derjenigen unter ihnen, die unter bestimmten Umweltbedingungen am besten angepaßt waren, so erklärt sich auch die Entfaltung der Lebensformen im Pflanzen- und Tierreich nach bestimmten evolutorischen Prinzipien. Warum sollten diese nicht auch bei der Entwicklung der menschlichen Lebensweisen gültig sein?

Dann wäre die Evolution der menschlichen Lebens- und Arbeitsweisen ein Wechselspiel von Werden, Wachsen, Wandel und Vergehen, von Innovation und Stagnation in verschiedenen Teilen einer Gesellschaft und Volkswirtschaft. Und alle diese Vorgänge sind in einen Regelkreis eingebettet, der den sozialwirtschaftlichen Entwicklungsprozeß in Entwicklungssprünge hineinsteuert. Diese beobachten wir als Kondratieff-Zyklen.

Nicht zeitlich geordnet, sondern in einem zeitlosen (= utopischen) Rahmen verknäult ablaufend, kann man das Wechselspiel von Stagnation und Innovation in Reinkultur bereits aus den Mythen unserer abendländischen Kultur herauslesen. Prometheus, der das Feuer brachte, vollzog die erste technologische Basisinnovation. Den Hergang der ersten Sozialinnovation schildert uns Moses in der Genesis. Besonders das Schicksal der „paradiesischen“ Ordnung ist ein Lehrstück par excellence. Das Paradies war eine auf der Agrartechnik beruhende Marktwirtschaft mit Goldwährung:

– „dort findet man Gold; und das Gold des Landes ist kostbar“ (1. Mose 2,8);

– „Gott der HERR nahm den Menschen und setzte ihn in den Garten Eden, daß er ihn bebaute und bewahrte“ (1. Mose 2,15).

Sowohl Stagnation als auch Innovation gaben Anlaß zur Vertreibung aus dem Paradies. Der „Sündenfall“ des Menschen, der vom Baum der Erkenntnis nahm, womit er eine auf Zulernen angelegte Bildungsreform vollzog, war eine folgenreiche Sozialinnovation. Gewiß, sie war von der Schlange inspiriert. Aber die teuflische Schlange nahm immerhin den ersten Rang ein unter den Engeln. Die Intrige des Oberengels spiegelt ein Machtvakuum an der Spitze der himmlischen Heerscharen, spiegelt die Stagnation des Einflusses der Obrigkeit im Paradies. Diese Stagnation war offenbar die Vorbedingung der Innovation.
Lehrreich ist auch das Spektrum der Folgewirkungen der Innovation; der „Sündenfall“ betraf Herrscher und Beherrschte. Moses berichtet von der Erschütterung des „Bundes“, des *contrat social* der Obrigkeit mit den Menschen. So waren beide durch die aufgebrochenen Probleme zu typischen Folgehandlungen gezwungen:

– die Obrigkeit zu einer Neugestaltung des Herrschaftsverhältnisses und

– die Bevölkerung zur Neugestaltung ihrer Lebensbedingungen durch weitere Innovationen („sie wurden gewahr, daß sie nackt waren, und flochten Feigenblätter zusammen und machten sich Schurze“, 1. Mose 3,7).

Schöpfungsgeschichte und Prometheussage lassen keine Illusionen darüber aufkommen, welche Strafe den Reformern von seiten der Machthaber droht, wenn der Griff zur Macht mißlingt:

Sie werden verteufelt, als Schlange symbolisch in den Boden gestampft oder von Zeus an den Felsen geschmiedet, dem Adler zum Fraß. Vogelfrei. Einen Reformer für vogelfrei erklären oder – modernerweise – zu seiner Denunziation auffordern, wo liegt da der Unterschied?
Die menschliche Gesellschaft ist eine innovative Gesellschaft. Die Verteufelung der Revolutionäre und die Ausschaltung der Reformer durch die Machthaber berührt ebenso ein vitales Evolutionsprinzip wie das Verhindern oder Versäumen von technologischen Innovationen in der Wirtschaft. So wie eine ungenügende Innovationsrate das Gedeihen der Wirtschaft beeinträchtigt und zur Stagnation führt, so kann die Reformfeindlichkeit die Stagnation vertiefen, wobei der Nutzen der Herrschaft – wie sie ist – stagniert und die Machtpositionen problematisch werden. Es entsteht ein Legitimitätsdefizit, das zusätzlichen Bedarf der Wirtschaft nach Problemlösungen schafft – nämlich nach Sozialinnovationen, die das Legitimitätsdefizit minimieren.
Im Grunde haftet einer jeden Herrschaftsform, die sich selbst erhalten muß, wenn sie funktionieren soll, ein gewisses Maß an Legitimitätsschwund an. Allerdings wird dieser in der demokratischen Herrschaftsform am wenigsten akut. Andererseits ist die Reformfeindlichkeit und der Innovationswiderstand der undemokratischen Machthaber auch verständlich, denn die Reformen und Innovationen entfalten wiederum Nachwirkungen, die die bestehende Ordnung tangieren können. Der Wandel kann nicht eingegrenzt werden; er metastasiert. Ihn verhindern macht aber die Verhältnisse noch brüchiger.
Das Geschehnis des Wandels ist also ein *Bestandsmerkmal* des gesellschaftlichen und wirtschaftlichen Lebens. Darin unterscheidet sich die Moderne nicht von der Antike. „Wir würden einem gewaltigen Irrtum erliegen, wenn wir glaubten, die technologischen Innovationen veränderten nur das Güterangebot. Die Wirkung einer technologischen Innovation auf den Wirtschaftsprozeß besteht sowohl in einer Umgestaltung der Industrie als auch in einer Umorientierung der Konsumenten, oft sogar in einem Strukturwandel der Gesellschaft [20]. „Die kapi-

talistische Wirtschaft", sagt Schumpeter, ist „ihrem Wesen nach der Rahmen eines Prozesses nicht nur der wirtschaftlichen, sondern auch der sozialen Veränderung" [21]. „Ohne diesen Wandel oder genauer, ohne diese Art Wandel, welche wir Entwicklung genannt haben, kann die kapitalistische Gesellschaft nicht bestehen, weil die wirtschaftlichen Funktionen und, zusammen mit diesen Funktionen, die wirtschaftlichen Grundlagen ihrer führenden Schichten – der Schichten, welche den kapitalistischen Apparat bedienen – zerbröckeln müßten, wenn dieser Wandel aufhören würde: ohne Innovationen keine Unternehmer: ohne unternehmerische Leistung keine kapitalistischen Gewinne und kein kapitalistischer Antrieb. Dies heißt natürlich, den Tatbestand recht grob zu formulieren. Die Atmosphäre industrieller Revolutionen – des Fortschritts – ist die einzige, in welcher der Kapitalismus überleben kann" [22].
Das ist das schlichte – und dabei höchst raffinierte – Geheimnis der Evolution: Jede Lebensart hat nur Bestand im Wandel.

A. Der Fächer des Fortschritts

Die innovative Gesellschaft evolviert durch einen Prozeß der schöpferischen Zerstörung. Dieser ist der Normalvorgang in der Entfaltung und Entwicklung der menschlichen Lebensweisen. Wie läuft dieser Prozeß ab, und wie wird er in Zyklen hineingesteuert?
Unser Evolutionsmodell ist ein organisches und geht gewiß auf die Vorstellungswelt der antiken Denker zurück; es paßt auch fugenlos in das Darwinsche Konzept von der Entwicklung der Arten. Die Evolution der menschlichen Lebensarten und -weisen auf dieser Welt kann in Gestalt eines Baumes illustriert werden, der sich im Ablauf der Geschichte der Menschheit weiter und weiter aufgefächert hat. Dieser Stammbaum des Menschengeschlechts schematisiert die Entfaltung der Lebensweisen von der Vorzeit bis zur Moderne (Abbildung 2.1).
Sicherlich kann man diesen Entfaltungsvorgang als einen evolutorischen Prozeß der zunehmenden Arbeitsteilung verstehen.

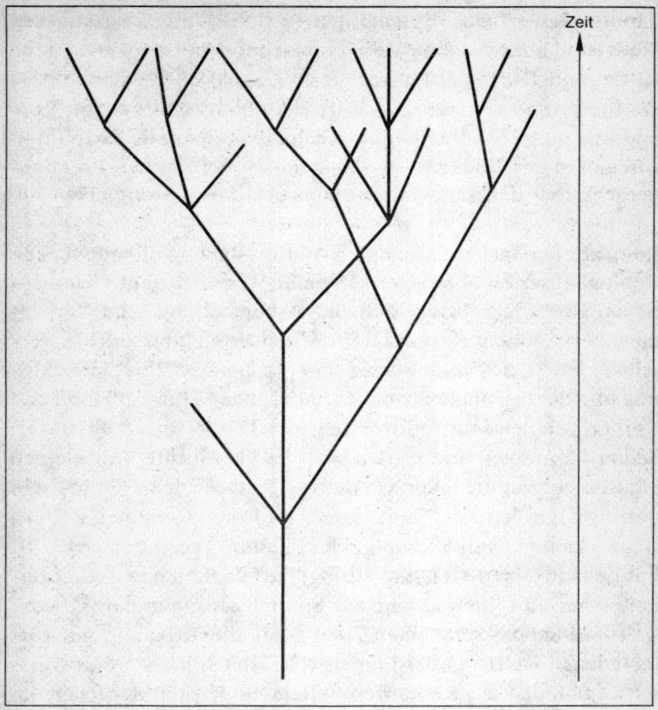

Abb. 2.1 Die Evolution der Lebensformen des Menschen als ein Prozeß der zunehmenden Arbeitsteilung

Vor allem in der abendländischen Entwicklung ist die Aufspaltung der menschlichen Betätigung in spezielle Fertigkeiten mit besonderem Nachdruck geschehen; dieser Entwicklung verdankt das Abendland seine Führungsrolle in der Industrialisierung und – unzertrennbar damit – in der Urbanisierung [23]. Denn: industrielle und urbane Dynamik sind zwei Seiten der gleichen Entwicklung [24]; sie zehren voneinander und treiben einander: „Wenn neue Beschäftigungsarten zu alten Arbeiten hinzukommen, dann entstehen neuartige Aufgaben“ [25], und daraus wieder neue Beschäftigungsarten. Und „es ist in der Stadt (und nur ausnahmsweise einmal auf dem Lande), wo neue Güter und Dienstleistungen zuerst geschaffen werden. Selbst die Innovationen in der Landwirtschaft hängen direkt von Vorarbeiten in der Stadt ab“ [26]. Auch die Industrielle Revolution geschah in der Stadt zuerst, wie meine Arbeit (mit H. Freudenberger) über den Innovationsschub von damals zeigt [27].

Innovationen fächern also den Evolutionsbaum auf, indem neue Betätigungsarten abzweigen. In einer Wirtschaft mit vielen Innovationen multipliziert sich die Arbeitsteilung schneller, als die überkommenen, obsoleten Arbeitsarten und Berufe verschwinden – die Stadt wächst und prosperiert [28]. Der sektorale und der regionale Strukturwandel gehen Hand in Hand und werden von den Innovationen bewirkt. Das ist so seit eh und je. Schon Herodot schrieb: „Ich will die Geschichte von kleinen Städten ebenso erzählen wie die von großen; denn die meisten der einst großen sind heut' klein, und die zu meiner Zeit zu Größe kamen, waren klein genug in alten Tagen.“
Für den einzelnen Menschen bringt die zunehmende Arbeitsteilung einerseits einen Zwang zur Spezialisierung in der Arbeitswelt und andererseits einen Zwang zur Identifikation mit verschiedenen Rollen in der Lebenswelt. Hier soll uns weniger beschäftigen, daß die Rollenvielfalt dem modernen Menschen ein bestimmtes Identitätsproblem und Identifikationsschicksal auferlegt (davon mehr im Kapitel 3); mehr ist uns hier an dem Hinweis gelegen, daß die Rollenverzettelung des modernen Menschen eine Entsprechung in der Individualisierung seiner Konsummöglichkeiten hat: Die Zahl der „Einzelhaushalte“ ist größer denn je, und die Verstopfung der modernen Städte kommt vom „Individualverkehr“. Und die Menschen merken, daß in der Arbeitsteilung in Produktion und Konsum und in der Vereinzelung des Güterkonsums und in der Entfremdung der Güterproduktion die gemeinsame Ursache liegt für die Krisenhaftigkeit der Marktwirtschaft. In der überzogenen Arbeitsteilung sehe ich auch die Ansatzpunkte zur Überwindung der „Systemschwächen“ und für mehr Gemeinsinn.

Denn die Fragmentierung der Arbeits- und Lebensweise (als ob sie nicht eines wären) bringt ja nicht nur eine schmerzliche Oberflächlichkeit in die zwischenmenschlichen Beziehungen. Diese ist der Preis für eine höhere Effizienz der spezialisierten, meistens technisierten Arbeit einerseits, andererseits der Zoll für eine breitere Palette von verfügbaren Konsumgütern – technischen Produkten zumeist. Die Arbeitsteilung bringt auch eine funktionale Trennung in den Güteraustausch dergestalt, daß die Arbeiter nicht wissen, für wen sie die Produkte schaffen, und die Konsumenten nicht wissen, wer die gekaufte Sache hergestellt hat. „Der Markt“ als anonymer Vermittler trennt mehr als er verbindet, und nimmt oft mehr, als er gibt.
Seit die Dogen von Venedig vor genau 500 Jahren das Patentsystem eingeführt haben, das den Erfindern von neuen Techniken ein Quasi-Monopol an den Früchten der Erfindungen gewährt, ist die vertiefte Arbeitsteilung in der modernen Welt zugunsten von technischen Entwicklungen und zu Lasten der Versorgung mit Dienstleistungen gegangen.* Und es wird klar, daß es bei einer weiteren Auffächerung der zivilisatorischen Arbeitsteilung möglicherweise von Vorteil für die Menschen wäre, wenn der Jubilar das Zeitliche segnete (s. Kap. 7). Denn im Patentsystem liegt der scharfe Technikdrall der Wirtschaftsentwicklung begründet oder doch mitbegründet.
Die besondere Form der Arbeitsteilung, die wir die moderne Industriegesellschaft nennen, existiert erst eine Splitsekunde lang im Universaljahr, und sie wird gewiß durch weitere Innovationen weiter aufgefächert werden. Welches ist das Maß und die Richtung des Fortschritts?
Eine befriedigende Antwort auf diese Frage kann es niemals geben, aber auch schon bescheidene Teilantworten verlangen nach Informationen, die nur schwer zu erlangen sind. Einmal ist es ohnehin schwer, sich in der tiefgegliederten Wirtschaft zurechtzufinden, denn der Informationsgehalt der modernen

---

* Deutschland und Japan haben den größten Industrieanteil am Sozialprodukt (45% bzw. 37%) unter allen Industrieländern, aber auch den kleinsten Dienstleistungsanteil (27% bzw. 24%), laut United Nations Statistical Yearbook 1973.

Wirtschaftsstruktur ist viel höher als der Informationsgehalt der weniger zersplitterten Wirtschaftsstruktur von gestern. Die Anreicherung des Informationsgehaltes bei fortschreitender Auffächerung der Formen ist ein Wesenszug der Evolution, der in der unbelebten Welt ebenso gilt wie in der belebten Welt. Das ist Allgemeingut in den Naturwissenschaften. In den Gesellschafts- und Humanwissenschaften wurde die Frage nach den relevanten Informationen, nach ihren Fundstellen und ihren Verschleierungen, noch nicht so eindringlich gestellt.
Wir lassen uns deshalb bei der Untersuchung der Wesenszüge der industriellen Evolution von den methodischen Winken leiten, die aus der modernen Naturwissenschaft stammen. So schreibt Manfred Eigen in seinem Kapitel über die Prinzipien der Selektion und Evolution:

„Je größer der Informationsgehalt, desto mehr Grund gibt es, zwei Vorgänge voneinander zu trennen:

1. Die Auswahl zwischen alternativen Entwicklungslinien.
2. Die Weiterentwicklung in den ausgewählten Richtungen.

Beide Prozesse verschwimmen zu einem, wenn die Struktur so einfach ist, daß alle möglichen Entwicklungslinien beschritten werden" [29].

Wir wollen im folgenden eben diese zwei Prozesse sorgsam auseinanderhalten.

B. Basisinnovationen, Verbesserungsinnovationen

Der Evolutionsbaum der menschlichen Lebensweisen (Abbildung 2.1) zeigt Gabelungen und hervorsprießende Zweige.
Eine Gabelung steht für die Eröffnung eines neuen Weges, einer neuen Arbeitsweise oder Technologie, also eines neuartigen Tätigkeitsbereiches, der potentiell für eine große Gruppe von Menschen Beschäftigung bietet. Eine solche richtungsändernde Abweichung von der bisher üblichen Praxis nenne ich eine Basisinnovation. Technologische Basisinnovationen schaffen

neue Gewerbe- und Industriezweige, nichttechnische Basisinnovationen eröffnen neue Betätigungsfelder in der Kultursphäre, in der öffentlichen Verwaltung, im sozialen Dienst usw. Basisinnovationen schaffen Neuland für menschliche Betätigung.

Die Weiterentwicklung auf den bestehenden Gebieten, die durch Basisinnovationen etabliert worden sind, nenne ich Verbesserungsinnovationen. Verbesserungsinnovationen bewirken das Längenwachstum der Zweige am Evolutionsbaum (Abbildung 2.1).

Zum Beispiel sind Verbesserungsinnovationen im industriellen Bereich die Einführungen neuer Produkte, die den älteren „Jahrgängen" an Qualität, Verläßlichkeit, Konsumentenfreundlichkeit, Umweltschonung, Rohstoffverbrauch, Lohnkosten usw. überlegen sind. Und es sind die Anwendungen neuer Produktionsverfahren, die es gestatten, alte oder neue Produkte hochwertiger, verläßlicher, billiger oder einfach in größerer Menge herzustellen.

Meine Unterscheidung in Basis- und Verbesserungsinnovationen [30] hat seinerzeit (1971) eine wissenschaftliche Kontroverse ausgelöst. Es stellte sich dann aber heraus, daß dieses Gegensatzpaar sinnvoll ist [31]. Es ist im Hinblick auf die Bedingungen für eine weitere Evolution auf hohem Entwicklungsstand von Bedeutung. Denn bei hohem Informationsgehalt muß die Auswahl und das Eröffnen neuer Entwicklungslinien (Basisinnovationen) sorgfältig getrennt werden vom Fortschreiten auf den bereits begangenen Entwicklungslinien (Verbesserungsinnovationen). Denn die beiden Innovationsarten folgen unterschiedlichen Gesetzen.

In der Tat stellt sich bei unserer Analyse des sozialwirtschaftlichen Wandels und des Wissenstransfers heraus, daß beide Arten von Innovationsaktivitäten in Konkurrenz stehen, und das hängt eng mit der Investition zusammen: Die Forschung kostet, die Entwicklung der Ideen kostet, und die praktische Verwertung der neuen Konzepte kostet Arbeit und Kapital. Alle Innovatoren in spe konkurrieren um die knappen Forschungs- und Entwicklungsmittel, egal, ob sie nun eine Basisinnovation oder

eine Verbesserungsinnovation planen; aber neuartige Projekte haben es immer schwerer, Investiv-Kapital anzuziehen, als übliche Projekte.
Im Wettbewerb der Innovatoren untereinander schwankt das Bild: Einmal hat die Basisinnovation, ein andermal die Verbesserungsinnovation eine größere Chance, das benötigte Kapital und die benötigte Arbeit auf sich zu ziehen. Dieser „Wechseltrend in den vorrangigen Ingenieuraufgaben" ist eine in der Industrie wohlbekannte, aber weitgehend unverstandene Erscheinung [32].
Dieser Wechseltrend pendelt mit der wirtschaftlichen Großwetterlage. In der kapitalistischen Marktwirtschaft liegt das Schwergewicht fast immer auf den Verbesserungsinnovationen; wo dies verletzt wird (bei den Scheininnovationen), da wird es kritisch. Und es hat den Anschein, daß die sozialistische Planwirtschaft generell eher zur Durchführung von nichttechnischen Basisinnovationen neigt [33], aber weniger zur Durchführung von technischen Verbesserungen [34] – jedenfalls bislang. Offenbar – und verständlicherweise – fehlt den Politikern im Ostblock die Neigung, mit Qualitätsverbesserungen der Güter die ohnehin gedrosselte Nachfrage noch weiter anzuheizen. Die großzügige Versorgung der Bevölkerung mit einem bunten Angebot an Gütern war bislang eher die Stärke der Privatwirtschaft im Marktsystem. Man muß bei einem solchen Vergleich allerdings auch redlicherweise zugeben, daß die osteuropäischen Länder aus einer tieferen Not aufgestiegen sind. Dabei haben sie die Investitions-Prioritäten zugunsten der Einrichtung neuer Industrien und Dienstleistungssektoren (Basisinnovationen) gesetzt und Qualitätsverbesserungen an Konsumgütern kleingeschrieben.
Und ein wesentlicher, am System der Marktwirtschaft haftender Zug ist eine größere Neigung der Unternehmer, durch Qualitätsverbesserungen der Güter die potentiellen Käufer anzulokken. Diese Neigung wird vom Wettbewerb gespeist – jedenfalls in den Branchen, in denen er nicht trickreich ausgeschaltet ist. Die Antitrustgesetze und das Kartellrecht zielen auf unlautere Praktiken im Preiswettbewerb und übersehen dabei, daß alle

diese Praktiken nur operabel sind, wenn zuvor der Qualitätswettbewerb durch Scheininnovationen stillgelegt wird.
Die Neigung des Marktsystems, durch eine Vielzahl an Verbesserungsinnovationen die Schaufenster gefüllt zu halten mit Waren höherer Qualität, strahlt in die Länder des Ostens. Sie stachelt die Wünsche der osteuropäischen Bevölkerung nach den Gütern des gehobenen Bedarfs westlicher Prägung an. Diese Wünsche sind aber schwer zu erfüllen, wenn man in der Rüstung dauernd innovieren will. Die Politiker im Osten werden von den Wünschen der Zivilbevölkerung und den Sorgen der Militärs gebeutelt, und das ist ein Doppel-Echo auf die Erfolge der westlichen Zivilindustrie und Rüstungsindustrie. Aber diese Ausstrahlung ist eine Zweibahnstraße. Sie führt auch von Ost nach West, *und vielleicht kommt in Zukunft einmal mehr des Wegs als heute.*
Die prinzipielle Chance des östlichen Zentralplanungssystems, durch eine höhere Rate an Basisinnovationen und Sozialinnovationen die Bevölkerung mit neuen, attraktiveren öffentlichen Gütern und Dienstleistungen zu verwöhnen, wird von der östlichen Regierungspraxis offenbar nicht wahrgenommen. Die östlichen Errungenschaften könnten ebenso in den Westen herüberscheinen wie der westliche Güterglanz nach drüben. In puncto Gesundheitsvorsorge glänzt es bereits herüber.

In der freien und sozialen Marktwirtschaft westlicher Prägung werden, wie gesagt, Verbesserungsinnovationen und Scheininnovationen favorisiert. Dieser Trend wechselt beim Eintritt ins technologische Patt der Industrieländer. Dann sind die etablierten Wachstums-Branchen so ausgewachsen, und der Grad der Versorgung mit dauerhaften Gütern ist so hoch, daß ein Investieren in diesen Branchen wenig profitabel ist. Deshalb treffen fast alle Rationalisierungsvorschläge der Ingenieure auf taube Ohren, und die Produktdesigner haben es schwer, mit ihren neuen Versionen der alten Sachen zum Zuge zu kommen. Gesucht wird in dieser Lage nach Investitionsgelegenheiten auf neuen Gebieten, wo der Markt noch hungrig und die Konkurrenz noch gering ist: Gesucht werden Basisinnovationen.

Im technologischen Patt werden Basisinnovationen selbst in der Marktwirtschaft aktuell. In einer solchen Situation – und nur in ihr – neigt die kapitalistische Wirtschaft dazu, neue Entwicklungslinien zu betreten. Der Stammbaum der sozialwirtschaftlichen Evolution soll dies graphisch dadurch verdeutlichen, daß die meisten Weg-Gabelungen in wenigen kurzen Perioden erfolgen (siehe Abbildung 2.1). Das ist die Erscheinung der Innovationsschübe.

Daß eine solche Ballung im Aufkommen an Basisinnovationen im Geschichtsablauf der Industrialisierung tatsächlich stattgefunden hat, ist ein Ergebnis der empirischen Studien, die in den folgenden Kapiteln 4 bis 6 geschildert werden.

Da der Hauptteil dieses Buches den Basisinnovationen gewidmet ist, sei der Rest dieses Kapitels den Verbesserungsinnovationen und Scheininnovationen vorbehalten. Denn die Stagnation des technischen Fortschritts (in Form von „weniger Verbesserungsinnovationen, dafür mehr Scheininnovationen“) auf abgegrasten Technologien schafft erst das Klima und den Mut für das Betreten neuer Wege mit Basisinnovationen; es schafft kritische Verhältnisse, die sich durch die Stagflation verraten.

C. Die Theorie der schwindenden Investitionschance

Schumpeter hat die Theorie der schwindenden Investitionschance* nicht akzeptiert. Diese Theorie sieht die Weltwirtschaftskrise als einen Zusammenbruch der Produktion und des Handels, der von einer generellen Ermattung der Investitionsaktivität in den kapitalistischen Ländern vorbereitet wurde: Das einschlafende Wachstum führe zur Krise und zur Transformation der Wirtschaftsordnung. Diese Frage ist wieder brandaktuell, einmal wegen des Verständnisses der gegenwärtigen Krise, zum anderen wegen der Diskussion um ein Nullwachstum.

Als *der* Autor, der die Innovationen als die wesentlichsten Inve-

---

* Eine von Marx' Kapitaltheorie abgeleitete und zuerst von A. H. Hansen publizierte Theorie [35].

stitionsmöglichkeiten propagiert hat, mochte und konnte Schumpeter dieser Theorie nicht zustimmen. Er konnte sich nicht vorstellen, daß die Erfindungsgabe und Motivation des Menschen generell versiegen könne. Ich kann es auch nicht.
Vielmehr war er der Ansicht, daß der Kapitalismus zwar zugrunde gehen würde, aber nicht an seiner Schwäche; ganz im Gegenteil, er würde an seinen offensichtlichen Erfolgen erstikken. Diese Erfolge würden die sozialen Gruppen, die den Marktprozeß schützen, vertreten und betreiben, durch Wachrufen einer Gegenmoral verfremden, dadurch die kapitalistischen Institutionen selbst untergraben und auf den Sozialismus als den einzig denkbaren Erben hindeuten.
In diesem Sinne schrieb Schumpeter in den späten dreißiger Jahren, also unter dem Eindruck der Depression und der schleppenden Erholung von der Weltwirtschaftskrise von 1929: „Der Kapitalismus und seine Zivilisation mögen langsam verfallen, unmerklich in etwas anderes übergehen oder einem gewaltsamen Tod entgegengehen. Der Verfasser (Schumpeter) persönlich glaubt, daß sie dies tun. Die Weltwirtschaftskrise beweist das aber nicht und hat auch als solche nichts damit zu tun. Sie war kein Symptom einer Schwächung oder eines Versagens des Systems. Wenn überhaupt, dann war sie ein Beweis der Kraft der kapitalistischen Entwicklung . . ." [36].
Wie die Marxisten bezog Schumpeter die Theorie der schwindenden Investitionsmöglichkeiten auf das ganze kapitalistische System. Mit der Ablehnung der Stagnationsthese für das marktwirtschaftliche System als ganzes hat er allerdings das Kind mit dem Bad ausgeschüttet. Er unterschied nicht nach Wirtschaftsbereichen und nach Innovationsarten. So nahm er nicht genügend Kenntnis von der Tatsache, daß diese Theorie der schwindenden Investitionschancen für spezielle Bereiche den partiellen Wachstums-Sachverhalt auf das beste trifft. Sie trifft auf die wechselnde Fülle von Verbesserungsinnovationen in den Wachstumsindustrien mit bestimmter Technologie-Basis zu, also auf die echten Produkt- und Verfahrensinnovationen in bestimmten Industriezweigen in der Prosperität und auf die steigende Flut von Scheininnovationen in der Stagnationsphase.

Stagnation ist in erster Linie ein mikroökonomisches, mikrosoziologisches Phänomen; erst wenn die Stagnation in mehreren Bereichen zugleich auftritt, wird sie makroökonomisch und gesamtgesellschaftlich spürbar. Und spürbar wird sie beim Einzug ins technologische Patt als Stagflation.

1. Lebenszyklen von dauerhaften Produkten

Die Theorie der schwindenden Investitionschance ist also bei den Makroökonomen keineswegs unumstritten. Hingegen ist sie für den Mikroökonomen, sofern er mit der modernen Theorie des Unternehmenswachstums [37] vertraut ist, gewiß kein Streitpunkt. Die betriebswirtschaftliche Wachstumstheorie erklärt das Wachstum einer jeden Unternehmung als Anpassung an eine wachsende Nachfrage nach ihren Gütern.

Im Zeitablauf wächst die Nachfrage des Marktes nach einem dauerhaften Wirtschaftsgut üblicherweise nicht gleichmäßig an. Vielmehr folgt sie einer gewissen Dynamik, die man den Lebenszyklus des Produktes nennt: Wenn durch eine Innovation eine neue Produktart oder -qualität auf den Markt kommt, dann nimmt der Markt das Angebot zuerst nur zögernd an. Nach einiger Zeit stürzt er sich dann darauf, um mit erst wachsendem, dann sinkendem Appetit die Neuheit zu erwerben. Und nach abermals einiger Zeit geht die Nachfrage nach dieser Qualität auf ein Mindestmaß zurück, die Serie läuft aus.

Solche Lebenszyklen für Computer der ersten, der zweiten und der dritten Generation zeigt Abbildung 2.2. Die Zahlen wurden von der OECD ermittelt und betreffen Großbritannien: 1959 wurden noch ausschließlich Computer der 1. Generation installiert; zwei Jahre später waren es schon zur Hälfte Computer der 2. Generation. 1963 hatten diese neuen Typen fast den ganzen Markt erobert. 1965 aber traten die Computer der 3. Generation auf den Plan, und sie brachen innerhalb eines Jahres in die Nachfrage nach den älteren Modellen ein. 1966–67 waren bereits über die Hälfte der in Großbritannien installierten Computer von der neuen Art; ältere Typen waren kaum noch gefragt.

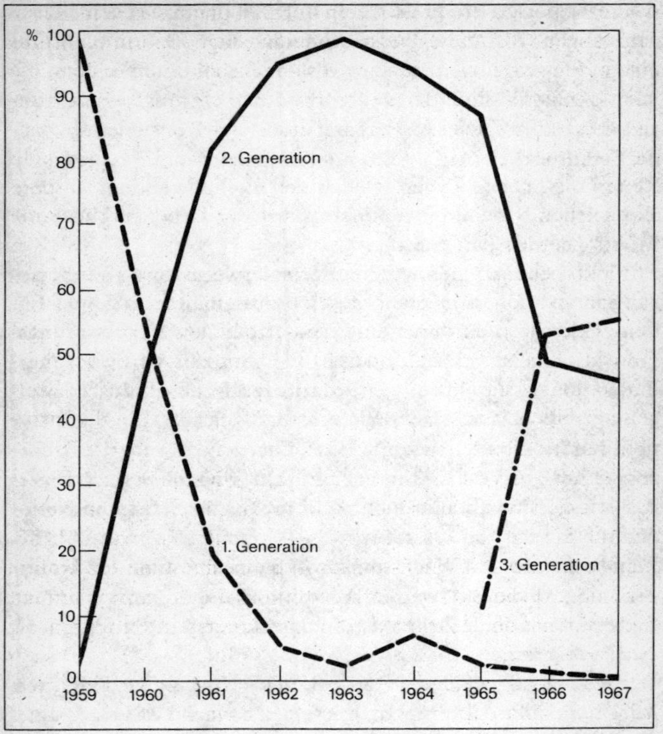

Quelle: OECD, Gaps in Technology;
Electronic Computers, Paris 1969, S. 75

Abb. 2.2 Lebenszyklen der ersten, zweiten und dritten Generation von Computern (Marktanteile in Großbritannien; 1959–1967).

Der Lebenszyklus eines Produktes beschreibt die Verkaufszahlen über mehrere Jahre hin. Dieser Zyklus wird von einer mehr oder weniger an eine Glocke erinnernden Kurve demonstriert. Lebenszyklen verschiedener „Jahrgänge" von Produkten überlagern sich. Der Wirkungszusammenhang ist doppelseitig: Wenn die Verkaufszahlen abfallen, dann führt das Unternehmen eine Verbesserungsinnovation in dieser Produktart durch;

die verbesserten Produkte treten in Konkurrenz mit den älteren Jahrgängen. Auf diese Weise schneiden sich die Firmen oft ins eigene Fleisch, ohne dies aber verhindern zu können, denn die lange Anlaufperiode des neuen Produkts erzwingt einen frühzeitigen Einsatz. Diesen Vorgang erlebt der Konsument besonders eindrücklich in der Automobilbranche, wo ihm zu gewissen Zeiten die „neuen Typen" neben den alten angeboten werden: Bei solchen Scheininnovationen währt der Lebenszyklus, „die Mode", gerade eine Saison.

Produkt-Lebenszyklen werden normalerweise durch Verbesserungsinnovationen in Gang gesetzt. Aufeinanderfolgende Lebenszyklen werden durch aufeinanderfolgende Verbesserungsinnovationen ausgelöst. Und es ist die Serie der Verbesserungsinnovationen, die den Wachstumsprozeß in den Industriezweigen antreibt. Das „atmende Wachstum" (Schäfer) in den prosperierenden Branchen zieht sich über ein, zwei, drei Jahrzehnte hin – bis die „Atmung" abflacht, weil die Serie der Verbesserungsinnovationen mehr und mehr von Scheininnovationen durchsetzt und ersetzt wird.

Man kann also den Wachstumsprozeß einer bestimmten Unternehmung an der stoßweisen Ausweitung der Kapazität und an der eher kontinuierlichen Erhöhung der gesamten Verkaufszahlen ablesen.

Wir wollen nun weiter aggregieren. Das Zusammenzählen von Verkäufen aller Unternehmen in einer Branche ist Gegenstand der „Diffusionstheorie" [38]. Sie untersucht, wie eine Neuerung von der Bevölkerung nach und nach angenommen wird; wie sich die Neuerung ausbreitet.

2. Die Ausbreitung von Neuerungen

Wir nehmen nun die Dynamik der Produktlebenszyklen etwas summarischer unter die Lupe. Dabei betrachten wir nicht die Verkaufszahlen einzelner Unternehmungen, sondern die Verkäufe von Unternehmensgruppen, die einen bestimmten Markt mit modernen dauerhaften Gütern beliefern, etwa den Markt für Fernsehapparate.

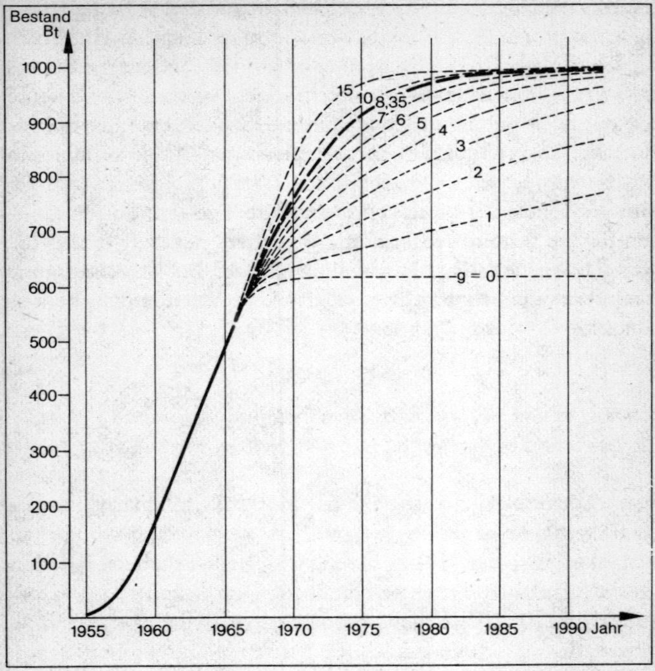

Quelle: H. Bonus, die Ausbreitung des Fernsehens in der Bundesrepublik, Meisenheim/Glan 1968, S. 137

Abb. 2.3 Ausbreitung des Fernsehens in der BRD von 1955 bis 1965 und verschiedene Prognosen für die folgenden Jahre

Startpunkt einer solchen Zusammenschau ist eine Basisinnovation. Das Fernsehen wurde 1936 in England zuerst eingeführt. Das ist die Basisinnovation auf diesem Gebiet. Nun hat es zwar schon 1936 in Deutschland eine Probesendung gegeben. Die Ausbreitung des Fernsehens unter der deutschen Bevölkerung ist jedoch eine Nachkriegserscheinung.
Eine Neuheit wie das Fernsehen wird in der Regel von mehreren Firmen (Lizenznehmern) parallel unter die Leute gebracht. Gemeinsam arbeiten diese Unternehmen daran, das neue Gut

unter verschiedenen Firmenzeichen in möglichst viele Haushalte zu bringen. 1955 hatten erst wenige deutsche Haushalte ein Fernsehgerät, 1960 schon jeder fünfte, 1965 waren bereits 500 von 1000 Haushalten im Besitz eines Apparates, und heute hat nur noch jeder vierte oder fünfte Haushalt kein Fernsehgerät. Die Ausbreitung des Fernsehens in der Bundesrepublik in der Nachkriegszeit zeigt Abbildung 2.3.
Holger Bonus, der diese Daten zusammengestellt und Prognosen für die weitere Ausbreitung berechnet hat, zeigte, daß die weitere Ausdehnung davon abhängt, ob die Marktsättigung noch fern oder schon nahe ist. Diese Unterscheidung ist bedeutungsvoll für das Folgende.

3. Der Qualitätswettbewerb, die Scheininnovation und die Ursache der Stagflation

Je nachdem, ob die Nachfrage am Markt noch hungrig ist oder ob sie weitgehend gesättigt ist, weil erst wenige oder schon viele der Haushalte das Gut besitzen, gestalten die Hersteller den Qualitätswettbewerb unterschiedlich. Den Stand der Versorgung von „Otto Normalverbraucher" zeigt die nachstehende Skizze, die „das volle Haus" des deutschen Durchschnittshaushaltes (Arbeitnehmer mit Ehefrau und zwei Kindern und mit ca. DM 1900 Brutto-Monatseinkommen) beschreibt.
Danach besaßen laut Statistischem Bundesamt im Jahr 1973 von 100 Normalhaushalten der Bundesrepublik: 98 Fernsehen, 97 Kühlschrank, 95 Staubsauger, 95 Waschmaschine, 94 Radio, 93 Fotoapparat, 69 Pkw, 62 Plattenspieler, 60 elektrische Nähmaschine, 54 elektrischen Rasierapparat, 50 Tonbandgerät, 37 Telefon, 37 Schreibmaschine, 36 Tiefkühltruhe, 33 Diaprojektor, 27 Kaffeemaschine, 27 Küchenmaschine, 22 Elektro-Heimwerker, 19 Elektrogrill, 11 Bügelmaschine, 10 Filmkamera und Projektor, 3 Geschirrspüler.
Diese Zahlen können erheblich untertreiben. Zum Beispiel stehen den drei Prozent Geschirrspülern bei den Arbeitnehmern eine Versorgung von 27 Prozent der Selbständigenhaushalte

gegenüber. Aber nicht nur die Einkommensunterschiede setzen verschiedene Sättigungsmarken, sondern auch die Zahl der Haushaltsangehörigen. So haben Alleinstehende – gleich welchen Einkommens – nur ganz selten eine Geschirrspülmaschine oder eine Tiefkühltruhe. In der Wohlstandsgesellschaft verwischt sich offenbar das Mißverhältnis zwischen Niedrigversorgung der Arbeiter und Hochversorgung des Mittelstands *mit den Standardgütern* des gehobenen täglichen Bedarfs. Die Unterschiede liegen dann meistens im außerökonomischen Bereich.

Hungrige Märkte (Verkäufermärkte) einerseits, gesättigte Märkte (Käufermärkte) andererseits, darin besteht der fundamentale Unterschied im sozialwirtschaftlichen Spielraum der Unternehmen im Boom und in der Krise.

Im Frühstadium des Wachstums versuchen die Firmen, einander mit Verbesserungsinnovationen am Produkt und am Herstellungsprozeß (Qualitäts- bzw. Kostenvorsprünge) den Rang abzulaufen, um einen möglichst großen, sicheren Marktanteil zu erobern. Prozeßinnovationen sollen die Kosten senken, den Ausfall mindern usw., so daß die Preise gesenkt werden können. Und Produktinnovationen sollen die Ausstattung der Ware so attraktiv gestalten, daß mehr Käufer nach dieser als nach anderen Marken greifen. In dieser Phase sind die Forschungsanstrengungen in der jungen Industrie von großem Nutzen, und neue Ideen haben einen hohen Stellenwert, denn sie helfen, einen größeren Marktanteil zu erobern.

Im Spätstadium des Wachstums hingegen sind gute Ideen zur Verbesserung des Produktes einerseits rar, denn der verwertbare Wissensstock wird schon weitgehend praktiziert. Die Halbwertzeit des Ingenieurwissens ist wachstumsabhängig. Andererseits sind Verbesserungsvorschläge, die den auf den abgegrasten Gebieten suchenden Forschungsteams doch ab und zu einfallen, beim Management höchst unwillkommen. Denn die Produkte sind nun in der Massenfertigung standardisiert, die Werkzeuge sind auf diese Norm zugeschnitten, die Bandstraßen danach aufgestellt, die Fabrikgebäude nach diesem Plan gebaut, die Marktstrategien darauf ausgerichtet. Wie soll man das alles umstellen, umbauen, umdenken? Weil die Technologie abgegrast ist, und weil die überwachsenen Organisationen verkrusten, nehmen die Großunternehmen Zuflucht zur Scheininnovation. Verbesserungsinnovationen werden immer seltener, wenn die Industrien an ihre Grenzen des Wachstums stoßen. Junge Industrien sind in der Frühphase des Wachstumszyklus begierig auf machbare Verbesserungsinnovationen; es fesselt sie keine eigene aufgeblähte Verwaltungsapparatur, und es steht ihnen ihre eigene Betriebsgröße nicht im Weg.

Anders die Großunternehmungen. Im vorgerückten Stadium des Konzentrations- und Wachstumswettlaufs sind sie nicht mehr in der Lage, Änderungen am Produkt elastisch zu bewerkstelligen*: der Dinosaurier-Effekt.

Einer der Pioniere, die auf dem Gebiet der Beurteilung des Erfolgs oder Ertrags von Innovationen seit 10 Jahren intensiv forschen, ist mein Institutskollege Frederic M. Scherer. Er faßt den Erfahrungsschatz, den er und mehrere Mitarbeiter aus den Untersuchungen über die „Grenzerträge von Verbesserungsinnovationen" in den meisten Branchen der Industrie gewonnen haben, wie folgt zusammen:

„Die Zunahme bzw. Abnahme von Ertragszuwächsen aus Innovationen scheint systematisch mit der Firmengröße zu variieren. Das bei den meisten Industriefirmen anzutreffende Muster zeigt eine Phase von zunehmenden Ertragszuwächsen, diese wird abgelöst von einer Phase von sinkenden Ertragszuwächsen bei Großfirmen; und es gibt einige undeutliche Anzeichen dafür, daß die größten Giganten wiederum zunehmende Zuwächse haben" [40].

Hinter diesen Verklausulierungen verbirgt sich nun allerdings mehreres, was man auseinanderhalten sollte: Einerseits ist die *wachsende Unternehmung* auch die *innovativste:* Solange die Nachfrage nach einer Warengattung noch wächst und solange noch Marktanteile im Konkurrenzkampf erobert werden können (die potentiellen Käufer reagieren noch auf Kostensenkun-

* Eine Fülle von wirtschaftswissenschaftlichen Studien hat den „Mythos der innovativen Großunternehmung" als unzutreffende Schutzbehauptung gegen das Kartellrecht entzaubert [39].

gen durch Rationalisierungsinnovationen und auf Qualitätsverbesserungen), solange bringen die noch nicht ausgewachsenen Unternehmungen viele Verbesserungsinnovationen zustande. Andererseits sind die *Großunternehmungen* (mit Ausnahme einiger Industriegiganten) relativ *weniger innovativ:* Wenn der Markt an Grenzen des Wachstums angelangt ist, und die Hauptanteile in ziemlich fester Hand von ein paar Großunternehmen sind, dann zeigen die Firmen wenig Interesse am Qualitätswettbewerb. Denn weder reagiert der gesättigte Markt elastisch auf Verbesserungsinnovationen, noch lohnt sich der Kampf um unverrückbare Bastionen. Relativ selten gibt es Ausnahmen: Nachdem die Fa. Michelin 1971 den Stahlgürtelreifen herausbrachte, erhöhte sich ihr Marktanteil von 14% (1971) auf 25% bis Ende 1974.
Nur im Bereich der hypermodernen und vom Staat monopolisierten Technologien (Datenverarbeitung, Verteidigung, Post- und Nachrichtenwesen, Atomenergie), wo in der Hauptsache die öffentlichen Hände als Käufer und nur ein oder zwei Konzerne als Anbieter in Frage kommen, gibt es zuweilen einen positiven Zusammenhang zwischen Firmengröße und Innovativität – wobei gewiß der gemeinwirtschaftliche Anteil an Steuergeldern (Zuschüsse des Staates zu den Forschungs-, Entwicklungs-, Erschließungs-, Vertriebs-, Versicherungs- und Folgekosten) den Ausschlag gibt.
Worauf hier ein besonderes Augenmerk gerichtet werden soll, ist die Tatsache, daß bei recht fortgeschrittenem Wachstum die Verbesserungsinnovation immer mehr ersetzt wird durch die Scheininnovation; sei es, weil die ausgewachsenen Großfirmen den Qualitätswettbewerb weder zügig betreiben können, weil lohnende Verbesserungen nicht in Sicht sind, oder sei es, daß sie den Qualitätswettbewerb auch gar nicht intensiv betreiben wollen. Es treffen wohl beide Gründe zusammen zu:
Auf Märkten für technik-intensive Standardgüter des gehobenen Bedarfs ergibt es sich zwingend aus der Macht des Faktischen, daß Außenseiter kaum Chancen haben, in die Aufteilung der Marktsegmente in Interessenssphären einzubrechen. Wer von den kleinen Kapitalbesitzern kann schon die zig Millionen

an Einstandskosten hinblättern, die ein Marktentré kosten würde. Und wer von den großen Kapitaleignern wäre so töricht, eine Riesensumme in eine Industrie zu investieren, in der es bereits riesige, unvollständig ausgelastete Kapazitäten gibt. Die Großunternehmen, die auf solchen Massenproduktmärkten siedeln, sind formal zwar ein offener Club, in den faktisch aber doch niemand Eintritt verlangt. Auf diesem Hintergrund von praktisch abgeschotteten Marktsegmenten bei den Warengattungen, an deren Hochversorgung wir eine Wohlstandsgesellschaft erkennen, muß das Problem der Wettbewerbsbeschränkungen gesehen werden, und zwar zwieschichtig, auf der Preis- und auf der Qualitätsebene. Letztere zuerst:
Um einen Eindruck zu bekommen vom Ausmaß der Scheininnovationsaktivität in den letzten Jahren, in denen eine ganze Anzahl von Industriezweigen an die Grenzen des Wachstums stießen, haben wir (R. Heitmeier und ich) uns auf die Verbrauchsgüter konzentriert, und dabei wiederum auf die rund 120 Konsumgüter, die die Stiftung Warentest in den letzten acht Jahren geprüft hat. Um Qualitätsveränderungen ablesen zu können, konnten wir nur die 66 Produktgruppen berücksichtigen, die zwei- oder dreimal getestet worden sind. Die Testergebnisse stehen in der Zeitschrift „test".
Drei Qualitätsmerkmale sind intertemporär vergleichbar:

1. Funktionalität;
2. Sicherheit;
3. Haltbarkeit.

Ergebnis: Die meisten Qualitätsverbesserungen, nämlich bei 25 der 66 Produktgruppen, wurden in puncto Sicherheit geleistet. Bei 23 Produktgruppen wurde die Haltbarkeit besser (nur bei zweien schlechter, ein Indiz gegen den sogenannten geplanten Verschleiß) und die Funktionalität größer. Für unser Argument von besonderem Interesse ist der Umstand, daß bei 43 Produktgruppen (65,2%) keine Anhebung des Qualitätsniveaus in den letzten Jahren zu verzeichnen war.
Nun sind Haltbarkeit und Sicherheit Eigenschaften, die der Verbraucher erst nach dem Kauf herausfindet. Hingegen ist

Funktionalität und Zweckerfüllung bereits vor dem Kauf erkenntlich. Deshalb zielen Verbesserungen in der Funktionalität auf potentielle Käufer und auf Stammkunden der Konkurrenz. Da wir bei zwei Dritteln der Produktgruppen (43 aus 66) keine Anhebung des Qualitätsniveaus feststellten, können wir nur auf einen sehr beruhigten Qualitätswettbewerb in der Mehrheit der Märkte schließen.

Die Frage, ob der Qualitätswettbewerb so ruhig ist, weil er an den Wachstumsgrenzen nicht intensiver sein könnte, oder weil er manipulativ gedrosselt wurde, kann nicht so einfach entschieden werden. Aber die 34,8% Ausnahmen, nämlich die 23 (aus 66) Fälle von Funktionalitätsverbesserungen, lassen doch einige Schlüsse zu. Die beobachteten Verbesserungen fallen in zwei Gruppen: Bei 14 Produktgruppen wurde im Folgetest eine Qualitätsverbesserung festgestellt, wenn im Vortest besonders schlechte Qualitätsnoten gegeben waren (Beispiele: Badezimmerwaagen, Bügeleisen) und „test" die Qualitätsdefizite weithin publik machte. Daraufhin hoben die Hersteller das Qualitätsniveau schlagartig an. Bei 9 Produktgruppen nur stieg die Qualität von gut auf besser – vor allem bei Gütern, wo nur erst wenige Haushalte ein Exemplar besitzen (Beispiele: automatischer Diaprojektor, Grillgerät, Geschirrspülmaschine). Denn hier sind noch Marktanteile zu erringen, und hierzu dient die Verbesserungsinnovation.

Die Scheininnovation ist das Instrument der marktstarken Anbieter auf den für sie kraft ihrer Stärke reservierten Marktsegmenten, mit dem sie den Qualitätswettbewerb vermeiden. Auf den im Oligopol aufgeteilten Marktdomänen kann ein Nachfrager nur noch die Warenkategorie wählen; innerhalb der Kategorien ist er der Preissetzung durch den Anbieter ausgesetzt. Auf den so separierten und durch Scheininnovationen gepflegten Marktsegmenten kommen die Anbieter gänzlich ohne illegale Preisabsprachen und Frühstückskartelle aus, um die Preise im Gleichschritt zu heben oder zu senken, wie sie wollen.

Dieser Mechanismus der Ersetzung der Verbesserungsinnovation durch die Scheininnovation sichert die Bastionen der Etablierten, und er macht die Ausschaltung des Preiswettbewerbs zu einem fait accompli, das unerlaubte und unlautere Handlungen erübrigt. Das haben die ordo-liberalen Wissenschaftler und Kartellwächter bislang nicht in Rechnung gestellt, wenn sie zum Kampf gegen unlautere und gesetzwidrige Preisbildungspraktiken ausgezogen sind. Und deshalb mutete der Prozeß des Bundeskartellamtes gegen die Ölkonzerne an wie der Kampf des Don Quixote gegen die Windmühlen.

So ist es auch nicht weiter verwunderlich, wenn in den Industrieländern, wo viele moderne Wachstumsindustrien zu etwa gleicher Zeit (nämlich in der Mitte der 1960er Jahre) die Grenzen des Wachstums zu spüren begannen, zu gleicher Zeit die Inflation und die Stagnation sich regten. Die gemeinsame Ursache von Inflation und Stagnation ist ein offenes Rätsel in der modernen Wirtschaftswissenschaft; die Erklärung der Stagflation entzieht sich der volkswirtschaftlichen „Globaltheorie", die nicht zwischen Sonderentwicklungen in einzelnen Sektoren unterscheidet.

Die Stagflation ist ein Wohlstandssyndrom. Wenn mehrere der lange vom Publikumsgeschmack verwöhnten Industrien die Grenzen des Wachstums merken, weil die Märkte nun wohlversorgt sind, dann sind für die Konzerne, die bislang von der Bedienung der expandierenden Nachfrage wohllebten, die Bedingungen für die Vermeidung des Qualitätswettbewerbs gegeben. Neuerung bringt Teuerung; aber der Anlaß für Preiserhöhungen kann auf abgeschotteten Märkten auch durch bloßen Schein der Neuerung dargestellt werden. Während in der Expansionsphase noch durch echte Verbesserungsinnovationen ein Druck auf Kosten und Preise herrschte, fehlt dieser Bremseffekt, wenn die Scheininnovation als ein unanfechtbares Instrument eingesetzt werden kann und auf vielen Sektoren auch eingesetzt wird – flankiert von der Werbung.

Überhaupt kann man an dem Mangel einer umfassenden Theorie der Werbung in den Wirtschaftswissenschaften erkennen, woran es auch bei der Theorie der Inflation hapert. Die Nationalökonomen der liberalen Richtungen sehen die Werbung als ein notwendiges Übel an, beklagen dabei die Verschwendung von an sich knappen Mitteln zur „geheimen Verführung" der

Kunden. Als ob die „Verschwendung" und „Nachfragewekkung" nicht selbst ein erklärungsbedürftiger Tatbestand wäre. Die Ökonomen der marxistischen Richtungen sehen die Werbung, soweit diese die Informationsfunktion übersteigt, als ein Instrument der Ausbeutung über den Konsum an, die „dem Kapital" mit Hilfe von „ästhetischen Innovationen" [41] gelingt. Als ob dies allen Unternehmern in allen Wirtschaftszweigen gelänge.

Die Fehleinschätzung der Scheininnovation – ihre Unterschätzung durch die liberale Ökonomie und ihre Überschätzung durch die sozialistische Ökonomie – ist der Schlüssel zur Geheimtür für die Hauptursache der Stagflation: Es gibt eine Phase im Wachstumsprozeß der Leitindustrien, in der die Marktverkrustung die Substitution von Verbesserungsinnovationen durch Scheininnovationen erlaubt, so daß die an den Grenzen des Wachstums stockende Nachfrage (Stagnation) für einige Zeit zu erhöhten Preisen (Inflation) gedeckt werden kann; die Stagflation beginnt.

Der Auslöser der inflationären Entwicklung und der Stagnation ist ein und derselbe, nämlich der Zugriff der Wachstumsbremsen in Wirtschaftszweigen, von deren stürmischer Expansion die Wirtschaft vorher über den Multiplikator-Effekt die belebenden Impulse empfing. Einmal ausgelöst, pflanzt sich die Stagflation als ein selbstverstärkter Prozeß fort und zieht immer mehr Wirtschaftszweige in Mitleidenschaft. Das vertrackte an diesem Ansteckungsprozeß ist die Vielschichtigkeit der Infizierungsmöglichkeiten: die eine Branche wird direkt von der Stagnation in den Leitindustrien angesteckt (Beispiele: die Zulieferindustrien zur Automobilproduktion leiden mit dieser; die Kunstfaserchemie leidet mit der Textilindustrie), die andere Branche wird über die Inflationierung der Preise für Rohwaren und der Löhne (Explosion der Faktorkosten) angesteckt.

Wie dieser Prozeß sich selbst anheizt, so daß die Verschärfung der Stagnation eine vermehrte Flucht in die Preise bewirkt, wird im 3. Kapitel diskutiert.

4. Das Ertragsgesetz regiert die Verbesserungsinnovationen

Nach dem Ausflug in die Theorie der Stagflation kehren wir zurück zum Problem der Beschreibung des Wirtschaftsablaufs. Wenn man den Qualitätswettbewerb auf einem Gebiet in der Langzeitperspektive überschaut, dann stellt man also fest: Im Zuge der Ausbreitung der Neuerung von der Basisinnovation über die Serie der Verbesserungsinnovationen nimmt der Qualitätswettbewerb an Intensität ab. Die großen Firmen halten einander weniger und weniger mit drohenden Qualitätsüberraschungen in Trab. Das beruhigt den Konkurrenzkampf. Auch sind immer weniger Verbesserungsideen auffindbar, immer weniger dieser Ideen rechtfertigen eine Umstellung der riesigen Betriebe, und immer weniger der durchgeführten Modellverbesserungen locken extra Nachfrage an. Dies ist die Zeit der Frustration für engagierte Techniker und Ingenieure in den überexpandierten Betrieben und die Zeit des Wachstumsekels der Wohlstandsbürger.
Das Ertragsgesetz regiert die Serie der Verbesserungsinnovationen, die auf dem von einer Basisinnovation abgesteckten Gebiet theoretisch und praktisch auftauchen. Das Ertragsgesetz besagt, daß die nächste Verbesserung weniger Nutzen bringt als die vorausgegangene. Und diese Erschöpfung der Verbesserungsinnovationen in den Scheininnovationen hat direkte Auswirkungen für Unternehmer und Kapitalbesitzer, die während des Wachstums ihre Managementleistung und ihr Kapital auf diesem Gebiet eingesetzt haben: Irgendwann ist der Punkt erreicht, wo ihnen das Investieren in die Durchführung von sich immer weniger lohnenden Verbesserungsinnovationen nicht mehr gefällt. Diese Betriebsgröße ist die „Kapital-Abwanderungs-Schwelle“. Dies ist auch die Zeit der Frustration der Finanz- und Verkaufsmanager in den überexpandierten Firmen – und der Eigner von Wachstumsaktien.
Das Merkmal der Fluchtlinie ist eine unbefriedigende Rendite. Der Gewinn, den die Unternehmer und Aktionäre durch eine Verbesserung oder gar Ausdehnung der bestehenden Betriebe erzielen könnten, ist nicht einmal mehr so hoch wie der Gewinn,

den der Finanzmarkt bietet*. Die liquiden Mittel, die aus dem Verkauf der laufenden Großproduktion gezogen werden, bringen durch Finanztransaktionen auf dem internationalen Geld- und Kapitalmarkt mehr Gewinn als eine Reinvestition in der eigenen Branche. Nur spielen die meisten Unternehmer sehr ungern die Rolle von Spekulanten.
Die schwindende Verbesserungsfähigkeit einer bestimmten Technologie ist die eine Ursache für die schwindende Investitionschance in diesem Industriezweig. Der technische Fortschritt in diesem Zweig wird unterlassen, wenn er nicht ganz neue Verkaufsimpulse gibt, und die Branche stagniert.
Die Wachstumskurve für diese Branche, die vorher in den Himmel zu wachsen schien, flacht ab. Das Investivkapital, das in der Branche angesammelt worden ist, und dort bisher immer die Errichtung von Arbeitsplätzen bezahlt hat, hat die Tendenz, abzuwandern. Aber wohin? Das ist die Millionen-Dollar-Frage in Unternehmerkreisen.

5. *Sicherheitsventil Export*

Bevor aber die Unternehmenskapazität in einer Branche so groß geworden ist, daß die Nachfrage für die dauerhaften Güter in Kürze gesättigt sein wird, suchen die findigeren Unternehmen nach Absatzchancen im Ausland. Das ist das typische Verhalten der Firmen, die noch voll im Expansionswettrennen sind und doch schon die Grenzen des Wachstums am heimischen Markt spüren. Raymond Vernon hat herausgefunden [43], daß die Exportneigung in verschiedenen Wachstumsbranchen eine ganz typische Verlaufsform besitzt. Sie wird von den jeweils noch möglichen Verbesserungsinnovationen, welche die schwindenden technologischen Lücken gegenüber dem Ausland immer wieder ein Stück aufreißen, und von den Sachkosten- und Lohnunterschieden in den verschiedenen Ländern erkennbar gesteuert.

* Eine beinahe genüßliche Beschreibung der Gewinn-Klemme der britischen Unternehmungen geben A. Glyn und B. Sutcliffe [42].

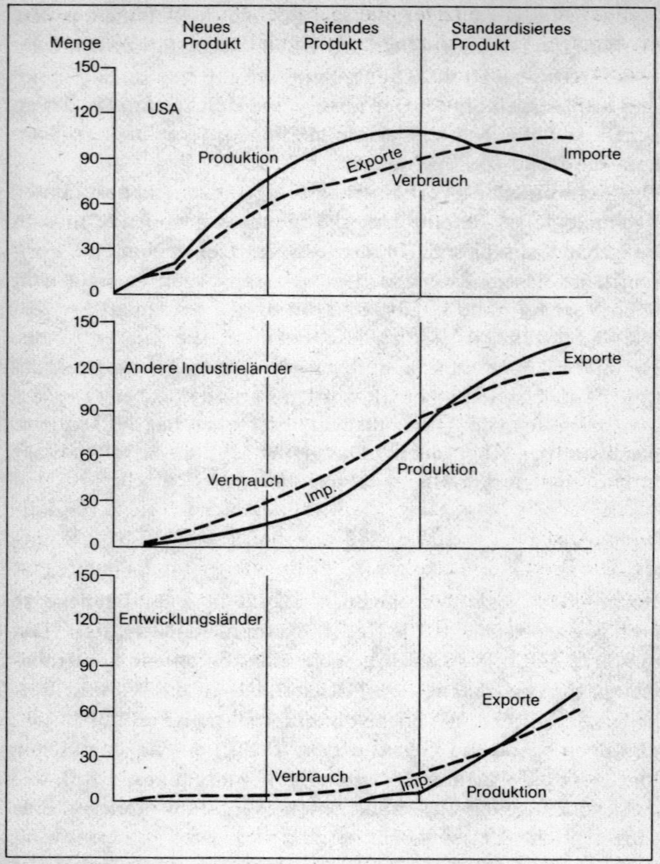

Abb. 2.4 Phasen des Lebenszyklus der Produkte Quelle: R. Vernon [43]

Vernon, der für die modernen Industrien ein Umschalten von Export auf Import in den USA und umgekehrt ein Umschalten von Import auf Export in den anderen Industrieländern beobachtete und mit der Theorie der Lebenszyklen erklärte, hat den

Sachverhalt der fünfziger und sechziger Jahre in der Tat richtig wiedergegeben (Abbildung 2.4). Damals ging das Wachstumswettrennen ja auch noch zügig voran.
In den siebziger Jahren, mit dem Ersatz der Verbesserungsinnovationen durch Scheininnovationen auf dem Weg ins technologische Patt, verschwimmt das klare Muster wieder.
In den fünfziger Jahren waren es die US-Konzerne, die einen technologischen Vorsprung hatten. Sie waren als erste mit den neuen Produkten (von A wie automatisches Getriebe bis X wie Xerographie) in den Export gedrängt, eine Strategie, die den im zweiten Glied folgenden Firmen in anderen Industrieländern erst später möglich war.
Die Amerikaner gingen dabei ganz anders vor als etwa die Deutschen. Die US-Firmen gründeten Zweigwerke und kauften ausländische Gesellschaften wie Souvenirs. Mit diesen Tochtergesellschaften bauten sie die sogenannten multinationalen Konzerne auf, Imperien im fremden Land. Die deutschen Firmen waren darin völlig verzagt. Zwar gründeten auch sie Zweigstellen im Ausland. Diese waren jedoch meistens nur Vertriebsstätten. Die Produktion erfolgte in der Regel daheim. Es mußte erst ein Franzose kommen, um für das Aufbauen multinationaler Konzerne, dieser modernen, subtileren Variante der „Imperialismus“-Strategie (Lenin, Luxemburg), auch einen zündenden Namen zu finden: „Die Amerikanische Herausforderung“ [44]. Wen wundert es noch, daß die Umkehrung des Trends – die Unterwanderung mit billigeren Produkten – bald „Die Japanische Herausforderung“ genannt wurde.
Der forsche Drang der Amerikaner, die für Deutschland bestimmten Fords, IBM-Computer usw. in Deutschland bauen zu lassen, hat das deutsche Wirtschaftswunder verlängert. Ebenso hat die Scheu der deutschen Firmen, im Ausland Zweigwerke zu gründen, die Vollbeschäftigung in der Bundesrepublik hochgehalten. So ist es zum guten Teil den Gastarbeitern zu verdanken, daß wir den Exportüberschuß überhaupt bewerkstelligen konnten.
Diese starke Exportabhängigkeit macht die deutsche Wirtschaft besonders anfällig für das Verschwinden der technologischen

Lücken, für das Ausbleiben der Innovationen, für die Stagnation und für den Zwang, daß die Bundesregierung im technologischen Patt besondere Maßnahmen ergreift, um Kurzschlußhandlungen bei den westlichen Partnern aufzufangen; coûte que coûte. Insofern sind deutsche Milliardenkredite an das strukturkriselnde Italien und Milliardenzuschüsse zum EG-Regionalfond der Preis für eine relativ niedrigere Arbeitslosigkeit und – weil diese mit einer niedrigeren Geldentwertung zusammengeht, wie wir gesehen haben – der Preis für geringeren Preisauftrieb und für weniger Entwertung der Vermögen des Mittelstands.

D. Der Stagnationstrend im Wachstum des Sozialprodukts

Die Theorie der schwindenden Investitionschance erklärt das Stagnieren einzelner Industriezweige aus der Erschöpfung der Möglichkeiten, die Technik weiter zu verbessern, weil das Wissen bereits angewendet wird und/oder die Verbesserungsinnovationen infolge der Marktsättigung nicht lohnen. Wir zeigen nun, daß dieses branchenspezifische Stagnieren die ganze Wirtschaft anstecken kann. Das Stagnieren der bislang am lebhaftesten florierenden Bereiche läßt die schwächere Aktivität in den übrigen Branchen noch mehr erlahmen. Die Obergrenzen des Wachstums in einzelnen Bereichen übertragen sich auf die Wirtschaft insgesamt.
Für etliche Branchenzyklen kann das gemeinsame Erreichen eines hohen Sättigungsgrades illustriert werden (Abbildung 2.5). Die Daten sind der Tabelle 2.1 entnommen, sie betreffen die Ausbreitung verschiedener Produkte in der amerikanischen Wirtschaft. Leider stehen uns güterwirtschaftliche Statistiken in einer Welt, die in erster Linie aufs Geld schaut, nur bruchstückhaft zur Verfügung. Aber das Bild 2.5 vermittelt doch den Eindruck, auf den es ankommt: Eine Fülle von Branchen hat in den Jahren um 1974 nur noch eine enge Marktlücke zu bedienen; der Nachfragesog, den die ungesättigten Märkte in früheren Jahrzehnten auf die Beschäftigung ausgeübt haben, ist

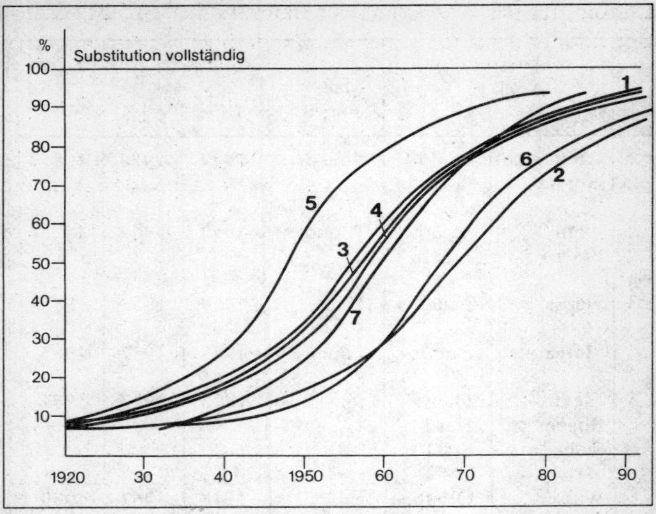

Abb. 2.5 Ausbreitung verschiedener Produkte in der Wirtschaft (Daten siehe Tabelle 2.1).

weitgehend erlahmt. Und diese Stagnation verschiedener Nachfragen schlägt notwendigerweise auf die gesamte Wirtschaft durch.

Die Informationen in Tabelle 2.1 bedürfen einiger Erläuterung, um die Dynamik der Verbreitung neuer Güter zu zeigen.

Neue Güter verdrängen zum Teil auch alte Warenarten. Für solche Substitutionsprozesse besitzen wir (durch die Güte von Dr. Pry) einige statistische Angaben:

Wir besitzen kaum Angaben für die Restnachfrage auf den Märkten für Standardgüter des gehobenen Bedarf, wie Automobile, Kühlschränke, Textilien, Eisenbahnen, Flugzeuge usw. Aber die mangelnde Kapazitätsauslastung in den Branchen, die diese dauerhaften Güter erzeugen, ist hinlänglich bekannt, und sei es allein aus der traurigen Tatsache, daß in diesen Branchen Kurzarbeit und Entlassungen an der Tagesordnung sind, und daß die Unternehmen dabei Verluste machen.

Tabelle 2.1

Nr.	Substitution		Maß-einheit	Stand des Austausches		
	neu	alt		10%	50%	90%
1	synthetisch. Gummi	natürl. Gummi	Pounds	1927	1956	1985
2	synth. Fasern	natürl. Fasern	Pounds	1940	1969	1998
3	Plastik	Leder	Häute	1929	1957	1985
4	Margarine	Butter	Pounds	1929	1957	1985
5	Elektro-Bogen-Stahl	Ofen-Herd-Stahl	tons	1923	1947	1971
6	Wasser-farben	Ölfarben	gals.	1945	1967	1989
7	Sulfate	pflanzl. Terper-tine	Pounds	1938	1959	1980

Quelle: J. C. Fisher and R. H. Pry, A Simple Substitution Model of Technological Change, in: M. J. Cetron and C. A. Ralph, eds., Industrial Application of Technological Forecasting, New York 1971, S. 304.

Die Beschäftigungseinbrüche in den Wachstumsbranchen von gestern stecken über den sogenannten Multiplikatoreffekt weite Teile der Wirtschaft an; die Zulieferbetriebe stagnieren; der Einkommensschwund führt zum Nachfrageausfall in weiteren Branchen vom Bau bis zur Bierkneipe ...
Damit ist der evolutorische Regelkreis geschlossen, der die sozialwirtschaftliche Evolution über die Jahrhunderte hin auf den Stand von heute gebracht hat, und zwar in Schüben. Zuerst gibt es ein technologisches Patt infolge der Stagnation in den bislang am mächtigsten entwickelten Bereichen. Es schafft die kulturel-

len, politischen, sozialen, wirtschaftlichen und technologischen Voraussetzungen für einen Schwarm von Basisinnovationen. Diese etablieren mehrere neue Industriezweige und Dienstleistungsbranchen, die durch sukzessive Verbesserungsinnovationen zunächst laufend nützlicher und dienlicher werden für immer größere Teile der Bevölkerung. Diese Branchenzyklen laufen gebündelt über die Bühne der Zeit und erschöpfen sich in etwa gemeinsam in einem neuen technologischen Patt, wenn die vom Ertragsgesetz regierte Serie der Verbesserungsinnovationen immer kleinere Verbesserungen produziert, so daß am Ende vorwiegend Scheininnovationen dabei herauskommen – ein Vorgang, der – wie wir gezeigt haben – gesamtwirtschaftlich als Stagflation in Erscheinung tritt.

Wir versuchen nun so etwas wie eine Hochrechnung des gesamtwirtschaftlichen Trends aus der Fülle der gebündelt ablaufenden Branchenzyklen – wohl wissend, daß wir dafür weder schon das formale Rüstzeug noch die substantiellen Daten besitzen. Weder verfügen wir über eine befriedigende „Theorie der Komplementärgüterpakete", die erklären könnte, warum verschiedene Güter zusammengehören wie Pech und Schwefel, so daß sich der Wachstumszyklus in der einen Branche über Markt-Verbundbeziehungen auch auf Wachstumszyklen in anderen Branchen überträgt, wobei die Zyklen – durch Kreuz- und Querelastizitäten verbunden – parallelgeschaltet werden. Der dahinterstehende Wandel in der Lebensart der Menschen war bisher mehr ein Forschungsgegenstand von Anthropologen als von Wirtschafts- und Sozialwissenschaftlern. Wir wissen so gut wie nichts über die Sensibilitäten bei der „komplementären Substitution" [45] von alten Waren und Dienstleistungen im Warenkorb des Normalverbrauchers durch neue Güter.

Neben den empirischen Leerstellen im wirtschaftswissenschaftlichen Wissensschatz liegen die methodologischen Schwachstellen bei der Aggregierung von Mikroprozessen zu einem Makroprozeß. Die mathematischen Schwierigkeiten gleichen denen, mit denen Albert Einstein bei der Integration von partiellen Schwinggleichungen in der Darstellung seiner Allgemeinen Relativitätstheorie zu kämpfen hatte. Einstein pflegte zum Trost zu sagen: „Gott kümmert sich nicht um unsere mathematischen Schwierigkeiten. Er integriert empirisch“ [46]. So wollen wir es im Folgenden auch halten, wenn wir den volkswirtschaftlichen Wachstumsverlauf als eine Summierung der Branchenzyklen betrachten.

1. Der Stagnationstrend in der BRD und in den USA

Wir zeigen nun, daß der langfristige Wirtschaftsablauf in der Bundesrepublik Deutschland und in den Vereinigten Staaten einem S-förmigen Wachstumstrend folgte und weiterhin zu folgen scheint. Wir zeigen die Wirtschaftsentwicklung dieser Länder exemplarisch. Dabei lassen wir uns von dem Gedanken leiten, daß der S-förmige Trend für die USA-Wirtschaft nachgewiesen sein muß, wenn das Argument der Zyklizität Wert besitzen soll; die amerikanische Wirtschaft ist wegen der Größe und wegen der Führungsnatur im westlichen System die einflußreichste Variable. Und wir stellen den S-förmigen Trend in der Bundesrepublik dar, weil die Nachkriegsentwicklung der deutschen Wirtschaft am wenigsten typisch ist; der deutsche Wachstumstrend ist am wenigsten repräsentativ, wie die letztjährige Licari-Gilbert-Studie der Wachstumsraten in den OECD-Ländern ergab [47], so daß man folgern kann: wenn sich der S-förmige Trend schon in dem am wenigsten typischen Fall zeigt, so muß man diese Verlaufsform in allen anderen Fällen für typisch halten.

In einer früheren Version dieses Kapitels haben wir an dieser Stelle die Argumente für die Hochrechnung der Branchenzyklen gegeben, wobei die Annahme, daß diese Branchenzyklen „logistisch“ = S-förmig verlaufen, eine wichtige Rolle spielte; denn solche Mikrozyklen haben linear abnehmende Wachstumsraten, die man addieren kann, so daß auch der aggregierte Makrozyklus den S-förmigen Verlauf besitzen muß. Inzwischen haben wir diese Hochrechnung in Professor Tintners Arbeiten gefunden (und auch besser gefunden) und verweisen hier einfach darauf [48].

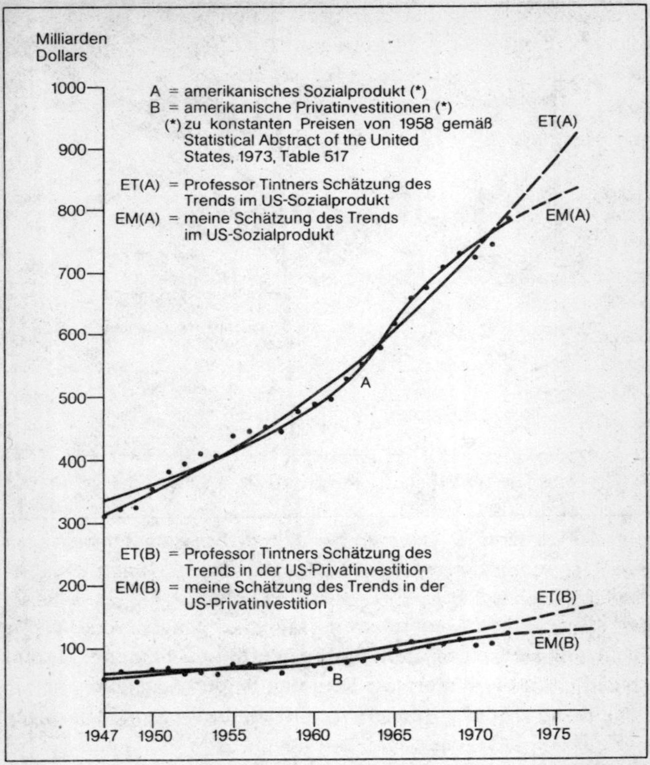

Abb. 2.6 S-förmiger Trend im Bruttosozialprodukt und in der Privatinvestition der Vereinigten Staaten

Wenn wir im folgenden die S-förmigen Trends im amerikanischen und deutschen Sozialprodukt zeigen, so läuft diese Illustration auf den Zweck hinaus zu illustrieren, wie sich die heutige Entwicklung in den Langzeit-Ablauf der Wirtschaftsentwicklung schickt (siehe Abbildung 2.8).
In Abbildung 2.6 zeigen wir den S-förmigen Trend im amerikanischen Sozialprodukt und in der amerikanischen Privatinvestition, wie ihn Professor Tintner vor mehreren Jahren geschätzt

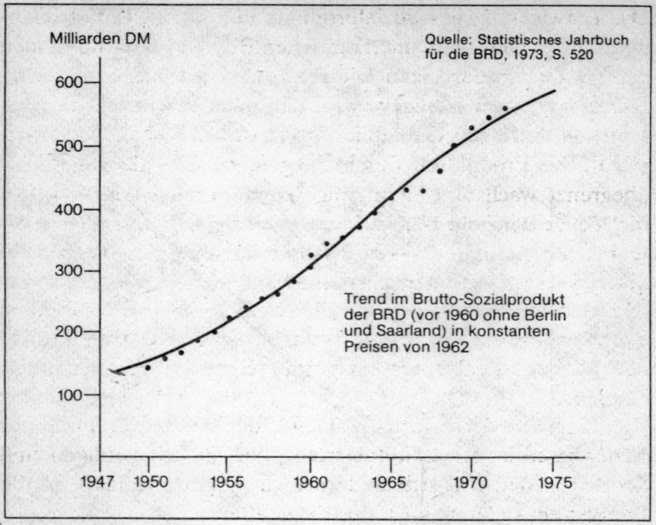

Abb. 2.7 S-förmiger Trend im bundesdeutschen Sozialprodukt

hat*. Inzwischen sind mehrere Jahre vergangen, und meine Schätzung stellt auch die jüngsten Werte in Rechnung. Daraus ergeben sich die Unterschiede in den beiden Schätzungen** in Abbildung 2.6. Die jüngere Schätzung zeigt den S-förmigen Verlauf viel deutlicher.

Die S-förmigen Trends in Abbildung 2.6 beschreiben eindringlich, wie sich die amerikanische heimische Privatindustrie auf ein gleichmäßiges Niveau einpendelt, und wie die gesamtwirtschaftliche Produktion immer mehr abflacht. Die gleiche Erscheinung bietet auch das deutsche Sozialprodukt, wenn auch nicht in so markanter, klarer Form (Abbildung 2.7).

---

* Herr Kollege Tintner hat mir freundlicherweise die Daten zugänglich gemacht [49].

** Tintners lognormales Verfahren betont mehr die Anfangspunkte als das logistische Schätzverfahren, das mehr die Endpunkte berücksichtigt, die Tintner zudem damals noch nicht kannte.

Die Entwicklung des Sozialprodukts in anderen Industrieländern dürfte eher dem amerikanischen Bild gleichen, wenn man den Resultaten der Licari-Gilbert-Studie vertraut.
Damit haben wir nachgewiesen, daß die Grenzen des Wachstums auf einzelnen Gebieten der Wirtschaft auf die volkswirtschaftliche Produktion durchschlagen, so daß auch diese als „begrenzt wachstumsfähig" angesehen werden muß – wobei die Menge der Folgeinnovationen zu den Basisinnovationen offenbar den gesamten Wachstumsbereich absteckt. Wenn nicht neue Basisinnovationen passieren, konvergiert das volkswirtschaftliche Wachstum gegen Null; es kann auch eine Depression einreißen, die ein Negativwachstum bringt. Nur Basisinnovationen können die Depression verhindern oder gegebenenfalls überwinden.
Wie fügt sich der S-förmige Trend, der der Ausbreitung der Neuerungen in den Leitindustrien seine Gestalt verdankt und deshalb in den Industrieländern recht ähnlich verläuft, in die Langzeitentwicklung im Industriezeitalter ein?

2. Die Wechsellagen seit der Industriellen Revolution vor zweihundert Jahren

Es kommt uns hier auf den Hinweis an, daß die heutige Krisensituation des technologischen Patt wohl in den Einzelheiten, nicht aber in den prinzipiellen Zügen etwas noch nie Dagewesenes ist. Es gab analoge Konstellationen in der Vergangenheit, bei denen es ähnliche güterwirtschaftliche Instabilitäten gab, wie wir sie heute erleben.
Um daraus zu lernen, sollte man einen Zeitvergleich anstellen, aber immer mit den jeweils passenden Situationen. Um diese im wirtschaftsgeschichtlichen Aufriß der letzten zweihundert Jahre orten zu können, halten wir uns wieder an das Kuznets-Schema, das am Anfang dieses Kapitels steht.
Folgt man Kondratieff, Kuznets, Schumpeter und anderen Wirtschaftsforschern, die diese wirtschaftlichen Wechsellagen als lange Wellen der Konjunktur abbilden, so ergibt sich nach

dem Kuznets-Schema die in Abbildung 2.8 gegebene Wellenlinie. Das *Wellenmodell* ordnet die seit 200 Jahren durchlaufenen Phasen (Prosperität, Rezession, Depression, Erholung) in die Form einer ununterbrochenen Sinuskurve ein.
Wir geben diese Vorstellung, daß die Wirtschaft in Wellen evolviert sei, zugunsten der Vorstellung auf, daß sie sich schubweise entwickelt hat, und zwar in Form von nacheinander durchlaufenen S-förmigen Zyklen, siehe Abbildung 2.8, oberer Teil. In dieses *Metamorphosemodell* läßt sich der Zyklus, dessen Ablauf wir jetzt miterleben, und der in die Abbildungen 2.6 und 2.7 S-förmig eingezeichnet ist, lückenlos einfügen.

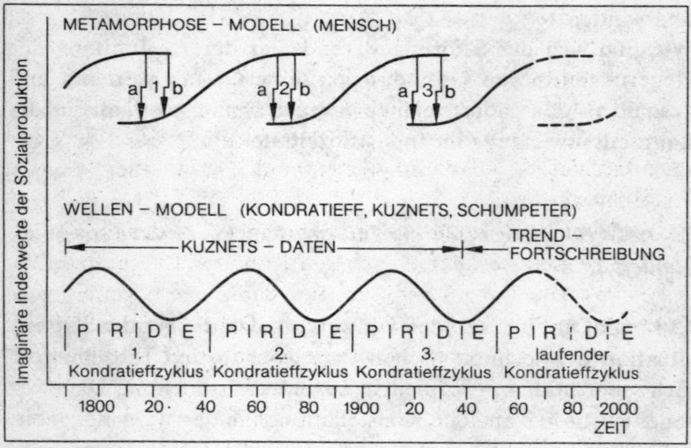

Abb. 2.8

Offensichtlich läuft die sozialwirtschaftliche Entwicklung nicht kontinuierlich ab; es gibt Brüche und Umwälzungsvorgänge, deren Tempo im Zeitablauf heftig variiert. Trotzdem weist das gesamte Geschehen auch Regelmäßigkeiten auf; offenbar sind sie stärker, als unser technokratisches Selbstbewußtsein uns glauben machen will, wenn wir uns einreden, daß für die aktive Gestaltung des Wirtschaftsablaufes ein weiterer Spielraum exi-

stiere. Zwischen dieser Regelmäßigkeit und dem historischen Determinismus ist aber doch noch ein großer Unterschied: Die Inhalte des Neuen sind offen.
Deshalb bietet das Wechselspiel von Stagnation und Innovation den Tatmenschen auch in Zeiten der gesellschaftlichen Verkrustung eine Chance. Während weite Bereiche der gängigen Praxis von der Stagnation ergriffen werden, schlägt auf den Feldern der Vor-Praxis bereits die Stunde der Kreativität. Die industrielle Evolution reißt Tore auf, die in verschiedene Richtungen durchschritten werden können.

E. Das Metamorphose-Modell in Theorie und Praxis

Was leistet das Metamorphose-Modell *theoretisch* über das hinaus, was auch schon das Wellenmodell leistet? Das Metamorphose-Modell differenziert die evolutorischen Kräfte des Werdens und Vergehens, die im Wellenmodell mehr oder weniger verwischt werden.
Das Wellenmodell hat Joseph A. Schumpeter zu der Formulierung: „Die Innovationen tragen den Kondratieff" gereizt. Die langen Wellen der Konjunktur sind dann das Ergebnis von mehr oder weniger vielen Innovationen. Dabei sind die Stagnationserscheinungen gegen die Innovationen verrechnet. Sie sind „herausgekürzt".
Das Metamorphose-Modell führt die Stagnation als originäre Kraft ein. Dadurch kommen die Vorauswirkung der Stagnation auf die Innovation und die Rückkoppelung der Innovation auf die Stagnation in das Modell. Das gesamte evolutorische Geschehen im sozialwirtschaftlichen Ganzen wird in einen Regelkreis gebunden: Stagnation in Systemteilen und im ganzen System fördert Einzelinnovationen an strukturell geeigneten Stellen, und die Innovation läßt manch altbewährtes Teil als altes Eisen erscheinen. Innovation und Stagnation induzieren einander. Das Metamorphose-Modell erlaubt eine Differenzierung in etablierte Industriezweige, in denen nachlassende Verbesse-

rungsinnovationen und zunehmende Stagnationen stattfinden, und in neue Branchen, die durch Basisinnovationen ins Leben gebracht werden.
Und was leistet das Metamorphose-Modell *faktisch?* Es bietet ein Ordnungsschema für Vergleiche zwischen analogen Umständen zu verschiedenen Zeiten.
Seit eh und je heißt es, daß sich die Geschichte wiederhole, und daß man aus der Vergangenheit Lehren ziehen könne, um Gegenwart und Zukunft besser zu bestehen. Allerdings wundern sich Schüler und Studenten, wenn sie dies hören, warum Geschichtsunterricht und Vorlesungen zur Wirtschafts- und Sozialgeschichte so wenig verwertbare Lehren bieten. Die Ursache liegt in der Verwirrung, die der Wandel anrichtet. Welche Situation in der Vergangenheit ist denn der von heute ähnlich? Und in welchen Merkmalen? Darauf gibt das Metamorphose-Modell eine (natürlich nur grobe) Antwort.
Es erlaubt, aus dem Überhang von entweder Innovation und Wachstum oder Stagnation und Sättigung auf die wirtschaftliche Großwetterlage in bestimmten Jahren zu schließen. Natürlich waren die Einzelheiten vor rund 50, 100 oder 150 Jahren ganz anders als heute: Trotzdem gibt es eine verblüffende Ähnlichkeit in den strukturellen Merkmalen und in den großen Zügen des Wirtschaftsablaufs zwischen den Wohlstandsjahren der jüngsten Vergangenheit und den „Goldenen Zwanziger Jahren" und der „Gründerzeit" (siehe Abbildung 2.8).
In jenen Jahren zog wie heute ein technologisches Patt auf, und es kam zu tiefen Konjunktureinbrüchen in einigen Ländern, aber (noch) nicht zu Weltwirtschaftskrisen. Vielmehr waren die damaligen Krisen zuerst auf einige Staaten beschränkt, die gerade Krieg geführt hatten und danach die Umstellung von der Rüstungsindustrie auf die Friedenswirtschaft nicht bewältigten und dadurch in eine Krise gerieten.
So erlebten die Länder, deren Armeen Napoleon bei Waterloo besiegten, 1815 eine ernste Krise, die nach ihrem äußeren Anlaß in England Rekonversionskrise heißt. Und für andere Länder brach 1866 die Konjunktur ein, zuerst in Frankreich (Crédit-Mobilier-Krise) und in den USA nach Schluß des Bürger-

kriegs. Und dasselbe Bild nach Versailles, 1920. Die Liste der Krisen ist in Tabelle 2.2 gegeben. Die ersten Krisen, die von 1815, 1860 und 1920, nenne ich Signal-Krisen*.
Der Krisenfahrplan in Tabelle 2.2 zeigt (wie auch der Abstand zwischen den Pfeilen in Abbildung 2.8), daß im Anschluß an die Signalkrisen immer erst noch ein oder zwei kurze Zwischenhochs eintraten, bevor es zu den Weltwirtschaftskrisen von 1825, 1873 und 1929 kam: Schonzeit.

Tabelle 2.2

1. a) Rekonversions-Krise	1815
b) Intern. Wirtschaftskrise	1825
2. a) Crédit-Mobilier-Krise	1866
b) Weltwirtschaftskrise	1873
3. a) Nachkriegs-Krise	1920
b) Weltwirtschaftskrise	1929

Nach M. Flamant und J. Singer-Kérel, Modern Economic Crises (London 1970).

Die Wirtschaftskrise der freien Marktwirtschaft als eine Folge des Friedens? Eine unangenehme Vorstellung. Und doch hängt die Kriegsgefahr offenbar auch eng mit der wirtschaftlichen Entwicklung zusammen. So hat etwa Klaus Jürgen Gantzel in seiner Habilitationsarbeit zur Friedensforschung eine erschreckende Regelmäßigkeit nachgewiesen, und er stellt fest, „daß die internationale Gewaltpolitik hauptsächlich durch die innere Struktur der jeweils am weitesten entwickelten Nationen bedingt ist“ [50].

* Die Gefahr für die Weltwirtschaft, daß die USA ihr Disengagement in Vietnam nicht ohne Beschäftigungseinbrüche verkraften können, soll uns allerdings nicht die Freude am Abzug ihrer Truppen nehmen.

Unser Methamorphose-Modell erlaubt eine Identifikation der geschichtlichen Perioden, die durch eine besonders hohe Kriegswahrscheinlichkeit von anderen unterschieden sind, obwohl natürlich auch Kriege in die Perioden mit geringerer Kriegswahrscheinlichkeit fallen; denn unser Modell gibt nur die wirtschaftlichen und nicht auch die politischen Determinanten der Kriegsneigung an. So fällt etwa der Zweite Weltkrieg aus dem Vermutungs-Schema, das sich aufgrund der wirtschaftlichen Ablaufordnung ableiten läßt, siehe Tabelle 2.3.
Man darf vermuten, daß eine Periode nicht schon dann besonders kriegsgefährdet ist, wenn ein hohes Rüstungsniveau vorliegt, sondern wenn ein plötzlicher Aufrüstungsschub in einem oder in mehreren Ländern erfolgt. Solche schubartigen Rüstungsanstrengungen sind in der wirtschaftsgeschichtlichen Vergangenheit noch immer in jenen Jahren erfolgt, in denen in den am weitesten entwickelten Industrieländern der Prosperitätstrend auf den Stagnationstrend umsprang. Diese Einknicke des Wachstumstrends liegen nach dem Kuznets-Schema und Abbildung 2.8 in den Jahren 1801, 1858, 1912 und – soweit ich sehe – im Jahr 1967. Diese Daten geben uns ein Vermutungs-Schema für die Jahre, in denen eine erhöhte Kriegsgefahr bestand, denn die beschäftigungswirksamen Rüstungsaufträge, die plötzlich vom Staat vergeben worden sind, mußten ja auch durch Säbelrasseln nach außen im Inneren glaubhaft gemacht werden. Dabei konnte es auch schon einmal zu irgendeinem *casus belli* kommen, gewollt oder ungewollt.
Der Kriegsfahrplan (Tabelle 2.3) paßt zu gut in das Stagnations-Schema, als daß man nicht alarmiert sein müßte. Die wirtschaftlichen Bestimmungsgründe: Rüstungsaufträge als Beschäftigungstherapie der stagnierenden Wirtschaft, treffen auf die großen kriegerischen Auseinandersetzungen bis zum Ersten Weltkrieg zu. Der Zweite Weltkrieg fällt aus dem (ökonomischen) Rahmen. Aber das Argument, daß die USA ihr Engagement in Vietnam vor allem aus wirtschaftlichen Gründen betrieben haben, ist zu oft gebraucht worden, als daß es noch erklärt zu werden brauchte. Man kann also in Fortdeutung des Kriegsfahrplans mit guten Gründen behaupten, daß die Jahre

um 1967 ebenfalls eine hohe Kriegswahrscheinlichkeit besaßen. Dazu paßt das tragische Verschleppen des Vietnamkrieges und der Eifer der Großmächte, die Nahost-Gegner mit Waffen auszustatten. Dazu paßt aber auch die Erbfolge der großen „Architekten des Friedens“: Metternich, Bismarck, Wilson und – pro tanto – Henry Kissinger. Gleiche Lage, gleiche Männer.
Man kann aber auch argumentieren, daß der Zweite Weltkrieg und das Gleichgewicht des Schreckens den Fahrplan der großen Kriege endlich außer Kraft gesetzt haben, weil die Nuklearwaffen die ultima ratio ad absurdum geführt haben.

Tabelle 2.3 Stagnation und Kriegsgefahr

Vermutung f. Kriegsausbruch	Ausbruch tatsächlich	Name der Kriege	Höhepunkt bzw. Abschluß
1801	1799	1799–1802 Zweiter Koalitionskrieg, Napoleanische Kriege; Sieg v. Waterloo	1815
1858	1854	1854–56 Krimkrieg (Engl., Frankr., Ital., Rußland); Sardinienkrieg 1859; US-Konföderationskrieg 1861–65; 1864 (Österreich, Preußen, Dänemark); 1866 (Preußen, Österreich, Deutscher Bund) Sieg von Königgrätz	1866
1912	1914	1914–18 Erster Weltkrieg; Waffenstillstand, Compiègne, am 11. Nov.	1918

Und dem Krieg folgt die Krise: Nach dem Waffenstillstand und unter dem Schock der Kriegsgreuel kann die Wirtschaftsführung der Stagnation nicht länger mit Rüstungsaufträgen begegnen. Das Stagnationsproblem taucht nach Kriegsschluß wieder auf, nur in verschärfter Form: Die vor dem Krieg bereits stagnierende Wirtschaft soll nun auch noch die Heimkehrer mit Arbeit versorgen. Warum aber sollte die stagnierende Industrie in der Armut nach dem Krieg dazu eher in der Lage sein als im Wohlstand vor dem Krieg?
Es gibt deshalb eine traurige Übereinstimmung der Jahre der Waffenruhe bzw. des Friedensschlusses mit den Jahren der Signalkrisen:

Krisenjahre (Tab. 2.2): 1815; 1866; 1920
Kriegsschluß (Tab. 2.3): 1815; 1866; 1918.

In den folgenden Kapiteln zeigen wir im Rahmen des Metamorphose-Modells das zeitliche Zusammentreffen von Schüben von Basisinnovationen und Umschwüngen des Depressions-Trends in Richtung Erholung. Aufgrund der Wiederkehr dieser strukturellen Diskontinuität des technologischen Patt können wir mit großer Gewißheit sagen: Innovationen überwinden die Depression.
Eine letzte Probe für die Wiederkehr ähnlicher Strukturbedingungen im langfristigen Wirtschaftsablauf betrifft ein anderes, in vielen Industrieländern hochaktuelles Problem: Die Gastarbeiterbeschäftigung. Für den Zustrom von Gastarbeitern nach Deutschland in den Jahren nach 1961 gibt es eine analoge Entwicklung im vorhergegangenen Kondratieff-Zyklus, und natürlich in jeweils der gleichen Phase.
In der Betrachtung der Abbildung 2.8 lassen wir die Parallel-Entwicklung an den entsprechenden Punkten beginnen, nämlich in den 1880er Jahren und den 1930er Jahren.
Wir schicken voraus, daß es von 1873–1886 eine ähnlich tiefe Depression gegeben hat wie die von 1929–1939. Erstere heißt „Die Große Depression“ [51]. Nach beiden jahrelangen Tiefs hat es ähnliche Erholungsphasen und Prosperitäten gegeben: In

der Nachkriegszeit sprechen wir vom Wirtschaftswunder der 1950er Jahre; die Großeltern verglichen diese Periode gern mit der Guten Alten Zeit, der *belle époque* um die Jahrhundertwende.
Was vor und während dieser Prosperitätsphasen geschah, dürfte strukturell nicht gar so verschieden sein. Wir beobachten eine hohe Auswanderung von Deutschen in der Not und eine starke Zuwanderung von Gastarbeitern in den Wohlstandsjahren sowie in den ersten Jahren der Rezession:

1881–1890	1453000	deutsche Auswanderer
1891–1900	544000	deutsche Auswanderer
1901–1910	341000	deutsche Auswanderer
1907	800000	Gastarbeiter
1914	1200000	Gastarbeiter [52].

Mit dieser Entwicklung vor zwei Generationen lief der Umschwung von einer großen Auswanderung in den ersten Nachkriegsjahren auf eine anschwellende Zuwanderung nach 1961 völlig konform. Und heute ist die Ausländerquote auch sehr hoch, aber die heutige Gastarbeiterquote ist gar nichts absonderliches im Vergleich zu der hohen Gastarbeiterquote in Deutschland vor dem Ersten Weltkrieg.

F. Zusammenfassung

In diesem Kapitel verdeutlichen wir die industrielle Evolution als eine Auffächerung der Lebensweise der Menschen. Dabei ergibt sich die Fülle der guten Gelegenheiten des modernen Lebensstils aus der weitgehenden Arbeitsteilung und ihrer Effizienz; andererseits beruht auch eine Reihe von Schwierigkeiten des modernen Menschen auf der überzogenen Arbeitsteilung und der damit einhergehenden Fragmentierung der Lebensart, unter der auch der Gemeinsinn leidet.
Der Wandel in der Arbeitsteilung geschieht durch Innovationen: Basisinnovationen erschließen neue Wege der Arbeit und

des Verbrauchs, Verbesserungsinnovationen betreiben den technischen und organisatorischen Fortschritt auf den begangenen Wegen.
Zersplitterte Produktion und Spezialisierung der Arbeit einerseits, industrieller Verbrauch und individueller Konsum andererseits werden über den Handel am Markt organisiert, aber nur unvollständig integriert. Dabei kommt es bei aller Leistungsfähigkeit der Marktmechanismen auch zu struktur-funktionalen Schwierigkeiten, die sich in bestimmten Zeiten kritisch häufen können. So kanalisiert der Marktmechanismus die Innovation und Investition in Wachstumszyklen in den modernen Industrien, die – bei der strukturellen Gliederung der Wirtschaft – nicht in den Himmel wachsen, sondern sich erschöpfen. Beim Trendeinknick entsteht die Prädisposition zur Stagflation und das technologische Patt.
Krisenträchtig ist besonders diejenige Phase im langfristigen Wirtschaftsablauf, in der die hochentwickelten Länder in das Stadium einer „Wohlstandsgesellschaft" hineinwachsen, denn das heißt nichts anderes, als daß viele der Märkte für die Güter des gehobenen Bedarfs nunmehr weitgehend gesättigt sind, so daß eine ganze Reihe von Wachstumsindustrien in kurzer Zeit an die Grenzen des Wachstums stoßen. Erschöpfung der Nachfrage nach bislang vom Publikum favorisierten Waren und Erschöpfung der Verbesserungsmöglichkeiten der üblichen Technologien begrenzen den güterwirtschaftlichen Handlungsspielraum vieler Großunternehmen (Stagnation).
Aber die meisten Großfirmen haben die von ihnen besiedelten Märkte praktisch in Marktsegmente aufgeteilt und sie faktisch gegen Außenseiter abgeschottet. Die Marktsegmente werden in der Spätphase des Branchenwachstums nun nicht mehr durch Verbesserungsinnovationen gepflegt, so daß Kosten und Preise wegen des lebhaften Qualitätswettbewerbs unter ständigem Druck stehen. Vielmehr werden die vermachteten Marktsegmente mehr durch Scheininnovationen und Werbung behandelt und bei Vermeidung des Qualitätswettbewerbs durch Preissteigerungen geschröpft – wobei wegen der Beruhigung des Qualitätswettbewerbs gar keine unlauteren oder ungesetzlichen

Preisabsprachen mehr nötig sind, um das Preisgebaren der Oligopolunternehmen stillschweigend gleichzuschalten.
So ist mit dem Fühlbarwerden der Stagnation auch die Preisentwicklung in den Leitindustrien durch den Mangel an Qualitätswettbewerb ihres Dämpfers beraubt, und die routinisierte Nachfrage macht auf breiter Front die Preissteigerungen ohne Gegenreaktionen mit (Inflation).
Preissteigerungen und Stagnationserscheinungen haben den gleichen Ursprung, verstärken einander und stecken immer mehr Wirtschaftszweige an durch zwei epidemische Ansteckungen: durch Nachfrageausfall bei den Zulieferindustrien der Leitsektoren und durch Verteuerung der Faktorkosten (Löhne und Rohwaren).
Die nachlassenden Wachstumszyklen in den Leitindustrien zwingen auch das gesamtwirtschaftliche Beschäftigungsniveau auf den Stagnationspfad, und zwar in allen Industrieländern zugleich. So entsteht das technologische Patt mit der depressiven Tendenz und einem großen Innovationsbedarf.

Kapitel 3
Stagnationserscheinungen

Die Zeit entwertet die Welt
HORAZ

Gut Ding will Weile haben. Aber nicht alles, was lange währt, wird am Ende gut. Altersschwächen bestehender Organisationen, Rückschritte im Nutzeffekt häufig verwendeter Technologien, Auszehrung von angestammten Marktpositionen, Schrumpfungsprozesse in Industriebranchen, Erschöpfung von traditionellen Rohstoffquellen, Firmenverluste, Wachstumsgebrechen, Wohlstandsekel – alle diese Stagnationserscheinungen kristallisieren sich nur allmählich heraus. Sie lassen lange – für den, der sie ersehnt, sehr lange – auf sich warten.

Stagnationen brechen im allgemeinen nicht über Nacht herein, obwohl es manchmal so scheint. Der Stagnationsprozeß in einem jeden sozialwirtschaftlichen System geschieht in Wechselwirkung mit dem Innovationsprozeß. Es ist meistens das Licht von plötzlich auftauchenden Neuheiten, das auf althergebrachte, vertraute Bilder schlagartig graue Schatten wirft und uns die Alterung bewußt macht. So klappen Präferenzen um, als hätte eine Gegenmode sie verhext.

Ich gebrauche den Ausdruck Stagnation auch im Plural und sage Stagnationen, um auf die evolutorische Wechselwirkung der Stagnationen mit den Innovationen hinzuweisen. Wir sollten die Stagnation als eine Auszehrungs-Erscheinung, die viele Teile eines Systems gleichzeitig befällt, unterscheiden können von der Schwächung eines bestimmten Einzelteils des Systems. Denn ob ein pluralistisches, sozialwirtschaftliches Gebilde wie eine Stadt oder ein Konzern, eine Region oder ein Industriezweig, eine Nation oder eine Volkswirtschaft stagniert, das hängt allein davon ab, ob viele Stagnationserscheinungen zusammentreffen oder wenige.

Eine minimale Stagnationsrate gibt es stets und ständig in einer lebenden Welt; Todesfälle, Schrumpfung von Organisationen und Abnutzung von Dingen gibt es immer. Wir nehmen diese Dinge als selbstverständlich hin, wenn sie im üblichen Umfang auftreten. Aber wir empfinden selbst ein übliches Maß von Stagnationen in den Teilen als Stagnation des Ganzen, wenn all dem Vergehen nicht ein übliches Maß des Werdens und Wachsens entgegensteht.
Das Wechselspiel von Stagnationen und Innovationen in unserer Lebens- und Arbeitswelt hält sich nicht brav an einen Mittelweg des Gleichgewichts der Kräfte. Einmal überwiegen Erschöpfung, Verstopfung und Altersschwächen in der etablierten Praxis, ein andermal bringt ein Schwall von Neuerungen die stagnierende Volkswirtschaft wieder auf Vordermann. Im technologischen Patt, das von einer Sturzflut an Stagnationen hervorgerufen wird, die wir als Strukturkrise empfinden, werden auch die Kräfte gesammelt, mit deren Schwung ein Schwall von Innovationen durchgedrückt wird.
Seit der Mitte der 60er Jahre haben sich in den westlichen Industrieländern die Stagnationserscheinungen mehr und mehr in den Vordergrund geschoben; nur wenige Basisinnovationen wurden in den Jahren zwischen 1953 und 1973 getätigt; und der Strom der Verbesserungsinnovationen in den etablierten Bereichen der Volkswirtschaften ist einerseits abgeschwollen, andererseits durch abnehmende Verbesserungswirkung gekennzeichnet und mehr und mehr von Scheininnovationen durchsetzt. Die weltweite Konjunkturkrise von 1966/67 war ein erstes wahrnehmbares Grollen der aufziehenden Stagnation.

Im folgenden Abschnitt wollen wir einige der sichtbaren Ursachen und Wirkungen der Stagnation ausbreiten, insbesondere auf die Stagflation weiter eingehen.

A. Aktuelle Stagnationen in Industriezweigen

Stagnation im Ganzen ruft nach Innovationen in den Teilen. In welchem Zustand der Stagnation befinden sich die „modernen" Wirtschaftszweige in den Industrieländern? Das kann man natürlich allenfalls Branche für Branche sagen. In dieser Hinsicht haben jene amerikanischen Topmanager, die in den „Nordpol-Konferenzen" 1971–1973 ganz unter sich waren, ohne falsche Scham klargestellt: „Viele der gegenwärtigen Industrien sind altmodisch, wenn nicht sogar hinfällig . . ." [53]. Ihr Urteil vom 12. 9. 1971 ist beinahe vernichtend. Es lautet:

– „Die amerikanische Automobilindustrie basiert einzig und allein auf dem Otto-Motor, der nun fast ein Jahrhundert alt ist. Die Innovationsneigung in der Autoindustrie, von der vielleicht ein Viertel des Sozialprodukts abhängt, war seit den 1930er Jahren äußerst gering. Die letzte große Innovation war die Einführung des automatischen Getriebes, das nun schon vor einer Generationsspanne zum Allgemeingut wurde . . ."

– „Die Bauindustrie ist immer noch an Handwerkstechniken gebunden. Sie ist die einzige Industrie, die den Vorteil der Massenproduktion nicht nutzt – zumindest in den USA nicht. Viele europäische Staaten, ja, sogar die Sowjetunion, haben die Massenproduktion von Fertighäusern und Fabrikhallen großzügig eingeführt . . ."*

– „Die Elektrizitäts-Kraft-Industrie, die die größte ist, wenn man Größe am Kapitalstock bemißt, erlebt eine ständig abnehmende Nutzungseffizienz in ihrem Kraftstoffverbrauch. Dieser Trend der letzten Dekade verkehrte eine lange Ruhmesgeschichte des technologischen Fortschritts ins Gegenteil. Der Grund für den Rückschritt scheint die Tatsache zu sein, daß diese Industrie nun die Grenzen der Verbesserungsfähigkeit des traditionellen ‚Kocher-Dampf-Turbinen-Generator'-Kraftwerks erreicht hat, wie sie seit etwa 1900 in Gebrauch sind. Der

---

* In Deutschland allerdings nicht (Bericht der Studiengruppe für Systemforschung, Heidelberg, an den Bundesminister für Städte- und Wohnungsbau).

Wirkungsgrad solcher Anlagen hat nun beinahe sein theoretisches Maximum erreicht. Nuklear-Kraftwerke, die eigentlich nur Uran statt Kohle verwenden, sind in der Tat weniger günstig. Denn infolge der niedrigen Arbeitstemperaturen braucht man größere Turbinen, Kühltürme und sonstige Ausstattungen. Verfahren mit höherem Wirkungsgrad, wie etwa die Magnetohydrodynamik, werden nicht zügig entwickelt. Noch werden neue Energiequellen, wie etwa die Sonnenenergie, in Verfügung genommen . . .“

– „Die Schwierigkeiten der Stahlindustrie sind natürlich heute allen bekannt. Hier hat, ähnlich wie auch in anderen Industrien, die Basistechnologie der Stahlerzeugung seit dem 19. Jahrhundert wenig große Veränderungen erfahren, obwohl es größere Fortschritte in der Konzentration und Produktivität der großen Stahlwerke gegeben hat . . .“

– „Die Papierherstellung ist eine weitere rückständige Industrie. Eine jüngere OECD-Studie bemerkt, daß die Verfahren zur Papierherstellung seit Bestehen dieser Industrie wenig geändert worden sind, und sie verursachen im allgemeinen eine gewaltige Umweltverschmutzung . . .“

– „Ein Großteil der Grundstoff-Chemie arbeitet noch mit älteren Technologien. Die Verfahren zur Gewinnung von Salpetersäure, Schwefelsäure, Ammoniak, Soda, Chlorinen, Nitrat-Düngemitteln und vielen anderen Industrie-Chemikalien stammen noch aus der Zeit vor dem Ersten Weltkrieg, und es ist dieselbe Geschichte wie anderwärts: mit Ausnahme von Größen- und Produktivitätszunahmen gab es keine größeren Veränderungen seit jener Zeit . . .“

– „Aluminium wird immer noch mit dem energieverschwenderischen, elektrolytischen Verfahren des Paul Héroult aus den 1870er Jahren gewonnen . . .“

Im Bewußtsein, daß mehrere Bollwerke der westlichen Wirtschaft von Stagnationen geschwächt sind, erwächst den Wirtschaftsgewaltigen nur geringer Trost aus der Tatsache, daß in den Konkurrenzländern die Verhältnisse nicht besser oder stabiler, sondern eher noch besorgniserregender sind. Innovationen fehlen hier wie dort . . .

Wieder einmal, wie schon mehrmals im Wirtschaftsablauf seit der Industriellen Revolution, haben die industriell am weitesten entwickelten Länder in ihren Wachstumsindustrien ein Krisenpotential aufgestaut. Das Ablaufschema für die Wiederkehr der technologischen Pattsituationen gibt Abbildung 2.8.
Das Auslaufen der Branchen-Wachstums-Zyklen in mehreren führenden Wirtschaftszweigen, in denen Millionen von Menschen beschäftigt sind, wird – wie wir gesehen haben – von technologischen Erschöpfungstatbeständen verursacht; aber nur zum Teil. Auch die Rückwirkungen des überzogenen Wachstums in diesen Branchen wirken als Dämpfer. Diese Wachstumsbremsen kann man als Verstopfungserscheinungen auf den Märkten für die dauerhaften Güter des sogenannten „gehobenen" Bedarfs verstehen: In dem Maße, in dem diese Güter als Massengüter der großen Mehrheit der Bevölkerung zugänglich gemacht worden sind, verlieren sie den Appeal des „Gehobenen" und werden zum Standard. Wohlstandsekel und hoher Versorgungsgrad sind die beiden Seiten der Medaille. Auch sie sind Ursachen der Stagnation. Welches sind die unmittelbaren Folgen?
Die sozio-ökonomischen Folgen des überzogenen Wachstums in den meisten „modernen" Industrien wurden einmal als „die Fratze der Wohlstandsgesellschaft" bezeichnet. Es ist einerseits die Stagflation, die die Bürger in den Industrieländern in die Zange von Vermögensentwertung und Sorge um den Arbeitsplatz nimmt. Und es ist andererseits der Wandel im Zeitgeist, der mit den geänderten Verhältnissen im Zug des Stagnationstrends einhergeht, und der die weltwirtschaftliche Großwetterlage mit Gewitterspannung auflädt.
Diese sozio-politischen Effekte der anschwellenden Stagnationenflut wollen wir zuerst behandeln.

B. Stagnationen erzeugen Identitätskrisen

Alles fließt. Was bleibt, ist der Wechsel. Viele unserer Erfahrungen, an deren Richtigkeit zu glauben uns die Gewohnheit lehrte, werden durch den Ansturm von Innovationen und Stagnationen auf die Dauer auf eine harte Probe gestellt. Viele werden bald hinfällig. So verlieren wir täglich ein Stückchen Paradies.

Wie reagiert der moderne Mensch auf den Ansturm der Veränderungen, die als Stagnationen nach allen Facetten seiner Existenz greifen, und die ihn in Form von Innovationschancen zu neuen Ufern locken? Bleibt er gelassen und freut sich gar der günstigen Gelegenheiten, die den Lebensweg säumen wie Blumen den Hain? Oder verunsichern ihn die ständig auf ihn eindringenden Veränderungen und machen ihn gar krank?

Das ist wohl eine Frage des Ausmaßes von Stagnationen und Innovationen, denen der einzelne Mensch begegnet. Und wie ist es in der Masse? Überwiegen Hoffnung und Lebenslust, die Freude am steigenden Lebensstandard, den der Wandel mit sich bringt? Oder überwiegt etwa die Angst vor den Gefahren, die in der Brüchigkeit und Vergänglichkeit der vertrauten Dinge und Verhältnisse lauern? Meine These ist, daß diese Stimmungen ganz wesentlich von der wirtschaftlichen Großwetterlage abhängen, nämlich vom Überwiegen entweder des Stagnations- oder des Innovationsklimas.

Dazu haben wir ein Momentbild für 1968. Um das Stimmungsbarometer im Jahre 1968, also am Anfang des Stagnationstrends, abzulesen, veranstaltete das französische IFOP-Institut 1968 eine Meinungsumfrage in acht Industrieländern. 69 Prozent der befragten Amerikaner sagten, ihre Beunruhigung habe zugenommen. Nur 15 Prozent zeigten sich eher beruhigt von den Zeiterscheinungen. Sogar 79 Prozent der Holländer gaben an, der Wandel beschneide ihr persönliches Glück, während nur 4 Prozent glaubten, ihr Wohlbefinden sei gewachsen. Anders die Franzosen. Jedenfalls ‚sagten' immerhin 32 Prozent der Franzosen, sie könnten den Reizen des Wandels ein höheres Maß an *joie de vivre* abgewinnen, während sich 27 Prozent der

Franzosen zu einem eingeschränkten Glücklichsein bekannten. Ob nun die Amerikaner durch ihren Vietnamkrieg besonders irritiert waren, oder ob die Franzosen dem Wandel tatsächlich bessere Seiten abgewinnen können, sei dahingestellt.
„Die Angst ist also da, mag man sie noch so gut unter der Schutzschicht eines perfektionierten Lebensstandards verbergen" [54]. Auf jeden Fall entwurzeln die Kräfte des beschleunigten sozialwirtschaftlichen Wandels immer mehr Menschen und entfremden sie ihren vertrauten Lebensverhältnissen. Immer mehr Menschen erleben die Heimatlosigkeit daheim; ein Schicksal, dem Albert Camus in seinem Roman „Der Fremde" großen literarischen Ausdruck verlieh.

1. Die Momentpersönlichkeit

Der schnelle, wuchtige Wandel der Lebensumstände erzeugt Bedrücktheit und das Gefühl, Opfer zu sein. Das führt zu Besonderheiten im Verhalten der entfremdeten Menschen. „Zunehmende Industrialisierung und Urbanisierung haben in den vergangenen Jahrzehnten die Veränderungen vieler sozialer Strukturen erzwungen. Durch diesen fortschreitenden Wandel ist ein Charakteristikum statischer Sozietäten, sind die kontinuierlichen Identifikationsmöglichkeiten innerhalb eines unangefochtenen Wertsystems in vielen Lebenslagen verlorengegangen. Entsprechend vielfältig sind die Reaktionen . . .
All das sind Belastungen, denen der einzelne schon immer ausgeliefert war; das Besondere sind die Mischungen und wechselseitigen Abschwächungen beziehungsweise Verstärkungen dieser Einflüsse *in raschem Wechsel*" [55]. „Und uns dämmert eine Ahnung, daß die technologische Welt unserer Tage dabei ist, eine Art von Entfremdung zu schaffen, die alle Vorstellung übersteigt" [56]. Der moderne , entfremdete Mensch entwickelt eine Momentpersönlichkeit [57]. Mitscherlichs nennen auch die Verhaltensmerkmale der Momentpersönlichkeit. Zunächst das Einzelverhalten: „Die Wirrnis solcher innerer und äußerer Erfahrungen spiegelt sich . . . in einer widersprüchlichen Reihe

von Verhaltensbruchstücken; an die Stelle eines Charakters mit durchschnittlicher Voraussagbarkeit des Verhaltens, wie dies für die bürgerliche Epoche eher bezeichnend war, sind oft beziehungslos nebeneinanderstehende und mitunter höchst widersprüchliche Sequenzen der Einstellung und des Handelns eines einzelnen getreten" [58].
Von besonderem Nutzen für unsere weitere Betrachtung ist Mitscherlichs' Beurteilung des Massenverhaltens der Momentpersönlichkeit: „Paradoxerweise hat sich jedoch die Vorhersagbarkeit des Verhaltens großer Gruppen erhöht. Dieser Widerspruch löst sich aber auf, wenn wir uns vergegenwärtigen, daß die Momentpersönlichkeiten dem Einfluß von Meinungen, Einstellungen, Vorlieben, die ihnen die Massenmedien nahebringen, besonders schutzlos preisgegeben sind. Je dichter das Netz dieser Instrumente der Massenlenkung geknüpft ist, desto höher ist die Genauigkeit, mit der das Verhalten derer gesteuert werden kann, die auf diese Massenmedien angewiesen sind oder sich an sie gewöhnt haben" [58].

2. *Identitätskrise, Identifikationsschicksal*

Der sozialwirtschaftliche Wandel beutelt den modernen Menschen mit Angst und Hoffnung gleich von zwei Seiten. Da ist einerseits seine Vertreibung aus angestammten, vertrauten Gefilden in der Lebens- und Arbeitswelt, die ihm von der Fülle der realen Stagnationen droht oder angetan wird. „Und er trieb den Menschen hinaus . . . ." (1. Mose 3, 24). Und da ist zum anderen seine Hinwendung zu neuartigen Aktivitäten in der Lebens- und Arbeitswelt; die Fülle der realen Innovationen lockt und stachelt seine Lebenslust und den sozialen Leistungsdruck an mit einem kategorischen Imperativ: „Handelt damit . . .!" (Lukas 19, 13).
Die tatsächlichen oder drohenden Stagnationen lockern die Identitäts-Bande, mit denen der Mensch an den Dingen und Mitmenschen in seiner Lebens- und Arbeitswelt hängt. Die tatsächlichen oder erhofften Innovationen eröffnen ihm neue Identifikations-Möglichkeiten. Dieses „Spiel der Evolution"

zieht den Menschen immer mehr in seinen Bann: seine „Reizoberfläche“, sein Gehirn und dessen technische Hilfen, befähigen ihn mehr und mehr zum „Einfangen der von der Zukunft herabsteigenden Einflüsse“ [59]. Paradox, daß auch die modernen Planungsverfahren und Entscheidungshilfen die Tendenz verstärken, weniger kontinuierliche und mehr radikale Entscheidungen zu treffen!

Der Identitätsverlust und das Überangebot an Identifikationsgelegenheiten machen den reagiblen Menschen zur Momentpersönlichkeit. Das Massenverhalten der Momentpersönlichkeiten, ihr Marktverhalten, wird einerseits vom Trommelfeuer der Stagnationen und andererseits vom Ansturm der Innovationen bestimmt. Denn mögen die Momentpersönlichkeiten, jede für sich, im Wandel auch zittern wie Espenlaub im Wind; wenn der Sturm mehr von der Seite der Stagnationen oder mehr von der Seite der Innovationen daherbraust, dann beugt sich die ganze Zitterpappel über. In den wirtschaftlichen Großwetterlagen, im Wirtschaftswunder der Wachstumsjahre bzw. in der Rezession des technologischen Patt, kommt es zu den typischen Erscheinungen von Identitätskrise und Identifikationsschicksal.

Halb zieht es ihn, halb sinkt er hin, der Mensch im Wandel. Wenn wir die Ursachen und Wirkungen des Schicksals der Entfremdung und der Suche nach Zuflucht, die der moderne Mensch in besonderem Maß erlebt, begreifen wollen, dann sollten wir auch „einen Augenblick bei der Tatsache verweilen, daß es eine ‚natürliche‘ Periode der Wurzellosigkeit im menschlichen Leben gibt“, die Phase des Heranwachsens. „Wie der Trapezkünstler muß der junge Mensch in der Mitte heftiger Bewegtheit seinen sicheren Griff an die Kindheit aufgeben und nach einem festen Halt am Erwachsensein suchen. Ein atemloses Intervall lang hängt er von einem Zusammenhang zwischen Vergangenheit und Zukunft und von der Verläßlichkeit derer ab, die er loslassen muß, und derer, die ihn ‚aufnehmen‘ werden“ [60]. Der Heranwachsende wird von zwei Aufgaben gefordert, nämlich von der unerläßlichen Lösung alter Identitäten und von den gleichzeitig notwendigen Identifikationen mit noch unvertrauten Dingen und Personen.

Identitätskrise und Identifikationsprobleme ergreifen auch den Erwachsenen, der im täglichen Leben immer neuen Stagnationserscheinungen und Innovationsmöglichkeiten begegnet. Diese evolutorischen Kräfte des Wandels werfen viele Menschen aus alten Bahnen und setzen sie auf neue Geleise – oder auch nicht, und eben darin, im Innovationsmangel, liegt die Situations-Tragik im technologischen Patt. Sie steigert die Entfremdung: „Die Suche nach Wurzeln hat also in den merkantilen und industriellen Zeitaltern immer neue Formen angenommen ... (etwa den) Versuch des industriellen Menschen, sich mit der Maschine zu identifizieren, als wäre sie ein neues Totem-Tier“ [61].
Eine neue Identifikation gelingt in Zeiten der Stagnation nicht jedem freigesetzten, vertriebenen Menschen. Denn manchmal gibt es mehr, manchmal weniger Entwurzelte und Zuflucht Suchende; manchmal Innovationsreichtum, manchmal Innovationsmangel. Im technologischen Patt treffen viele Stagnationen auf wenige Innovationen. Die Menschen in der Identitätskrise konkurrieren um die knappen Gelegenheiten zur Zuflucht in innovative Bereiche. Unter diesem Blickwinkel wird das Identifikationsschicksal des modernen, vom Wandel entwurzelten Menschen zu einem ökonomischen Problem, dessen Lösung den sozialen und politischen Besonderheiten der Zwangslage Rechnung tragen muß. Wir wollen die Besonderheiten, die sich im Wirtschaftswunder im Gegensatz zum technologischen Patt ergeben, gegenüberstellen.

a) Im Wirtschaftswunder: Die stumme Minderheit

Nachdem es einen Schub von Basisinnovationen gegeben hat – das letzte Mal in den Jahren vor dem Zweiten Weltkrieg –, ist die Industriewirtschaft aufgefrischt. Dieser riesigen Fülle von Innovationen (neue Güter und Produkte, Produktionsstätten, Produktionsverfahren) stehen auf der anderen Seite nur wenige Stagnationen gegenüber.
Dieses günstige Verhältnis war eine der Startbedingungen des Wirtschaftsaufschwungs in der Nachkriegszeit, der in der Bundesrepublik auch noch vom Aufbau mitgespeist wurde.

Unter diesen Bedingungen gab es ein breites Betätigungsfeld für fast alle: Arbeitsplätze waren in allen Bereichen der Wirtschaft und Verwaltung frei; und die hungrigen Märkte schufen ein Eldorado für geschäftstüchtige und unternehmungslustige Tatmenschen und Organisationstalente.
Arbeitskräfteknappheit ist Ausdruck für genügend Identifikationsmöglichkeiten. Fast jeder, der vor dem Pensionierungsalter von wirtschaftlichen Stagnationen aus „dem Markt" geworfen wird, hat es relativ leicht, einen anderen Arbeitsplatz zu finden. Nur eine „stumme" Minderheit von Kranken, Unwilligen und Diskriminierten, die auch nur zum Teil dem Wandel zum Opfer gefallen sind, bleiben Außenseiter am Rand des Wohlstandsgeschehens.

b) Im technologischen Patt: Die schweigende Mehrheit

Nachdem das Wirtschaftswunder längst vorbei ist – nämlich seit dem Trendeinbruch 1966/67 –, kommen mehr und mehr große Zweige der Wachstumsindustrien, und mit ihnen die Zulieferbetriebe, unter den Einfluß einer Fülle von Stagnationen. Zum größten Teil kommen sie aus den Übersättigungen in der Wohlstandsgesellschaft. Dem anschwellenden Stagnationsstrom steht ein immer spärlicher fließender Innovationsbach gegenüber. Dieses rezessive Verhältnis der evolutorischen Kräfte gehört zu den Startbedingungen des technologischen Patt, das in der Bundesrepublik auch noch von der besonders starken Exportabhängigkeit verschärft wird; und von der Gewohnheit, immer mehr Arbeiten von Ausländern erledigen zu lassen.
Die Anfälligkeit des Arbeitsmarktes für Massenentlassungen und eine hohe Bankrottrate sind Zeichen für eine drohende und teilweise auch akute Identitätskrise bei großen Bevölkerungsgruppen*. Die Identifikationschancen dieser Menschen sind al-

* Die Identitätskrise macht auch vor Berufsgruppen nicht halt, die in modernen Zeiten doch eigentlich jenseits der Stagnationsgefahr liegen sollten, wie etwa die Ingenieure. Der Stagnationstrend wird bei den Ingenieuren als „Halbwertzeit des technischen Wissens" [62] registriert.

lerdings gering. Denn sie wissen nicht, wohin. Entwurzelung und vergebliche Suche nach anderen Beschäftigungen, bislang das Los nur vereinzelter entfremdeter Minderheiten, dieses Vertriebenen-Schicksal greift im technologischen Patt nach immer größeren Gruppen und vergällt auch vielen verschont gebliebenen Menschen ihr Wohlleben durch schleichende Existenzangst.

Es fehlen die Innovationen, um solche Identifikationsschicksale abzuwenden. Basisinnovationen sind an Hindernissen im Wissenstransfer steckengeblieben, und wenn sich die bisherigen Tendenzen weiter fortsetzen, dann wird es noch etliche Jahre dauern, bis es wieder neue Identifikationsgelegenheiten gibt. Im technologischen Patt wird also nicht länger nur eine stumme Minderheit vom Wandel an den Rand der Gesellschaft gedrückt, sondern jetzt wird insgesamt die Mehrheit der Bevölkerung auf diese oder jene Weise in Mitleidenschaft gezogen, und sei es auch nur durch die kollektive Furcht davor. Im allgemeinen schweigt diese Mehrheit von verunsicherten Menschen. Aber es gibt immer wieder Aktivisten und Rednertalente, die es verstehen, die Ängste der schweigenden Mehrheit zu artikulieren. Erikson sagt, was dann nur zu leicht geschehen kann und um 1930 auch geschah: „Wo historische und technologische Entwicklungen schwerwiegend in tief verwurzelte oder stark im Aufsteigen begriffene Identitäten (z. B. agrarische, feudale, patrizische) in großem Maße eingreifen, fühlt sich die Jugend individuell und kollektiv gefährdet, worauf sie bereit ist, Doktrinen zu unterstützen, die ein totales Aufgehen in einer synthetischen Identität (extremer Nationalismus, Rassismus oder Klassenbewußtsein) und eine kollektive Verurteilung eines völlig stereotypisierten Feindes dieser neuen Identität anbieten . . . Da Zustände, die ein Identitätsgefühl untergraben, auch ältere Menschen auf jugendliche Alternativen festlegen, marschieren eine große Anzahl Erwachsener in der gleichen Richtung mit oder werden in ihrem Widerstand gelähmt“ [63].

Innovationsmangel ist Identifikationsschicksal. Die Identifikation mit radikalen Bewegungen ist eine Ersatzhandlung, sogar eine sehr verständliche. Ich sehe den eigentlichen Zweck dieses

Buches im Bekanntmachen der wissenschaftlichen Aussage, daß die Innovationen, die der Stagnation Einhalt gebieten und neue Identitäten anbieten, zwar im Wissenstransfer verzögert sind, aber doch kommen werden. Die Überzeugung, daß Gelegenheiten für neue Identifikationen bereits hinter der nächsten Ecke des Krisenpfades warten, könnte die Kurzschlußgefahr mindern: Sie könnte die Regierungen vom drohenden nationalegoistischen Ausbruch aus der europäischen und atlantischen Solidarität abhalten und die Bevölkerungsteile, die in einer Identitätskrise stecken, vor der vorschnellen Bindung an Radikalismen bewahren.
Wir wollen nun darstellen, wie die Identitätskrise und das Identifikationsschicksal der Menschen in der Wohlstandsgesellschaft auf den Wirtschaftsablauf zurückwirken und dem Stagnationstrend zusätzliche Nahrung geben. Diese Rückwirkungen speisen die sogenannte Stagflation.

C. Die Stagflations-Epidemie und die Grenzen der Konjunkturpolitik

Im 2. Kapitel haben wir den ursprünglichen Infektionsherd der Stagflations-Epidemie aufgedeckt; jetzt zeigen wir die Verschärfung der Epidemie als einen Prozeß der um sich greifenden und sich selbst verstärkenden Selbstansteckung.
Stagflation ist ein Kunstwort; aus Stagnation und Inflation zusammengezogen, soll es das gegenwärtige Zusammengehen von Preisauftrieb in der Weltwirtschaft und Wachstumsschwächen in den modernen Industrien als etwas Erstaunliches hinstellen. Im Lichte der weitverbreiteten wirtschaftstheoretischen Doktrin, daß die Inflation ein Merkmal der Expansion des Beschäftigungsniveaus sei, ist das tatsächliche Gegenteil, die Stagflation, ganz gewiß ein erstaunliches Phänomen.
Wenn es uns allen nicht so schwer fiele, liebgewordene Theorien fallenzulassen, wenn sie sich als unzutreffend erweisen, hätte vielleicht schon längst die wirtschaftsgeschichtlich belegte

Tatsache, daß auch in anderen Zeiten Stagflationen passiert sind, den Wirtschaftstheoretikern und -politikern zu denken gegeben. Die herrschende Inflations-Theorie ist ja nicht falsch; sie gilt aber nur für andere Situationen als die heutige; auf die heutigen Verhältnisse trifft sie nicht zu.

Der Wirtschaftsablauf durchschreitet Ungleichgewichte. Einmal gibt es Phasen der „Aufwärts"-Entwicklung (wie nach dem Kriege), an deren Anfang eine relativ starke Unterbeschäftigung herrscht; deren Überwindung durch Wachstum kann mit Hilfe einer leichten Inflation bewerkstelligt werden. Dann wieder gibt es Phasen der „Abwärts"-Entwicklung (wie heute), an deren Anfang ein relativ hohes Beschäftigungsniveau steht; dessen Absinken kann selbst mit kräftigen Inflationsdosen nicht verhindert werden, denn das Absinken geht ohnehin schon mit einer lebhaften Inflation einher. Die gängige, keynesianische Inflationstheorie ist nicht allgemeingültig. Sie ist in der gegenwärtigen Lage nicht praxisrelevant, aber irreführend.

Es gibt eine Reihe von Gründen für Preisauftriebe. Warum sollte die Liste der üblicherweise in Rechnung gestellten Inflationsgründe vollständig sein? Die Preise steigen, wenn viel mehr Geld und Kredit, also Kaufkraft, umgeht als Güter zum Verkauf anstehen (Liquiditätstheorie, Quantitätstheorie). Dieser grobe Zusammenhang gilt in allen Situationen. Die tiefergehende Theorie der inflationistischen Lücke von Keynes nimmt auf eine bestimmte Situation Bezug: Wenn die zu kleinen Kapazitäten in der Wirtschaft vollbeschäftigt sind, dann beantworten die Unternehmer einen Nachfrageüberhang zunächst erst einmal mit einem Heraufsetzen der Preise, um dann später durch Investition die Kapazität auszuweiten. Nutzanwendung: Durch gezügelte Inflationierung der Nachfrage und stimulierte Investitionen kann man also eine bei knappen Kapazitäten vollbeschäftigte Wirtschaft in ein zunehmendes Wachstum lenken. Das (die sogenannte Phillips-Kurve) gilt aber nur für Volkswirtschaften mit vielen hungrigen Märkten, auf denen ein niedriger Versorgungsgrad herrscht. Das gilt *nach* Krieg und Krise.

Anders ist es, wenn eine Wohlstandsgesellschaft mit den gängigen Gütern des gehobenen und täglichen Bedarfs ausgiebig ver-

sorgt ist. Dann schlägt die Marktsättigung als Stagnation zu Buche. Das ist diejenige Phase im langfristigen Wirtschaftsablauf, in der die Volkswirtschaften ins technologische Patt geraten; also eine ganz andere Situation. Großen Kapazitäten in den ausgewachsenen Märkten für Massengüter steht eine nachlassende Aufnahmebereitschaft für die angebotenen Gütermassen gegenüber. In dieser Situation sagt die Wirtschaftstheorie einen deflationistischen Effekt voraus: Die Stagnationen müßten eigentlich von einem Preisverfall begleitet sein. Woher kommt aber der in aller Herren Ländern sein Unwesen treibende Preisauftrieb? Diese ausgelassene Inflationsursache, die offenbar mit den Stagnationen zusammenhängt, wurde im 2. Kapitel aufgedeckt: In den Jahren, in denen der Prosperitätstrend einknickte (nach der Rezession von 1966), weil die Großfirmen die Grenzen des Wachstums zu spüren bekamen, erlaubte die Drosselung des Qualitätswettbewerbs der konzentrierten Wirtschaft das Abschöpfen der Restnachfrage zu erhöhten Preisen. So kam die Stagflation in Gang *(Phase I)*.
Den sich selbst nährenden Stagflationsprozeß *(Phase II)* versuche ich im Folgenden in einer *Liquidationstheorie* zu charakterisieren. Es ist eine sozial-psychologisch untermauerte Teilerklärung der Ausbreitung der Stagflation, die an das Doppelproblem von Identitätskrise und Identifikationsschicksal der einzelnen Menschen beim Abgleiten der ganzen Wirtschaft ins technologische Patt anknüpft.
Die meistgenannte Begründung für die Preisentwicklung in den Industrieländern ist *die Liquiditätstheorie der Inflation:* „Die Inflationen sind, bei aller Verschiedenheit von Form und Größe in den einzelnen Staaten, samt und sonders die Folge eines Übermaßes an Liquiditäten, das nicht etwa zufällig und unbemerkt entstanden ist, sondern" – und hier nennt Edgar Salin auch Schuldige – „durch die ‚Weisheit' von ‚Währungsexperten' und einigen Notenbankexperten geschaffen worden ist" [64].
Diese *Liquiditätstheorie* führt die Inflation allein auf Fehlleistungen einer kleinen Gruppe von Leuten zurück, die eigentlich eine sehr hohe Verantwortung tragen. Der Vorwurf geht denn wohl doch zu weit. Und die ausschließliche Betonung der geld-

wirtschaftlichen Seite reicht wohl auch nicht hin, um der Mannigfaltigkeit und der Gewalt der güterwirtschaftlichen Sachzwänge, die zur Stagflation führen, gerecht zu werden. Ich versuche an dieser Stelle, mit der *Liquidationstheorie* die Lücke zu schließen.

Die Stagflation kann man nur bei langfristiger Betrachtung der realwirtschaftlichen Vorgänge verstehen. Und dazu ist unser Metamorphose-Modell (Abbildung 2.8) eine Hilfe, denn es zeigt den gesamtwirtschaftlichen Wachstumstrend und dessen Abflachen.

Zur Stagflation, dem Kopf-an-Kopf-Rennen der Stagnationen und der Preisheraufsetzungen, kommt es offensichtlich mit dem Umbruch des langfristigen Wachstumszyklus, wenn das auslaufende Wirtschaftswunder einer Phase ruhigeren Wachstums weicht. Dieser Trendumsprung von Prosperität auf Rezession erfolgte in dem jetzt laufenden Langzeitzyklus in der Mitte der sechziger Jahre; in dem davor abgelaufenen Kondratieffzyklus lag der Trendwechsel am Beginn des Ersten Weltkriegs.

Die Stagflation kommt in Gang *(Phase I),* wenn die konzentrierte Angebotsstruktur auf den weitgehend gesättigten Märkten für die Güter des gehobenen Bedarfs den Qualitätswettbewerb auf den dominierenden Marktsegmenten ausschaltet (Scheininnovationen). Dann ist der Kosten- und Preisdruck ausgeschaltet. Während also die Großfirmen die güterwirtschaftlichen Grenzen des Wachstums zu spüren beginnen, bekommen sie geldwirtschaftlich freie Hand. Für einige Zeit, aber auch nur auf mittlere Sicht, gehen Stagnation und entfesselte Preissteigerung parallel.

Einmal in Bewegung geraten, pflanzt sich die Stagflation über geld- und güterwirtschaftliche Mechanismen fort *(Phase II);* der zerstörerische Vorgang lebt von der eigenen Zerfallsenergie. Die Stagnation der Nachfrage in den Leitsektionen teilt sich den nachgeordneten Lieferbetrieben mit und zehrt ihren Umsatz auf; die Inflation der Kostenbestandteile (Löhne, Rohwaren, Betriebsmittel) drückt die Gewinne. Die Inflation verschärft die Stagnation. Welches ist die Rückwirkung der Stagnation auf die Inflation?

An der Wurzel der verkoppelten Stagnation und Inflation liegt ein fundamentaler Klimawechsel in der sozialwirtschaftlichen Großwetterlage. Die Stagflation beginnt, wenn das günstige Verhältnis von wenig Stagnationen und vielen Innovationen umschlägt in ein ungünstiges Verhältnis von vielen Stagnationen und wenig Innovationen. Dann geht die Identitätskrise, die von den Stagnationen verursacht wird, von einem Minderheitenproblem in ein Mehrheitsproblem über. Aber der Steppenbrand der Identitätskrise stößt auf eine Dürre in der Versorgung mit neuen Identifikationsgelegenheiten. Im Innovationsmangel fehlt den von den Stagnationen bedrohten Menschen die Hoffnung auf verläßliche Auswege.
Das Anschwellen der Stagflationen zieht Kreise, und während die von der Vertreibung aus ihren wirtschaftlichen Stellungen bedrohte Minderheit wächst, greift sie mehr und mehr auch nach Arbeitnehmergruppen und Unternehmergruppen, die nur noch eine Atempause besitzen, ehe sie dem „Strukturwandel" tatsächlich weichen müssen. Diese können sich erst noch wehren. Wie?
Vom Stagnationsschub bedroht, aber noch eine Schonzeit lang am Markt, also im Besitz der Fähigkeit, Preise zu verlangen und Löhne zu fordern, reagieren die Geschäftsleute und die Arbeitnehmer zunächst in gleicher Weise: Da keine anderen Zuflüchte in Sicht sind, flüchten sie in höhere Löhne und Preise. „Sie wollen Geld machen, solange noch die Sonne scheint", heißt es in *Sam,* der Geschichte einer englischen Bergarbeiterfamilie in den dreißiger Jahren [65].
So wie die englischen Bergarbeiter in der Strukturkrise von 1930 und von 1974, so fordern auch die von der Überproduktion geplagten Bauern einen höheren Geldwert für ihre Leistung – solange sie noch abgenommen wird; Bauern und Bergarbeiter liegen auch deshalb hervorragend im Rennen um höhere Preise und Löhne, weil beide Berufsgruppen in besonderem Maße durch ein staatliches Subventions-, Garantie- und Arbeitslosenversicherungssystem gegen die Folgen eines überzogenen Lohn- und Preiskampfes abgesichert sind. Andere Berufsgruppen agieren besonnener, wohl wissend, daß das

Arbeitslosenversicherungssystem im schlimmsten Falle zusammenbrechen muß. Auf jeden Fall ist der moderne Wohlfahrtsstaat fest im Einfluß von Interessengruppen; besonders die „Produzenten" haben ihre Interessenverbände (Arbeitgeberverbände, Arbeitnehmervereinigungen) mit den großen Parteien eng verflochten. Hingegen besitzen die Verbraucher weder eine pressure group noch eine im Verbraucherinteresse handelnde Partei. Der Verbraucher bezahlt alles.
Ohne Netz müssen sich in der Regel auch mittelständische Unternehmer, die von Stagnationen bedroht werden, aus der Affaire ziehen. Die Bankrottrate in der Bundesrepublik, nach der die Anzahl der zusammengebrochenen Firmen von 2239 im Jahre 1966 auf 5277 im Jahre 1973 angestiegen ist [66], ist perfekt mit den Inflationszuwächsen während der gleichen Jahre korreliert.
Selbst die vielgescholtenen internationalen Ölkonzerne, deren Gewinnmacherei in der Ölkrise zu weltweiter Empörung Anlaß gab, haben letztlich für die Liquidationstheorie ein schlagendes Beispiel geliefert. Denn die Nationalisierung oder Teilverstaatlichung der Ölquellen in den Erzeugerländern hat diese Gesellschaften auf mittlere Sicht des stärksten Pfeilers beraubt; die meisten Gewinne konnten die Ölgesellschaften bisher upstream, an der Quelle, verbuchen; downstream, im Vertriebsnetz, ist die Gewinnmarge am geringsten. Und da ihnen nur die weniger lukrative Vertriebsstufe übrigbleibt, bleibt ihnen nichts übrig als die Flucht in die Preise.
Die Stagnation nährt also den Preisauftrieb. Die Verhaltensweise der von der Strukturkrise in die Zange genommenen Wirtschaftssubjekte, die wir mit unserer Liquidationstheorie zum Ausdruck bringen, ist auch schon von anderen Ökonomen beobachtet und gewürdigt worden. Kein geringerer als der französische Präsident Giscard d'Estaing schreibt in einem Übersichtsartikel über die ihm bekannten vier Inflationsarten: „It must be acknowledged that to fight this inflation, which is the gravest type in modern countries, economic thinking is no more advanced than medical thinking about ways of stopping the spread of cancer cells" [67]. . . . "convinced that, one way or

another, the change in structures . . . is reflected in inflationary tensions. This involves phenomena such as migration from the farms, (etc.) . . . It seems more and more that the connection observed between unemployment and inflation basically stems from the anticipatory behavior of consumers and workers, that is, short-term adjustments“ [68]. Hätte er auch noch die kurzfristigen Reaktionen der Produzenten und Händler mitgezählt, wäre Giscard d'Estaing die Formulierung der Liquidationstheorie gelungen.

Den Zusammenhang zwischen Unternehmerschicksal in der Strukturkrise und inflationären Spannungen stellen auch zwei Volkswirte aus Oxford her. Sie zeigen, wie die britische Wirtschaft seit 1964 immer weniger rentabel arbeitete [69], und daß seit der Mitte der sechziger Jahre, also mit dem Anschwellen der Stagnationsflut, die kurzfristige Verschuldung der britischen Wirtschaft in die Höhe geschnellt ist, während die verfügbaren flüssigen Mittel empfindlich schrumpften [70]. Die Folgen: eine Verdoppelung der Bankrottrate [71]. Und welches ist die erste Reaktion der Unternehmer auf diese kritischen Entwicklungen? Glyn and Sutcliffe: „Putting up prices“.

Dies also ist die Liquidationstheorie der Stagflation: Sie ist eine realwirtschaftliche Erklärung und besagt, daß Personen, die ihre sozialwirtschaftliche Position von Stagnationen bedroht sehen, sich aus den als unhaltbar empfundenen Verhältnissen lösen und ihre Position liquidieren. Dabei schalten die Momentpersönlichkeiten von der langfristigen Pflege ihrer Erwerbsquelle auf den kurzfristigen Raubbau um. Der Heger wird zum Jäger, zum Preisjäger. Weil die Vertreibung aus angestammten Positionen und die Furcht davor in der Spätphase des Wachstumsprozesses einen immer größeren Teil der Arbeitgeber und Arbeitnehmer erfaßt, steckt die Identitätskrise immer mehr Menschen an und bringt sie zur Raffhaltung, zum letzten Mitnehmen dessen, was der Markt bis zum Schluß noch hergibt.

Folgende beiden sektoralen (im Gegensatz zu globalen) Inflationsfaktoren stehen deshalb nebeneinander:

– Die Liquidationstheorie der Stagflation erklärt preistreiberische Raffhaltung als kurzfristige Rettungsversuche von Leuten,

die von der Strukturkrise bedroht sind, weil sie von ihrem Arbeitsplatz, von ihrem Bauernhof, aus ihrem Geschäft, aus ihrem Markt abgedrängt werden durch die Kräfte der Stagnation;
– Im Gegensatz dazu erklärt die keynesianische Theorie der inflationistischen Lücke die Preistreiberei als kurzfristige Ausnutzung von günstigen Marktsituationen, in denen wegen des Nachfrageüberhanges Arbeiter und Unternehmer zunächst mehr für ihre gleiche Leistung verlangen (können).

Offenbar gelten in einer pluralistischen Marktwirtschaft beide Preisauftriebstendenzen nebeneinander; die eine lebt sogar zum Teil von der anderen (Beispiel: Boom in der Pfandleihe und im second-hand-Geschäft). Wenn heute aber viel mehr Märkte in den Strudel der Stagnation geraten als prosperieren, dann schiebt sich die Tendenz zur Flucht in die Preise in den Vordergrund. In jedem Fall aber steckt die Geldpolitik in einem Dilemma.

Die meisten Keynes-Adepten sehen die Lohn- und Preisrafferei auf florierenden Märkten mit überhängender Nachfrage (Verkäufermärkten) als den wirksamsten unter allen inflationistischen Prozessen an. Ihre Vorhersagen der letzten Jahre, daß sich der inflationäre Preisauftrieb in der Stagnation beruhigen müsse, gingen deshalb fehl. Sie haben übersehen, daß bei zunehmender Stagnation die kurzfristige Flucht in die Preise im Zug der Firmenliquidationen ein Übergewicht gewonnen hat. Denn die große Mehrheit der kleinen und mittleren Unternehmen bietet auf Käufermärkten an.

Wenn nun die Wirtschaftspolitiker Maßnahmen zur Konjunkturbelebung oder zur Preisstabilisierung ergreifen wollen, und dabei die Geldmenge und den Kreditspielraum global entweder erweitern oder herunterschrauben, dann dämpfen sie die eine Preisauftriebstendenz, verstärken aber die andere. Als die deutsche Bundesregierung 1973 in einer Zeit der zunehmenden Stagnation und der steigenden Preise eine Antiinflationspolitik der Geld- und Kreditverknappung betrieb – was ihr sowohl im Licht der Liquiditätstheorie als auch im Licht der Theorie der inflatorischen Lücke sinnvoll erschien und was ihr auch das fragwürdige Stabilitätsgesetz von 1967 befahl – verstärkte diese Politik des knappen Geldes die Flucht in die Preise und stürzte nur noch mehr Unternehmen in die Krise. Die sogenannte, falsch verstandene Antiinflationspolitik heizt über die Stagnation sowohl die Inflation als auch die Stagnation weiter an. Und das ist genau das Malheur, das in den meisten westlichen Ländern in den ersten 70er Jahren passierte und in den USA mit Präsident Fords „Schlacht gegen die Inflation" weiter passiert*.

Und dieses Malheur hat eine deutliche Parallele in der Entwicklung der 1920er Jahre, also in jener Zeit, die den letzten zehn Jahren strukturell ähnlich ist. Damals wie heute war die Inflation der Schrecken der Bürger und Politiker, und die verschiedenen westlichen Staaten nahmen zu einer deflationistischen Politik Zuflucht. Und sie erreichten kurzfristig genau das Gegenteil. Friedman und Schwartz haben vor elf Jahren größtes Erstaunen in der Fachwelt ausgelöst, als sie behaupteten, in den zwanziger Jahren könne es eigentlich gar keine Inflation gegeben haben. In den USA sei die Geldmenge während der zwanziger Jahre überhaupt nicht angestiegen. Deshalb wäre nach der Liquiditätstheorie gar kein Spielraum für die Preisauftriebstendenz vorhanden gewesen [72]. Kindleberger erkennt den gleichen Widerspruch für die damaligen Verhältnisse in Deutschland und England: „Die deutsche Regierung verfolgte eine Politik der Deflation, ebenso die englische . . . Beide bekämpften eine Inflation, die es gar nicht gab" [73].

Was können diese konfusen Äußerungen führender Ökonomen uns lehren? Erstens das Faktum, daß auch vor der Weltwirtschaftskrise von 1929 die Stagflation in den führenden Industrienationen umgegangen war; die wohlbekannte Preisexplosion jener Jahre und die zunehmende Stagnationenfülle in den zwanziger Jahren sprechen eine unbestechliche Sprache. Die Ratlosigkeit der Ökonomen angesichts der Stagflation kann

---

* Zwar hat Ford das Ruder inzwischen herumgeworfen, aber so wild, daß allen graust. Angesichts der Fahrlässigkeit in der westlichen Wirtschaftspolitik: erst irrsinnige Deflationspolitik, dann unsinnige Expansionspolitik, möchte man fragen, ob dies ein Geisterschiff oder ein Schiff der Narren ist.

nicht mit der Neuartigkeit der Erscheinung bemäntelt werden. Zweitens ist die Analyse der genannten Geldtheoretiker, daß nämlich eigentlich keine Inflation stattgefunden haben könnte, weil die begrenzte Geld- und Kreditmenge eine Inflation nicht zugelassen hätte, offenbar eine Verdrehung von Soll und Ist.
Umgekehrt wird der Sachverhalt richtig: Trotz der deflationspolitisch begrenzten Geld- und Kreditmenge kam es damals zu einer stürmischen Preisentwicklung in jener Zeit der Stagnation. Es war gewiß die Flucht in die Preise und Löhne, mit der Arbeitnehmer und Arbeitgeber in den strukturkritischen Bereichen der Wirtschaft ihren Abschied von den stagnierenden Märkten nahmen. Die Tatsache der Stagflation in den zwanziger Jahren und in der jüngsten Vergangenheit belegt, daß die Liquiditätstheorie – wie auch die Theorie der inflatorischen Lücke – nicht allgemeingültig ist.
Diesen Theorien in einer Zeit der zunehmenden Stagnation der Wirtschaft zu folgen bedeutet, die Sache nur noch zu verschlimmern. Eine deflationistische Geld- und Kreditpolitik würde die Inflation weiter anheizen, zumindest kurzfristig, und auf mittlere Sicht einen brutalen Kollaps der Wirtschaft wie 1929 herbeiführen, weil sie die Stagnation verschärft. Die geldwirtschaftliche Deflationspolitik heizt kurz- und mittelfristig der Stagflation nur noch mehr ein, und wird sie überzogen, dann bricht sie dem Geschäftsleben das Genick. Der Zusammenbruch von 1929 hätte ohne eine solche „selbstmörderische Politik" (W. S. Woytinsky über die strengen Restriktionsmaßnahmen des Deflationskanzlers Heinrich Brüning, 1930–32 [74]) eventuell vermieden werden können.
Vorerst aber spielt der mächtigste Mann der Welt mit dem Feuer: Falls seine Restriktionspolitik nicht befolgt werde, drohte Präsident Ford in einer Wahlrede in Oregon (ddp vom 2. 11. 74), könne sich die Inflationsrate in den USA 1976 verdoppeln.
Wie konnte sich Ford auf diese waghalsige „große Schlacht gegen die Inflation" einlassen? Ist doch nicht nur die ähnliche Situation der späten 1920er Jahre ein abschreckender Präzedenzfall für eine falsche Restriktionspolitik. Dies hat nicht nur Bun-

deskanzler Schmidt erkannt; auch Fords französischer Amtskollege mahnte zur Mäßigung: „Some countries have gone through the sad experience of situations in which rising unemployment was in no way accompanied by declining inflation: stagflation thus becomes a major risk of anti-inflation policies too heavily reliant on cutting back economic activity", warnt Giscard d'Estaing [75] vor der Restriktionspolitik.

In den 1920er und 1970er Jahren, damals wie heute, „überall findet man Deflationisten (damals), zum Beispiel Hoover, Brüning, Snowden und Laval" [76]. Aber was „im Nachhinein als wirtschaftliches Analphabetentum erscheint" [77], die selbstmörderische Deflationspolitik von damals, besaß wenigstens ein Feigenblatt in dem damals vorherrschenden Glauben, daß nichts anderes zu machen sei. Treviranus, Minister im Kabinett Brünings, hat diesen scheinbaren Mangel an einer Alternative mit dem Cockney-Kraftwort: „Blimey, there's nothin' else to do!" belegt [78]. Und Heinrich Dräger, der bekannte Lübecker Unternehmer, der damals in der Expansionspolitik sehr wohl einen Ausweg sah, beklagte die Deflationsgläubigkeit der seinerzeit herrschenden Ökonomen; die Vorschläge für eine Arbeitsbeschaffung durch Kreditschöpfung und öffentliche Aufträge würden „solidarisch von fast sämtlichen Professoren der Volkswirtschaftslehre in Deutschland als unbrauchbar, undurchführbar, ungeeignet und zum mindesten als unzweckmäßig" bezeichnet [79].

Heute hingegen sind in fast allen Industrieländern die Anhänger von Keynes die herrschenden Ökonomen, und unter ihnen ist der Glaube an die Wirksamkeit der Expansionspolitik sehr verbreitet, und der Glaube steckt offenbar an. So vertraut Präsident Ford offenbar auf die Wirkung der Expansionspolitik so sehr, daß er es wagt, mit seiner deflationistischen Schlacht gegen die Inflation haarscharf bis an den Abgrund des Kollapses zu gehen, so als wüßte jemand, wo der Rand ist, und als wenn man sich auf die Expansionspolitik wie auf ein Fallnetz verlassen könnte. Denn die große Unbekannte ist: Gibt die Erfahrung mit der Expansionspolitik Anlaß für solches Zutrauen in ihre Wirksamkeit?

In Deutschland wurde die Expansionspolitik bewußt erst dreimal praktiziert: Das erste Mal in den dreißiger Jahren (der berühmt-berüchtigte Arbeitsdienst, der Autobahnbau usw.), das zweite Mal nach dem 2. Weltkrieg (Marshallplan-Hilfen, öffentliche Kredite, Steuergeschenke zur Investition usw.). Aber beide Male geschah dies unter ganz anderen Bedingungen. Zu jenen Zeiten war Deutschland durch die furchtbare Arbeitslosigkeit im Gefolge der Weltwirtschaftskrise und im Gefolge des Krieges längst keine saturierte Wohlstandsgesellschaft mehr, sondern ein in Not darbendes Volk mit einer unterkapitalisierten Wirtschaft. Die Bedingungen, zu denen uns die Wirkung der Expansionspolitik interessiert hätte, waren *nicht nach, sondern vor* der Weltwirtschaftskrise gegeben. Damals, in den „Goldenen Zwanzigern", war Deutschland wie seine westlichen Nachbarn nach seinem Lebensstandard ein Wohlfahrtsstaat, und die Mehrheit der Bevölkerung war wohl versorgt mit den damals begehrten Gütern des täglichen und gehobenen Bedarfs. Aber seinerzeit wurde die Expansionspolitik nicht eingesetzt – und es gab, wie gesagt, viele Professoren, die meinten, sie hätte auch nichts genützt.

Aber ist nicht der dritte Anwendungsfall der passende? Gibt nicht die Expansionspolitik der Jahre 1966–68 ein ermutigendes Beispiel? Gewiß sind die Verhältnisse von 1966 den heutigen viel ähnlicher als die von 1949 und 1934, nicht allein wegen der zeitlichen Nähe, sondern auch wegen der Ähnlichkeit im Beschäftigungsniveau. 1934 und 1949 gab es große Arbeitslosigkeit, 1966 und 1974 im Vergleich mit den damaligen Zahlen nur eine ganz geringe.

Aber der wesentliche Unterschied zwischen der Lage von 1966 und der heutigen besteht im Verhältnis von Kapazität und Nachfrage. Auf den meisten Märkten für die Güter des gehobenen Bedarfs waren 1966 die Kapazitäten zwar groß, aber noch nicht ausgewachsen, während die Nachfrage zwar beruhigt, aber noch nicht gesättigt war. Heute aber sind es Überkapazitäten auf der Angebotsseite und Ladenhüter auf Lager und Halde, weil die Nachfrage gestillt und der Markt nicht mehr aufnahmefähig ist für die Menge der Massengüter. Damals, 1966, gab es noch Raum für Kapazitätsausweitungen, wenn auch nur für bescheidene. Immerhin genug für einen Konjunkturstoß, der dann aber endgültig die Grenzen des Wachstums ausschöpfte. Besonders die steuerbegünstigte Baukonjunktur war ein Beschäftigungspolster; aber es hat inzwischen einen haut-goût bekommen.

Heute kann eine Expansionspolitik nicht mehr mit Erfolg rechnen, wenn die Investitionsförderung nach dem Gießkannenprinzip erfolgt; dann führt das zusätzliche Geld auf den Bereichen mit Überkapazität trotzdem nicht zur Anlageinvestition (die Pferde saufen nicht, sagt Karl Schiller). Wirkung können öffentliche Gelder nur haben, wenn sie auf Gebiete fließen, auf denen die Grenzen des Wachstums noch nicht bremsen. Aber auf diese Gebiete konzentriert sich bereits das anderwärts freigesetzte Privatkapital, und der Staat schüttet hier nur Wasser ins Meer. Kostbares Wasser, wohlgemerkt, denn dort, wo das Privatkapital nicht hinfließen kann oder will, zu den Basisinnovationen, dort hätten die öffentlichen Mittel einen Sinn und – im Erfolgsfall – einen Multiplikatoreffekt.

Wenn die Bundesregierung Anfang 1975 die aufgesparten Milliarden des Konjunkturausgleichsfonds nach dem Gießkannenprinzip vergibt, dann verplempert sie die vom Verdienst der Leute abgezweigten (auf den Lohnzetteln direkt ausgewiesenen) Mittel, so daß die später notwendigen Innovationsausgaben auf Kredit gezahlt werden müssen.

Denn der Ansatzpunkt für das Krisenmanagement liegt auf güterwirtschaftlichem Gebiet, liegt bei den Innovationen. Verbesserungsinnovationen auf den etablierten Industriezweigen halten die schwindenden technologischen Qualitätslücken offen und geben einen Wettbewerbsvorsprung im internationalen Handel auch unter den schwierigen Bedingungen im technologischen Patt. Dieser Innovativität verdankt die Bundesrepublik Deutschland ein deutlich geringeres Maß an Stagnation, als es die anderen Industrieländer in den letzten Jahren schmerzlich erfahren haben. So gab es bei uns relativ weniger Arbeitslose und Bankrotte und eine geringere Flucht in die Preise als anderswo; unsere Preissteigerungsrate lag und liegt niedrig im

Vergleich mit dem Preisauftrieb in anderen Industrieländern. Die Qualitätsvorsprünge, die diese Innovativität schaffte, haben sogar einen großen Teil der den deutschen Export dämpfenden Effekte aufgefangen, die von den Wechselkurskalamitäten ausgegangen sind. So hat die deutsche Wirtschaft unter den Aufwertungen der Mark weniger gelitten als es ursprünglich befürchtet wurde.
Die dauerhafte Krisenkur liegt aber auf dem Gebiet der Basisinnovationen, bei den Projekten selbst. Gewiß, es gibt Großprojekte, die nur mit Hilfe des Staates, mit seiner Organisations- und Kapitalumverteilungsfähigkeit, in die Tat umgesetzt werden können. Aber die Fülle der Neuerungen und Beiträge zum Wohlergehen der Menschen kommt, wenn sie kommt, gewiß nicht von Bürokraten und Funktionären in Staat und Privatwirtschaft, sondern von unverzagten Tatmenschen und Initiatoren, die sich von der allgemeinen Niedergeschlagenheit nicht den Mut nehmen lassen und ihr Bestes geben: Vorstellungskraft, Talent und Durchhaltevermögen.

D. Zusammenfassung

Stagnationen haben ihre Ursachen in der erschöpften Verbesserungsfähigkeit der alten Techniken und der daraus sich ergebenden Angebotskonzentration und Nachfragesättigung. Beide Faktoren drücken die mangelnde Bereitschaft der Wohlstandsbürger aus, die Massengüter des ehemals „gehobenen" Bedarfs in dem Maße weiterzukaufen, in dem sie von den aufgebauten Kapazitäten in den Wachstumsindustrien hergestellt werden könnten. Sie demonstrieren zugleich die mangelnde Anpassungsbereitschaft derer, die diese Kapazitäten betreiben – „Arbeitgeber", „Arbeitnehmer", und ihre Verbände.
Die Menschen, deren wirtschaftliche Existenzen durch die geänderten Umstände erschüttert werden (Stagnation = Identitätskrisen), suchen nach Auswegen in anderen Beschäftigungen (Innovationen = Identifikationsmöglichkeiten). Im technologischen Patt sind zunächst keine in Sicht (Identifikationskrise). So

erfolgt ein Ausschlachten der bedrohten Positionen, solange es eben geht (Liquidation); kurzfristig durch Flucht in höhere Löhne und Preise. Zu Lasten der Verbraucher.

Viele keynesianische Wirtschaftstheoretiker und -politiker mißverstehen die Stagflation. Sie nehmen an, Inflation und Stagnation seien Symptome zweier verschiedener Sachlagen. In Wahrheit ist ein Großteil des Preisauftriebs die Flucht in die Preise und Löhne im Zuge der Liquidation unhaltbar empfundener Existenzen (Liquidationstheorie der Stagflation), und der Preisauftrieb ist Symptom eines anschwellenden Aufkommens an Stagnationen in der Wirtschaft, jedenfalls zu einem guten Teil.

Weil aber die Geld- und Kreditpolitik nicht zwischen stagnierenden und florierenden Märkten differenzieren kann, ist sie ohnmächtig. Weder kann eine Politik des knappen Geldes die Inflation in Schach halten, denn sie könnte die Flucht in die Preise anheizen, noch kann eine Politik des billigen Geldes die Stagnationen bekämpfen, wenn ein Mangel an machbaren Innovationsprojekten die güterwirtschaftlichen Voraussetzungen nicht erfüllt.

Der Ansatzpunkt für ein Krisenmanagement liegt bei den Projekten selbst. Nur innovative Projekte versprechen lohnende Investitionschancen; deshalb ist die Expansionspolitik erfolglos, wenn die öffentlichen Mittel nach dem Gießkannenprinzip verteilt werden sollten; die Geldspritzen würden versickern.

Öffentliche Gelder sollten tunlichst nicht dafür verwendet werden, um das ohnehin Gemachte tun zu lassen, sondern um das Tunliche machbar zu machen.

ZWEITES BUCH

DER WISSENSTRANSFER

Die Lust zu begreifen
verbindet sich mit dem Bedürfnis
zu produzieren

PIERRE TEILHARD DE CHARDIN

Gegen die Gefahren der Stagnation hilft allein die „Auffrischung“ in Arbeits- und Lebenswelt:

– Es sind die Unternehmungen, die Produktions- und Handelsbetriebe, die einzelnen Wirtschaftszweige, in denen die Stagnation als Rückgang von Aufträgen Unsicherheit bei Arbeitgebern und Arbeitnehmern auslöst, weil die Quellen des Verdienstes der Unternehmer und Arbeiter bedroht sind.

– Es sind die Städte, in denen die meisten Beschäftigten der gewerblichen Wirtschaft wohnen, in denen die Stagnation als Rückgang der Arbeitereinkommen auch die Wohlfahrt der bürgerlichen Dienstleistungsunternehmer (vom Hauswirt über den Arzt bis zum Schankwirt) in Mitleidenschaft zieht.

Weil sich die Stagnation in einzelnen Bereichen auf andere Bereiche und die Mitbürger überwälzt, ist sie ein Gemeinschaftsproblem und keine bereichsspezifische Angelegenheit, die man „denen dort“ überlassen könnte. Denn die Lösung des Gemeinschaftsproblems setzt eine hinlängliche Versorgung der privaten und der öffentlichen Wirtschaft mit Innovationen voraus.
Im Innovationsgeschehen überschneiden sich der sektorale Strukturwandel in der Wirtschaft und der regionale Strukturwandel in Stadt und Land. In der urbanen Dynamik und in der industriellen Dynamik, um an zwei Buchtitel von Jay Forrester anzuknüpfen, ist die Einrichtung neuer erwerbs- und gemeinwirtschaftlicher Unternehmen die kritische Variable. Sie ist die gestaltende Kraft, die auf die Dauer die Verschiebungen in der Branchenstruktur und in der Regionalstruktur der Wirtschaft

bewirkt. Aber im technologischen Patt mangelt es an Innovationen; ein Versäumnis der Wirtschaftsführung.

Der wirtschaftliche und soziale Wandel in Arbeits- und Lebenswelt findet im evolutorischen Wechselspiel von Stagnation (in verdorrenden Wirtschaftszweigen, in vernachlässigten Stadtgebieten oder Landstrichen) und Innovationen (in erblühenden Wirtschaftszweigen und in attraktiv gemachten Stadtgebieten oder Landstrichen) statt: vor unseren Augen. Die Stagnation ist der Ausdruck für einen Mangel an Verbesserungsinnovationen in dem davon betroffenen Bereich, sei es durch die Verhärtung der institutionalen Ordnung, die alles Neue blokkiert, oder sei es aus Ideenmangel. Manche Tätigkeitsbereiche lassen sich nicht für ewig am Leben halten. Tant mieux. Dann müssen und können andere an ihre Stelle treten, um den Ausfall zu ersetzen. Dazu bedarf es der Basisinnovation, des Essens der Früchte vom Baum der Erkenntnis. Und im technologischen Patt schlägt die Stunde der Kreativität.

Die Erkenntnis, daß auch die scheinbar entlegensten Forschungsergebnisse irgendwann einmal, in ganz unvorhersehbarem Zusammenhang, praxisrelevant werden könnten und die Hoffnung, irgendwie doch einmal der Gesellschaft damit nützen zu können, hält die genialen Geister bei der Stange, wenn sie einsam an der Wissensfront arbeiten, die nur zu oft jenseits eines sozialen Grabens liegt, den viele Zeitgenossen nicht überschreiten können oder wollen. Die brotlosen Künste und die esoterische Forschung, dort liegen die Quellen für die geistigen „Mutationen". Die abweichenden Gedanken werden im Wissenstransfer „vererbt", und wenn sie „überleben", dann als technische oder nichttechnische Basisinnovationen.

Die Pflege des Erkenntnisprozesses, oder – wenn man so will – eine gewisse Sündhaftigkeit in unserer nicht-paradiesischen Welt, hält auf Dauer unser sozialwirtschaftliches Leben in Gang. Der kluge Mann baut vor. Die Kontrolle des Erkenntnisprozesses und des Transfers des Wissens von der Theorie in die Praxis ist für die Evolution der menschlichen Gesellschaft, die nun ihre archaische Phase überwunden hat, ebenso wichtig wie die Kontrolle des Geburtenprozesses und der Sozialisierung des

Nachwuchses. Auf daß kein Mangel, aber auch kein Überschuß herrsche an den Früchten vom Baum der Erkenntnis und vom Baum des Lebens.

Gerade aber in der Abwechslung von Mangel und Überfluß an Neuerungen zeigt sich die destabilisierende Kraft des „Prozesses der schöpferischen Zerstörung“ (Joseph A. Schumpeter), wenn er allein dem wetterwendischen Regulativ des Marktmechanismus folgt. Ist das Abgleiten in das technologische Patt dem Nachlassen der Innovationsrate zuzuschreiben, so brechen sich unter dem Druck der kritischen Verhältnisse im technologischen Patt eine Fülle von Basisinnovationen Bahn. Aber nicht alle diese Neuerungen, deren Auftauchen die Gunst der Stunde beschleunigt, sind wünschbar. Die Not der Arbeitslosigkeit gebiert auch industrielle Neuerungen (z. B. in der Rüstung, z. B. die Welt vermauernde Infrastrukturen), deren Folgewirkungen mehr Schaden anrichten als Nutzen stiften.

In den folgenden drei Kapiteln untersuchen wir den Wechsel von Mangel und Überfluß an Basisinnovationen, behandeln die Frage der Verursachung dieser Destabilisierung, und zeigen, mit welcher Vehemenz der Trendumschwung im technologischen Patt vor sich gegangen ist in der langfristigen Vergangenheit. Dieses Wechselspiel von Innovationsmangel und -überfluß läßt natürlich einiges für den nächsten Innovationsschub erwarten...

Kapitel 4
Innovationsreichtum und -mangel

„Innovationen passieren schubweise“

Stagnation ist nachlassendes oder gar negatives Wachstum; auch Stillstand ist Rückschritt. Das Nullwachstum, aber auch die Umstellung von quantitativem auf qualitatives Wachstum, wirft Managementprobleme auf; werden sie nicht gelöst, so wird das Raumschiff Erde an den Grenzen des Wachstums stranden.

„Eignet sich die Wachstumstheorie zur wirtschaftspolitischen Anwendung?“ [1]. Die Antwort lautet: Nein, eventuell ein wenig; wobei die Eventualität an einer sehr strengen Bedingung hängt: „Die Einführung des technischen Fortschritts ist außerdem stetiger geworden, und die inventions und innovations liegen dicht zusammen“ [2]. Eben diese Bedingung stimmt nicht. Der Innovationsprozeß, „der Tiger des technischen Fortschritts“ (Paul A. Samuelson), verabscheut den gleichförmigen Trott. Perioden des Innovationsreichtums wechseln sich mit Phasen der Innovationsarmut ab; es gibt einen Wechseltrend, und der Trendwechsel erfolgt im technologischen Patt.

Wir zeigen hier: Inventionen und Innovationen liegen *nicht* dicht zusammen. Es gibt Innovationsschübe, und in diesen Schwärmen von technischen Neuerungen drängen sich die Innovationen in der Tat in dichter Formation auf die Bühne der Zeit. Aber zwischen den Innovationsschüben klaffen weite Lücken, in denen der gesamtwirtschaftliche Innovationsprozeß nur ab und zu ein Lebenszeichen von sich gibt. Tabelle 1.1 gibt an, daß in den letzten zwanzig Jahren nur wenige Basisinnovationen und radikale technische Neuerungen durchgeführt worden sind; das Feld gehörte den Verbesserungsinnovationen auf etablierten Märkten. Hingegen hat es vor diesen zwanzig mageren Innovationsjahren eine fette Ernte an Basisinnovationen gegeben; in den dreißiger und vierziger Jahren wurden riesige Bereiche an industriellem Neuland erschlossen: die Kunststoff-, Fernseh-, Düsenflug-, Computerindustrie, um nur einige zu nennen. Von einer Verstetigung des technischen Fortschritts kann gar keine Rede sein.

Das Gegenteil ist Wirklichkeit. Das Aufkommen an Basisinnovationen ist in den letzten zweihundert Jahren nicht stetiger, kontinuierlicher geworden, sondern hat an Schwankungsintensität zugenommen; der Strom der Basisinnovationen weist Diskontinuitäten auf, Ebben und Fluten. Diese Diskontinuität wird im Folgenden mit Daten belegt und auf Verläßlichkeit geprüft.

A. Der Innovationsprozeß

Wir wollen zunächst den Begriff des Innovationsprozesses klären. Der Innovationsprozeß ist der Strom der Innovationen, die in einer Gesellschaft in die Tat umgesetzt werden. Er wird durch die Art und Anzahl von Innovationen, die sich in der Gesellschaft in aufeinanderfolgenden Zeiteinheiten ereignen, qualitativ und quantitativ beschrieben. Dieser Begriff des Innovationsprozesses hat sich in Wissenschaft und Praxis durchgesetzt. Der Innovationsprozeß *ist* der technische Fortschritt:

„– technologischer Fortschritt beinhaltet die Erweiterung des vorhandenen technischen Wissens;

– technischer Fortschritt besteht demgegenüber in der Anwendung neuen Wissens in Form neuer Produkte, Produktionsmittel und Produktionsverfahren in der Wirtschaft.

Der Prozeß der Anwendung neuen technischen Wissens wird als ‚Innovationsprozeß' bezeichnet“ [3]. Dagegen wird der Prozeß der Erweiterung des technischen Wissens als technikwissenschaftlicher Erkenntnisprozeß bezeichnet. Die Koppelung von Erkenntnisprozeß und Innovationsprozeß nennen wir Wissenstransfer.

Die gesicherten wissenschaftlichen Erkenntnisse, die zudem noch „machbar“ sind, stellen das Reservoir von neuartigen Maßnahmen dar, mit denen ein Land aus der Zwickmühle des technologischen Patt entweichen kann; der Erkenntnisprozeß liefert die Konzepte für ein geschickteres Anpassen an die weltwirtschaftlichen Störungen. Diese Rezepte zu erkennen und zu nutzen ist Sache der Innovationsforscher und -politiker. Aber diese sind sich gar nicht immer einig; sie differieren schon an dem Punkt, an dem sie sich eigentlich einig darüber werden müßten, was denn überhaupt die relevanten Fragen sind; deshalb streuen auch ihre Antworten so wild und widersprüchlich. Jeder schaut auf etwas anderes.

Unter uns Innovationsforschern geht das bon mot um, daß wir den sieben blinden Zwergen gleichen, deren Aufgabe es ist, die Gestalt eines schlafenden Elefanten zu ertasten. Der Zwerg am Rüssel sagt, der Elefant ist eine Art Schlange; der am Fuße sagt, es sei wohl eher ein Baumstamm; und der an den Ohren tastet behauptet, es sei wohl eher eine Kreuzung von Adler und Fledermaus.

Die Innovationsforscher differenzieren heute noch nicht in dem Maß, wie es erforderlich wäre, um allseitig verläßliche Aussagen treffen zu können. Auch die hier verwendete Unterscheidung von Basis- und Verbesserungsinnovationen ist noch grob. Aber sie schlägt eine Bresche.

Wir geben in diesem Kapitel nur einen Ausschnitt aus dem gesamten Innovationsgeschehen wieder. Insbesondere ist eine Beschränkung auf das Aufkommen an technologischen Basisinnovationen am Platz.

Nicht betrachtet werden also Verbesserungsinnovationen, mit denen schon existierende Technologien rationalisiert, renoviert oder modernisiert werden. Uns geht es hier um die Etablierung von neuartigen Technologien, nicht aber um die gelegentlichen Aufbesserungen der Outputqualität oder der Inputproduktivität in bestehenden Technologien. Außer Betracht bleiben auch die nichttechnischen Innovationen; sie sind nicht „der harte Kern" der Innovationstätigkeit. Sie sind allerdings Begleiter der technologischen Innovationen: Ohne Umdenken, ohne organisatorischen Wandel oder Rechtsnovellen kann die neue Technologie gar nicht oder praktisch nicht angewandt werden [4]. Wir gehen also davon aus, daß der harte Kern und die Großtaten der Technikgeschichte in den technologischen Basisinnovationen zu suchen sind. Glücklicherweise sind diese Großtaten der Technikgeschichte ausgiebig dokumentiert, so daß man einen Datenschatz hat. Wenn die wirtschaftswissenschaftliche Theorie des technischen Fortschritts bislang – wie J. Kornai in „Antiequilibrium" sagt – ohne empirische Relevanz ist, so liegt das nicht an Datenmangel.

B. Das Innovationsaufkommen

Technologische Innovationen sind Früchte vom Baum der Erkenntnis. Die güldenen Früchte sind technologische Basisinnovationen. Sie enthalten die Saat, aus der neue Produkte und Verfahren sprießen, die dann neue Industriezweige wachsen lassen.

Bis es zu der Einführung von neuen Produkten und Verfahren kommt, muß der Baum der Erkenntnis neue Zweige ausschlagen (neue Wissenschaftsgebiete), muß darauf Blüten öffnen (Inventionen), muß Früchte anlegen und (durch Forschung und Entwicklung) zur Reife bringen, und die Frucht (Innovation) muß auf bereiten Boden fallen.

Die Umsetzung naturwissenschaftlich-technischer Erkenntnis von der Theorie in die Praxis ist ein Prozeß des Vortastens auf neuen Wissensgebieten. Er kostet Arbeit und Kapital, weil jedes Experiment – ob es nun erfolgreich ausgeht oder nicht – seinen Einsatz erfordert. Und des Experimentators „Müh' ist oft umsunsten". Von den vielen Ideen, die auf dem epistemologischen Feld neuer Wissenszweige geboren werden, erreichen nur wenige das Stadium der technischen Machbarkeit; und von den machbaren Ideen finden nur wenige einen Unternehmer, der die wirtschaftliche Durchführung von denkbaren Innovationsprojekten auch nur erwägt, geschweige denn, Kapital in die Experimente steckt. Und von den erwogenen und verbesserten Projekten werden letztlich nur wenige kommerziell ausgeführt. Der Wissenstransfer von der Invention zur Innovation erscheint als ein durch mehrere nacheinandergeordnete Filter auswählender Sickervorgang durch die Köpfe der Fachleute.

Dieser mehrstufige Ausleseprozeß testet das neue Wissen nach immer feineren Durchführbarkeitsgesichtspunkten. Um den nächstschärferen Test zu bestehen, um zum Beispiel die Idee des Düsenantriebs von der technischen Durchführbarkeit in Richtung auf die wirtschaftliche Nützlichkeit zu verbessern, waren viele teure Entwicklungsschritte zu gehen, und viele fanden auf dem Holzweg statt.
Die Ideen, die diese Testbatterie bestehen und diese Filter passieren und die schließlich in die Tat umgesetzt werden, bilden das Innovationsaufkommen. Es wird sich herausstellen, daß das Innovationsaufkommen dramatischen Schwankungen unterliegt. Und es wird die Frage gestellt werden müssen, worauf Ebbe und Flut im Innovationsstrom zurückzuführen sind.
Wir wollen zum Schluß an die empirische Beobachtung des Innovationsprozesses das Prüfen von Verursachungsthesen anschließen. Nun kann aber die Verläßlichkeit von Schlüssen aus empirischen Beobachtungen nur so gut sein wie die Verläßlichkeit der Methode der Datenermittlung. Darum fragt sich, in den Worten von TRACES [5]:

„Wie wählt man Innovationsbeispiele aus, die eine repräsentative Auswahl für die historischen Entwicklungsvorgänge ergeben?“ und „Wie setzt man die Anfangs- und Endpunkte der historischen Entwicklungslinien fest?“

Unser Team folgte im wesentlichen dem Verfahren der TRACES-Forscher: Antworten auf diese Fragen können nur in Werturteilen liegen, und sie setzen Kenntnis des wissenschaftlich-technischen Gebietes und seiner Entwicklung voraus. Diese Urteilsfähigkeit ist bei erfahrenen Wissenschaftlern und Ingenieuren, die auf diesen Gebieten aktiv sind, zu finden. Die Sammlung und Sichtung der technik-geschichtlichen Rohdaten und die Auswahl der kritischen Ereignisse (Inventionen, Verbesserungen im Wissensstand und Basisinnovationen) wurde von den Herren Dr. rer. nat. U. Mende, cand. rer. nat. L. Brache, F. Dorner (MBA), Dipl.-Ing. C. D. Stolze und Ing. grad. J. Trimborn geleistet. Die Fritz Thyssen Stiftung, die National

Science Foundation und das Wissenschaftszentrum Berlin haben die Forschung mitfinanziert.
Aus den wesentlichen Ereignissen der Technikgeschichte der Schlüsselindustrien im 19. Jahrhundert geben wir im Materialien-Anhang 1, 2 und 3 zahlreiche Proben. Sie sind in Sachbereiche gegliedert, um dort die kritischen Stationen auf dem Weg des Wissenstransfers von Erkenntnis bzw. Entdeckung über Erfindung bis zur Einführung der neuen Technologie in die Praxis zu illustrieren. Aus diesen Ereignissen wurden die technologischen Basisinnovationen ausgewählt.
Hier sei unser multiples Kriterium zum Auswählen der Basisinnovationen aus der Mannigfaltigkeit der berichteten technischen Ereignisse genannt: *Dasjenige technische Ereignis ist eine technologische Basisinnovation, bei dem der neu entdeckte Stoff oder das neu entwickelte Verfahren erstmals in fabrikmäßiger Produktion angewendet wurde oder bei dem für das neue Produkt erstmals ein organisierter Markt geschaffen wurde.* Beispiele: Die Errichtung der ersten Fuchsinfabrik 1860 von F. Bayer in Elberfeld ist die Basisinnovation in der Anilinfarbchemie; die Elektrolyse, obwohl lange bekannt, wurde erst 1887 durch Héraults Kathodenofen fabrikmäßig bei der Aluminiumgewinnung angewendet. Telefonverbindung gibt es in Deutschland erst seit 1881, als in Berlin das erste Vermittlungsamt eröffnet wurde, nämlich das Bindeglied im Teilnehmernetz.

Die Daten stehen in den Tabellen 4.1 bis 4.7.

Tabelle 4.1: Basisinnovationen 1. Hälfte 19. Jahrhundert

Die Neuheit	Inno-vation	Inven-tion	Dauer	100% / Dauer
Starkstromerzeuger	1849	1820	29	3,44
Reizstrominduktor	1846	1831	15	6,66
Tiefseekabel	1866	1847	19	5,26
Herstellung von Elektrizität	1800	1708	92	1,08
Isolierte Stromleitung	1820	1744	76	1,31
Bogenlampe	1844	1810	34	2,94
Pedalrad	1839	1818	21	4,76
Gewalzte Schienen	1835	1773	62	1,61
Gewalzter Draht	1820	1773	47	2,12
Puddelofen	1824	1783	41	2,43
Kokshochofen	1796	1713	83	1,20
Tiegelgußstahl	1811	1740	71	1,40
Erste deutsche Eisenbahnstrecke	1834			
Lokomotiven	1824	1769	55	1,81
Telegraphie	1833	1793	40	2,50
Deutscher Zollverein	1834			
Bleikammerverfahren	1819	1740	79	1,26
Pharma-Fabrikation	1827	1771	56	1,78
Chininfabrikation	1820	1790	30	3,33
Hartkautschuk	1852	1832	20	5,00
Portlandzement	1824	1756	68	1,47
Kaliumchlorat	1831	1777	54	1,85
Photographie	1838	1727	111	0,90

Quelle: Die Daten wurden 1972–73 im Zuge der Aufarbeitung der Technikgeschichte in den Leitindustrien im 19. Jahrhundert von Brache, Dorner, Mende, Stolze und Trimborn erstellt und als Beitrag von G. Mensch und C. D. Stolze zum Arbeitskreis Industriegesellschaft im 19. Jahrhundert der Fritz Thyssen Stiftung gegeben.
Vgl. Materialien-Anhang 4.1.

Tabelle 4.2: Basisinnovationen Elektrotechnik
2. Hälfte 19. Jahrhundert

Die Neuheit	Innovation	Invention	Dauer	100% / Dauer
Elektrodynamische Messung	1846	1745	101	0,99
Bleiplatten-Akkumulator	1859	1780	T 79	1,26
Doppelanker-Dynamo	1867	1820	47	2,12
Kummutator	1869	1833	36	2,77
Trommelankermotoren	1872	1785	87	1,14
Bogenlampe	1873	1802	71	1,40
Glühlampe	1879	1800	79	1,26
E-Lokomotive	1879	1841	38	2,63
Elektro-Heizung	1882	1859	23	4,34
Kabelkonstruktion	1882	1820	62	1,61
Telefon	1881	1854	27	3,70
Dampfturbinen	1884	1842	42	2,38
Wasserturbinen	1880	1824	56	1,78
Transformatoren	1885	1831	54	1,85
Widerstandsschweißen	1886	1841	45	2,22
Lichtbogenschweißen	1898	1849	49	2,04
Induktions-Schmelzen	1891	1860	31	3,22
Zähler	1888	1844	44	2,27
E-Eisenbahn	1895	1879	16	6,25
Entdämpfung von Fernsprechleitungen	1910	1893	17	5,88
Hochspannungsisolatoren	1910	1897	13	7,69
Benzinmotor	1886	1860	26	3,84

Quelle: wie Tab. 4.1. Siehe auch Materialien-Anhang 4.2.

Tabelle 4.3: Basisinnovationen Chemie
2. Hälfte 19. Jahrhundert

Die Neuheit	Innovation	Invention	Dauer	100% / Dauer
Thomas-Stahl	1878	1855	23	4,34
Sicherheitszündhölzer	1866	1805	61	1,63
Anilin-Farben	1860	1771	89	1,12
Speisefett	1882	1811	71	1,26
Indigo-Synthese	1897	1880	17	5,88
Soda	1861	1791	70	1,42
Aluminium	1887	1827	60	1,66
Kältetechnik	1895	1873	22	4,54
Kunstseide	1890	1857	33	3,03
Kupferkunstseide	1898	1890	8	12,50
Heiz-Gas	1875	1780	95	1,05
Acetylen-Schweißen	1892	1862	30	3,33
Dynamit	1867	1844	23	4,34
Kunstdünger	1885	1840	45	2,22
Konservierungsmittel	1873	1839	44	2,27
Elektrolyse	1887	1789	98	1,02
Antitoxine	1894	1877	17	5,88
Chloroform (Narkosemittel)	1884	1831	53	1,88
Jodoform (Septikum)	1880	1822	58	1,72
Veronal (Barbiturate)	1882	1863	19	5,26
Aspirin	1898	1853	45	2,22
Antipyrin (Synthet. Schmerzmittel)	1883	1828	55	1,81
Backpulver	1856	1764	92	1,08
Gipsverband	1852	1750	102	0,98
Schwefelsäuregroßfabrikation	1875	1819	56	1,78
Synthet. Alkaloide (Kokain)	1885	1844	41	2,43
Synthet. Alkaloide (Chinolin)	1880	1834	46	2,17
Edelstähle	1856	1771	85	1,17

Quelle: wie Tab. 4.1. Siehe auch Materialien-Anhang 4.3.

Tabelle 4.4: Moderne technologische Basisinnovationen 1. Hälfte des 20. Jahrhunderts

Die Neuheit	Inven-tion	Inno-vation	Dauer	100% / Dauer
Automatisches Getriebe	1904	1939	35	2,86
Hydraulische Kupplung	1904	1937	33	3,03
Kugelschreiber	1888	1938	50	2,00
Katalytische Petrol-Trennung	1915	1935	20	5,00
Wasserfestes Zellophan	1900	1926	26	3,85
Cinerama	1937	1953	16	6,25
Kontinuierlicher Stahlguß	1927	1948	21	4,76
Kontinuierliches Heiß-Walzen	1892	1923	31	3,23
Baumwoll-Pflücker (Campbell)	1920	1942	42	2,38
Baumwoll-Pflücker (Rust)	1924	1941	38	2,63
Faltenlose Stoffe	1906	1932	26	3,85
Diesel-Lokomotive	1895	1934	39	2,56
Fluoreszierende Beleuchtung	1852	1934	82	1,22
Helikopter	1904	1936	32	3,13
Insulin	1889	1922	33	3,03
Düsenmaschine	1928	1941	13	7,69
Kodachrome	1910	1935	25	4,00
Magnetophon	1898	1937	39	2,56
Plexiglas	1877	1935	58	1,72
Neopren	1906	1931	25	4,00
Nylon, Perlon	1927	1938	11	9,09

Die Neuheit	Invention	Innovation	Dauer	100% / Dauer
Penizillin	1922	1941	19	5,26
Polyethylen	1933	1953	20	5,00
Kraft-Lenkung	1900	1930	30	3,33
Radar	1887	1934	47	2,13
Radio	1887	1922	35	2,86
Raketen	1903	1935	32	3,13
Silikon	1904	1946	42	2,38
Streptomycin	1921	1944	23	4,35
Sulzer Webstuhl	1928	1945	17	5,88
Synthetische Waschmittel	1886	1928	42	2,38
Gyro-Kompaß	1827	1909	82	1,22
Synthetischer Polarisierer	1857	1932	75	1,33
Fernsehen	1907	1936	29	3,45
Terylen Fasern	1941	1955	14	7,14
Klopffestes Benzin	1912	1935	23	4,35
Titanium	1885	1937	52	1,92
Transistor	1940	1950	10	10,00
Tungsten Karbid	1900	1926	26	3,85
Xerographie	1934	1950	16	6,25
Reißverschluß	1891	1923	32	3,13

Quelle: Mensch, Zur Dynamik des Technischen Fortschritts, Zeitschrift für Betriebswirtschaft, 41/1971, S. 295–314. Daten destilliert aus Fallstudien von Jewkes, J. D. Sawers und R. Stillerman, The Sources of Invention (1. Auflage), London 1960.

Tabelle 4.5: Basisinnovationen (organisatorische und technische) anläßlich der Brünner Industrialisierung, 1740–1800

Die Neuheit	Basis-Innovation	Basis-Inventionen	Dauer	100% / Dauer
1. Institutionalisierung der Merkantilistischen Entwicklungsidee	1743	1653	90	1,11
2. Etablierung von Entwicklungsbanken	1751	1686	65	1,54
3. Staatsinvestitionen in die Textilindustrie	1762	1701	61	1,63
4. Aufbau einer lebensfähigen Textilfabrikation	1764	1715	49	2,04
5. Das Pressen von Arbeitern in die Textilindustrie	1762	1694	68	1,47
6. Fachausbildung von Textilarbeitern	1765	1701	64	1,57
7. Einschränkung der Zunftkontrolle über Industrie	1754	1672	82	1,21
8. Straßenanschluß Brünns	1740	1704	36	2,72
9. Einrichtung einer zentralen Kommerz-Administration	1746	1666	80	1,25
10. Beschaffung und Verbreitung von Wirtschaftsinformationen	1754	1666	88	1,13
11. Einführung eines allgemeinen Schutzzoll-Tarifs	1775	1737	38	2,63
12. Abschaffung von Monopolprivilegien für Textilfabriken	1763	1672	91	1,08
13. Abkehr vom rigiden wirtschaftspolitischen Dirigismus	1785	1747	38	2,63
14. Etablierung eines Marktes für inländische Fabriktextilien	1769	1727	42	2,38

Quelle: H. Freudenberger und G. Mensch, Von der Provinzstadt zur Industrieregion (Brünnstudie); Ein Beitrag zur Politökonomie der Sozialinnovation, dargestellt am Innovationsschub der Industriellen Revolution im Raume Brünn, Göttingen 1975.

C. Schübe im Innovationsaufkommen

Anhand der vorstehend aufgelisteten Daten über die Fülle der Basisinnovationen, die in den vergangenen zwei Jahrhunderten in der westlichen Wirtschaft durchgesetzt worden sind, können wir unsere Diskontinuitäts-Hypothese illustrieren.

Wir stellen die Datenfülle als eine Zeitreihe dar. Zu diesem Zwecke werden die Daten in Zehnjahresperioden gezählt. Die Häufigkeit von Basisinnovationen von 1740 bis 1955 wird in Abbildung 4.1 graphisch dargestellt. Offensichtlich schwankt das Aufkommen an Basisinnovationen dramatisch. Fluten im Innovationsstrom werden von Ebben unterbrochen. Dieses Wechselspiel der Gezeiten des Innovationsprozesses steht im klaren Gegensatz zu der Möglichkeit, daß der Innovationsstrom gleichmäßig fließt und als ein kontinuierliches Innovationsaufkommen im Zeitablauf erscheint.

Die interessante Frage ist nun, wie diese Ebben und Fluten im Aufkommen von Basisinnovationen in den langfristigen Wirtschaftsablauf sich einfügen. Bevor wir uns dieser Frage zuwenden, wollen wir noch einem möglichen Einwand begegnen, der die Repräsentanz unserer Daten betrifft. Denn die daraus abgeleiteten Aussagen können nicht verläßlicher sein als die Güte der Daten.

Wie verläßlich sind unsere Daten?

Diese Frage muß im Hinblick auf die Verwendung der Daten in Tabelle 4.1 bis 4.5 beantwortet werden. Es kommt darauf an zu belegen, daß in den Prosperitätsphasen des langfristigen Wirtschaftsablaufs die Neigung zur Durchführung von Basisinnovationen in der Wirtschaft ganz gering war, während andererseits in den kritischen Perioden des technologischen Patt die Innovationsneigung sehr hoch war. Auf die genaue Zahl der Neuerungen kommt es erst in zweiter Linie an; es genügt für unsere Zwecke, wenn wir einmal sehr wenige, dann wieder sehr viele Basisinnovationen beobachten.

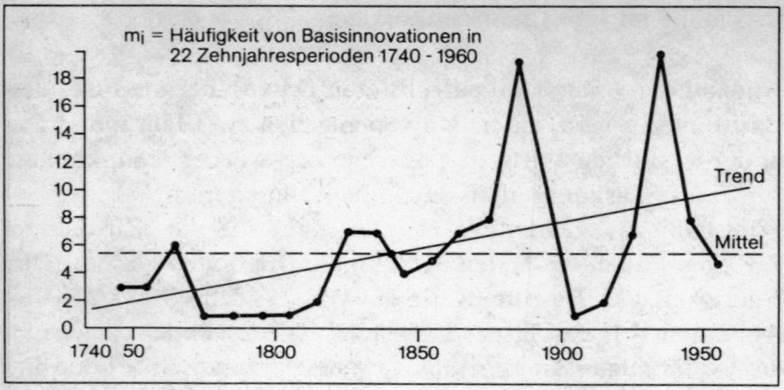

Abb. 4.1

Tabelle 4.6: Der Schwall von Basisinnovationen um 1885 in verschiedenen Quellen

Periode	Häufigkeit von Basisinnovationen in 5-Jahres-Perioden: Quelle 1	in 5-Jahres-Perioden: Quelle 2	in 10-Jahres-Perioden: Quelle 1	in 10-Jahres-Perioden: Quelle 2
1865–69	4	6	4	6
1870–74	3	5	8	10
1875–79	5	5		
1880–84	11	14	19	18
1885–89	8	4		
1890–94	4	9	10	12
1895–99	6	3		
1900–04	0	1	1	1
1905–09	1	0		
1910–14	2	3	2	3

Quelle 1: Tabelle 4.2 und 4.3 dieser Arbeit (Brache, Dorner, Mende, Stolze, Trimborn).
Quelle 2: Dipl.-Volkswirt B. Kubista, der alle bei J. A. Schumpeter (Konjunkturzyklen I und II, Göttingen 1961) erwähnten Großtaten der Technikgeschichte aufgelistet hat.

Tabelle 4.7: Der Schwall von Basisinnovationen um 1935 in verschiedenen Quellen

Periode	Häufigkeit von Basisinnovationen		
	Quelle 1	Quelle 2	Quelle 3
1900–04	0	18	–
1905–09	1	16	
1910–14	0	29	
1915–19	0	34	2
1920–24	3	29	
1925–29	3	34	4
1930–34	7	43	
1935–39	13	48	8
1940–44	5	38	
1945–49	3	23	3
1950–54	4	20	
1955–59	1	0	3

Quelle 1: Tabelle 4.4 dieser Arbeit (G. Mensch, der alle bei Jewkes, Sawers und Stillerman aufgeführten Basisinnovationen aufgelistet hat).

Quelle 2: Mischdaten (enthalten auch die Fülle der Verbesserungsinnovationen) von J. Schmookler, Invention and Economic Growth, Cambridge 1966, S. 220–222. Es ist aufgrund der Angaben von Schmookler nicht möglich, die Basisinnovationen herauszusortieren.

Quelle 3: Alle radikalen Innovationen mit einer Entwicklungsdauer von 15 und mehr Jahren in der Sammlung von E. Ulrich und M. Lahner, Analyse von Entwicklungsphasen technischer Neuerungen, Mitteilungen des Instituts für Arbeitsmarkt und Berufsforschung, Erlangen, Februar 1969.

Wir würden deshalb unsere Daten in den Tabellen 4.1 bis 4.5 für repräsentativ halten und könnten damit weiterarbeiten, wenn auch andere Forscher, die völlig unabhängig von uns gearbeitet haben, einmal viele, dann wieder wenige Basisinnovationen gefunden haben. An dieser Stelle ist auch der Hinweis am Platz, daß wir dem Phänomen der Innovationsschübe erst nach der Datenermittlung auf die Spur gekommen sind; unsere

Forschung hatte ursprünglich eine ganz andere Zwecksetzung als die Untersuchung des Diskontinuitätsverhaltens im Innovationsprozeß. Die Tatsache der Innovationsschübe war für uns eine Überraschung; eine Überraschung war dann auch die Tatsache, daß ein Vergleich unserer Innovationsdaten mit denen aus anderen Quellen der Verläßlichkeitsprüfung standhält: Auch die Fallsammlungen anderer Forscher zeigen übereinstimmend, daß um die Mitte der 1820er Jahre, um die Mitte der 1880er Jahre und um die Mitte der 1930er Jahre ungewöhnlich viele Basisinnovationen über die Bühne der Zeit gegangen sind, während in den Jahrzehnten dazwischen das Innovationsaufkommen deutlich geringer war.
Der Vergleich unserer Daten mit denen aus anderen Quellen findet sich in den Tabellen 4.6 und 4.7; aus all diesen Daten muß gefolgert werden, daß der gesamtwirtschaftliche Innovationsprozeß dazu neigt, nicht gleichmäßig an der Erschließung von industriellem Neuland zu schaffen, sondern dies, wenn er es schon einmal tut, dann schubartig zu tun.

1. Die Diskontinuitäts-Hypothese

Wir können nun der Frage nachgehen, wie das Auf und Ab im Innovationsstrom in die gesamtwirtschaftliche Dynamik paßt, die wir mit dem Metamorphosemodell (Abbildung 2.8) illustriert haben.
Das evolutorische Wechselspiel von Stagnation und Innovation läßt uns vermuten, daß die Innovationsschübe in die Zeiten fallen, in denen die Stagnationen am meisten pressieren: in die Perioden des technologischen Patt. Die Basisinnovationen setzen dieser Unbestimmtheitssituation ein Ende; das technologische Patt, die Umschaltpause des technischen Fortschritts, wird durch einen Innovationsschub überwunden, und die Wirtschaft wird um industrielles Neuland bereichert. Sie kann sich von der Krise erholen.
Anhand der Schlüsselereignisse im zweihundertjährigen Kalender der industriewirtschaftlichen Entwicklung, die das Kuz-

nets-Schema (am Anfang des Kapitels 2) bietet, sollten wir den Beginn der Depressionsperioden und den Anfang der Erholungsphasen als die Tore ansehen, durch die die Innovationsschübe gestürmt sind. Die Innovationen bewirken den Trendumschwung von Depression auf Erholung. Die Daten des Kuznets-Schemas geben deshalb die Daten für das folgende Vermutungsschema für das Auftreten von Schwärmen von Basisinnovationen:

1. vor 1787
2. nach 1814 und vor 1828
3. nach 1870 und vor 1886
4. nach 1925 und vor 1939
5. nach . . .*

Fallen die Innovationsspitzen in Abbildung 4.1 in diese Mutungsintervalle? Ja.

Die Diskontinuitätshypothese ist also sinnvoll; die güterwirtschaftlichen Neuerungen sind in ihrer Fülle zumeist in jener Zeit zustandegekommen, in der die sozialwirtschaftliche Großwetterlage des technologischen Patt dies erwarten ließ. Das Vorkommen von Innovationsschüben in den genannten Perioden ist plausibel.

Nun gibt es einen schnittigen Unterschied zwischen plausiblen Erscheinungen und wissenschaftlich erwiesenen Tatsachen, und dieser Unterschied sollte uns zur Vorsicht gemahnen. Die Diskontinuitäts-Hypothese hat weitreichende Konsequenzen. Diesen können wir nur gerecht werden, wenn die Diskontinuitäts-Hypothese nicht allein auf dem Treibsand der Plausibilität, sondern auch auf dem Betonfundament der wissenschaftlichen Überprüfung den Zerreißproben der Kritik standhält.

---

* Siehe Kapitel 7 für einen Ausblick auf den nächsten Schub von Basisinnovationen.

2. Ist hier nicht einfach nur der Zufall am Werk?

Ein schwerwiegender, wissenschaftlicher Einwand gegen die Verläßlichkeit der Diskontinuitäts-Hypothese muß erst noch abgehandelt werden, ehe wir ihr trauen dürfen. Gegen die regelmäßige Wiederkehr der Innovationsschübe könnte der Einwand erhoben werden, daß es dafür keine tiefgreifende Erklärung gäbe. Dieser Mangel an einer tiefgreifenden Erklärung wird zwar – so hoffe ich sehr – durch diese Arbeit behoben. Aber an dieser Stelle können wir nicht mit unserer Theorie operieren, die davon abhängig ist, daß die hier fragliche Diskontinuitäts-Hypothese stimmt.

Gegen die regelmäßige Wiederkehr von Innovationsschüben könnte der gleiche Einwand erhoben werden, der auch schon gegen das Modell der Kondratieff-Zyklen erhoben worden ist, zum Beispiel von Weinstock; er sieht das Zweifelhafte am Konzept der langen Wellen im Mangel an einem theoretischen Fundament, denn bisher „wurde keine plausible Erklärung für die gleichmäßige, zwangsläufige Wiederkehr langer Wellen gefunden" [6].

Schon David Hume dozierte: Aus einer Folge folgt gar nichts, es sei denn, es gäbe eine Theorie, die das Auftreten aller Elemente in der Folge erklärt. Im Sinne Humes ist der Mangel an Theorie eine Aufforderung, aus der Folgeerscheinung keine weiterreichenden Schlüsse zu ziehen, und Weinstocks Einwand, es mangle an einer Theorie für die Zyklizität, bedeutet in diesem Sinn, daß man die Ebben und Fluten im Innovationsstrom schlicht und einfach als ein Werk des Zufalls ansehen kann und muß.

Da man andererseits aber eine Theorie nie und nimmer beweisen kann, wie Karl Popper gezeigt hat, wäre natürlich auch dann ein Schatten des Zweifels übrig, wenn es eine theoretische Erklärung für die Wiederkehr der Innovationsschübe gäbe.

Deshalb müssen wir mit oder ohne eine solche Theorie mit der Tatsache leben, daß eine Spur von Zweifel immer gerechtfertigt ist, wenn eine Hypothese die beobachteten Fakten des Lebens plausibel erklärt. Allerdings möchte man wissen, wie stark der

Zweifel ist, um abschätzen zu können, auf was für eine unsichere oder sichere Sache man sich da einläßt, wenn man der Hypothese vertraut. Die Abschätzung des Fehlerrisikos, das man in Kauf nehmen muß, wenn man mit Theorien arbeiten will, ist deshalb eine Notwendigkeit, wenn man Holzwege vermeiden will.

Diese Risiko-Abschätzung nehmen wir hier vor.

Der Gegensatz zur Diskontinuitäts-Hypothese ist die Gegenbehauptung, daß es sich bei den beobachteten Innovationsschüben um ein Werk des Zufalls handelt und um sonst nichts. Diese „Null"-Hypothese kann man mit Hilfe der nichtparametrischen Statistik überprüfen, etwa mit dem Runs-Test. Das haben wir mit dem vorliegenden Datenmaterial über Basisinnovationen getan [7].

Dabei haben wir ausgerechnet, wie oft man einen Zufallsmechanismus bemühen muß, bis er einmal ein so ungewöhnliches Muster erzeugt, wie es das Auf und Ab im Innovationsstrom darstellt. Wenn der Zufallsprozeß zum Beispiel nur ein-, zwei- oder dreimal in hundert Versuchen ein so ausgefallenes Muster erzeugt, dann ist das Fehlerrisiko ein, zwei oder drei Prozent groß, wenn man der Diskontinuitäts-Hypothese vertraut. Und damit sich auch kein Fehler dadurch einschleicht, daß das Diskontinuitätsmuster durch die gewählte Zeiteinteilung „aufgeschönt" wird, so daß es den Test leichter bestehen kann, haben wir alle Muster getestet, die sich bei Einteilung in Einjahresperioden, Zweijahresperioden usw. ergeben. Die Einteilung in Zehnjahresperioden ergibt das Diskontinuitätsmuster in Abbildung 4.1. Die folgende Tabelle gibt die Wahrscheinlichkeit dafür an, daß das jeweilige Muster ein Werk des Zufalls ist (Fehlerrisiko).

Aufgrund der Ergebnisse des Tests auf Zufälligkeit der Zeitreihen der Basisinnovationen können wir nun die Gegenbehauptung zur Diskontinuitäts-Hypothese beurteilen. Die Wahrscheinlichkeit dafür, daß diese Gegenbehauptung richtig ist, liegt durchweg unter 5 Prozent, und sie schwankt von Variante zu Variante um die 2,5-Prozentmarke. Die Gegenbehauptung

Tabelle 4.8: Test auf Zufälligkeit des Diskontinuitätsmusters im Aufkommen von Basisinnovationen zwischen 1740 und 1960; Ergebnisse

Zeiteinteilung		Wahrscheinlichkeit, daß die großen Schwankungen in der Zeitreihe der Basisinnovationen ein Werk des Zufalls sind
Länge der einzelnen Teilperioden	Anzahl der Teilperioden	
1 Jahr	220	0,0179
2 Jahre	110	0,0351
3 Jahre	73	0,0091
4 Jahre	55	0,0294
5 Jahre	44	0,0344
6 Jahre	36	0,025 (–)
7 Jahre	31	0,025 (+)
8 Jahre	27	0,025 (–)
9 Jahre	24	0,025 (–)
10 Jahre	22	0,025 (+)

Folgen mit mehr als 40 Teilperioden sind „lange Folgen", bei ihnen kann man die Wahrscheinlichkeit genau berechnen. Für „kürzere Folgen" gibt es Tabellen; aus ihnen kann man ablesen, ob das „Signifikanzniveau" kleiner als 0,025 (–) ist oder größer als 0,025 (+), dabei jedoch kleiner als 0,05 ist (S. Siegel, Nonparametric Statistics for the Behavioral Sciences, New York 1956, S. 252).

kann mit einem Fehlerrisiko von rund 2,5% zurückgewiesen werden, und das bedeutet, daß sich die Diskontinuitäts-Hypothese mit hoher Signifikanz bewährt hat.
Das ziemlich regelmäßige Auf und Ab im Innovationsfluß muß deshalb als eine gesicherte empirische Tatsache angesehen werden; hierbei ist der Zufall nur unter „ferner liefen" dabei; vielmehr wird die Diskontinuität von Menschen gemacht, oder besser: durch Unterlassungen verursacht.

Auf wessen Unterlassungssünden geht der Mangel an Innovationen zurück, der die Weltwirtschaft in das technologische Patt abgleiten läßt? Wer außer der Wirtschaftsführung kann denn überhaupt versagt haben?

D. Zusammenfassung

Die populäre Meinung, daß der technische Fortschritt in moderner Zeit stetig vonstatten geht (Kontinuitäts-Hypothese), ist mit den realen Fakten nicht in Einklang. Nach dieser Ansicht müßte ein ständiger Strom von Innovationen die Stagnationskräfte in der Wirtschaft ständig in Schach halten. Diese Kontinuitäts-Hypothese ist allein schon durch die Krisenerscheinungen der vergangenen Jahre widerlegt.
Hingegen behauptet die Diskontinuitäts-Hypothese einen dramatischen Wechsel zwischen Innovationsfülle und Innovationsmangel. Die sich wandelnden Gezeiten, Innovationsfluten und -ebben, erklären den Wirtschaftswandel, nämlich Wachstums- und Stagnationsphasen.
Die Diskontinuitäts-Hypothese wurde mit statistischen Methoden überprüft. Sie ist hochgradig verläßlich und gilt für die lange Vergangenheit. Der Mangel an Innovationen verursacht jeweils den Eintritt ins technologische Patt. Und Innovationsschübe haben am Ende das Patt überwunden. Das letzte Mal in den dreißiger Jahren, im Auslauf der Wirtschaftskrise.

E. Materialien-Anhang

MATERIALIEN ZU TABELLE 4.1:

Basisinnovationen in der ersten Hälfte des 19. Jahrhunderts und die dazugehörigen

Basisinventionen und Verbesserungen des Wissensstandes

Starkstromerzeuger

1820 Oerstedt: Elektromagnetismus
1820 Ampère: Feldstärke
1831 Faraday: Induktionsgesetze
1832 Faraday: Wechselstromgenerator
1849 Nollet: Alliance-Maschine

Zeitstrominduktor

1831 Faraday: Induktionsgesetze
1846 du Bois-Reymond/Halske: Gerät zur elektromedizinischen Therapie

Tiefseekabel

1847 Siemens: Guttaperchapresse für Kabelisolation
1866 Field: G-Tiefseekabel Europa-USA

Herstellung von Elektrizität

1708 Hawksbee: unterscheidet Leiter und Nichtleiter
1733 Du Fay findet zwei Arten von Elektrizität
1745 Kleistsche Flasche (Kondensator)
1752 Franklin: Blitzableiter
1777 Lichtenberg: positiv-negativ
1785 Coulombsches Gesetz
1786 Galvani: Froschschenkelversuch
1799 Ritter arbeitet über Elektrolyse
1800 Volta: Säule zur Stromerzeugung

Isolierte Stromleitung

1744 Winkler: Erkenntnis, daß isoliert aufgehängte Leitung mit Erde als Rückleiter Fortpflanzung der Elektrizität bis an die Grenzen der Welt erlaubt

1820 Schweigger: erste Drahtisolation

Bogenlampe

1810 Davy: Lichtbogen zwischen Kohlestiften

1844 Foucault: Selbstregulierende Bogenlampe

Pedalrad

1818 Drais de Sauerborn: Draisine

1839 Mannilau: fügt Pedale an

Gewalzte Eisenbahnschienen

1773 Rasselstein: erstes deutsches Blechwalzwerk

1835 Rasselstein: Walzen von Schienen

Gewalzter Draht

1773 Rasselstein: erstes deutsches Blechwalzwerk

1820 Rasselstein: Walzen von Draht

Puddelofen

1783 Cort: Erfindung des Puddelverfahrens

1824 Rasselstein: erster deutscher Puddelofen

Kokshochofen

1713 Darby: Anwendung von Koks in der Eisenhütte

1796 Reden: baut ersten Kokshochofen in Gleiwitz

Tiegelgußstahl

1740 Huntsmann: Gußstahl im Tiegel

1804 Fischer: erster Tiegelstahl in Deutschland

1811 Krupp: Tiegelgußstahl

Erste deutsche Eisenbahnstrecke

1835 Nürnberg–Fürth

Lokomotiven im Bahnbetrieb

1769 Watt: Niederdruckmaschine
1770 Cugnot: Dampf-Geschützwagen
1790 Read: Dampf-Straßenwagen
1800 Watts Dampfmaschinen-Patent erlischt
1801 Trevithick beginnt Arbeit an Loks
1804 Evans: Straßenlok
1811 Blenkinskop: erste Zahnradlok
1813 Hadley: Schienenlok
1814 Stephenson beginnt Arbeit
1824 Stephenson baut erste Lokfabrik
1825 Stephenson baut und eröffnet Stockton-Darlington-Bahn

Telegraphie

1793 Chappes: führt visuelle Telegraphie ein, Strecke Paris-Lille
1833 Gauß/Weber: erster elektrischer Telegraph

Zollverein

1834

Bleikammerverfahren

1740 Ward: Herstellung von Schwefelsäure aus Schwefel, Luft, Wasser, Salpeter
1746 Roebuck erfindet Bleikammer für die Schwefelsäuregewinnung
1819 Erstes Bleikammerverfahren in Deutschland

Pharma-Fabrikation

1771 Erste Pillenmaschine
1827 Erste Pharma-Fabriken: Riedel (Berlin) und Merck (Darmstadt)

Chininfabrikation

1790 Hofmann: Isoliert Chinasäure aus Chinarinde
1820 Pelletier/Ceventau: Isolierung von Chinin und Bau einer Chininfabrik

Hartkautschuk

1832 Lüdersdorf: entdeckt das Vulkanisieren
1839 Goodyear: Heißvulkanisieren
1852 Goodyear: Herstellung von Hartkautschuk

Portlandzement

1756 Smeaton: Zementherstellung
1824 Aspdin: Portlandzement

Kaliumchlorat

1777 Higgins: Herstellung von Kaliumchlorat
1831 Serulla: Technische Gewinnung

Photographie

1727 Schulze: stellt Schwarzbilder her durch Sonnenlicht auf Silberchlorid
1838 Daguerre: Photographie auf jodierten Silberplatten

MATERIALIEN ZU TABELLE 4.2:

Basisinnovationen in der Elektroindustrie und verwandte Branchen, 2. Hälfte des 19. Jahrhunderts, und die dazugehörigen *Basisinventionen* und Verbesserungen des Wissensstandes

Elektrodynamische Meßgeräte

1745 Kleistsche Flasche (Kondensator)
1780 Volta verwendet sie zum Messen
1820 Galvanometer
1826 Ohmsche Gesetze

1838 Poggendorfs Kompensationsverfahren
1843 Meßbrücke von Wheatstone
1846 Meßwerte von Weber

Bleiplatten-Akkumulator

1780 Voltas Experimente mit der Kleistschen Flasche, Kondensation
1800 Volta baut die Säule zur Stromerzeugung
1802 Ritters Ladungssäule ist der Vorläufer des Akkumulators
1839 Konstante Elemente: Daniell
1841 Konstante Elemente: Bunsen
1854 Erfindung des Bleiplatten-Akku durch Sinsteden
1859 Planté: Bau des verwendbaren Bleiplatten-Akku

Doppelankerdynamo

1820 Oersted entdeckt Elektromagnetismus
1820 Schweigger erfindet Multiplikator und wendet als erster isolierten Draht an
1831 Faraday: Gesetze der Induktion
1832 Der Unbekannte P. M. schlägt einen Stromerzeuger mit rotierender Bewegung vor
1832 Pixii baut ersten rotierenden Wechselstromerzeuger
1849 Lenz erklärt die Vorgänge bei der Stromerzeugung
1856 Siemens konstruiert: Doppel-T-Anker
1866 Siemens entdeckt das elektrodynamische Prinzip
1867 Ladd baut Doppelankerdynamo

Kommutator

1833 Ritchie gibt den Kommutator an
1869 Gramme: Schöpfer des technischen Kommutators

Trommelankermotoren

1785 Drehwaagen – Experimente (Coulomb)
1820 Oersted: Elektromagnetismus
1825 Sturgeon erfindet Elektromagnet mit Eisenkern

1831 Faradaysche Scheibe, die Urform der Unipolarmaschinen
1832 Erste Wechselpol-Wechselstrommaschine mit linearer Bewegung (Dal Negro)
1832 Der Unbekannte P. M. schlägt einen Stromerzeuger mit rotierender Bewegung vor
1832 Pixii baut ihn als Wechselstromerzeuger
1833 Umkehrbarkeit von Motor und Generator (Lenz)
1837 Weber baut Rotationsinduktor
1856 Siemens erfindet Doppel-T-Anker
1860 Pacinotte erste Ringankermaschine
1861 Hinzufügen von Selbsterreger: Sinsteden
1864 Hinzufügen von Selbsterreger: Tisley
1866 Hinzufügen von Selbsterreger: Murray
1866 Siemens: Dynamoelektrisches Prinzip
1871 Kommerzielle Motoren mit Ringanker (Gramme)
1872 Hefner-Alteneck erfindet Trommelanker, der den Ringanker ersetzt

Bogenlampe

1802 Curtet beobachtet Lichtbogen
1810 Davy erzeugt einen Lichtbogen zwischen Kohlestiften mit 2000 Elementen
1844 Foucault konstruiert selbstregulierende Bogenlampe (verwendet für Leuchtfeuer)
1855 Holmes weist nach, daß sich Bogenlampen mit Wechselstrom speisen lassen
1873 Hefner-Alteneck bringt die Differentialbogenlampe heraus

Glühlampe

1800 Wärmewirkung des elektrischen Stroms (Foucroy)
1840 Grove: Experimente
1859 Goebel: 1. Glühlampe mit Kohlefaden
1876 Jablochkoff: elektrische Kerzen
1878 Damit erste Beleuchtung (Berlin)

1878 Sawyer, Man, Swan, Edison entwickeln brauchbare Kohlenfadenglühlampen
1879 Patent an Edison

Elektro-Lokomotive

1841 Der deutsche Bundestag setzt einen Preis von 100000 Gulden aus für eine brauchbare E-Lok
Keiner der zahlreichen Versuche hat ein praktisches Ergebnis. Erst
1879 W. Siemens

Elektro-Wärme

1859 Simpson, ältestes Patent
1882 Erstes dt. Patent; auf der Münchener elektrotechnischen Ausstellung werden die ersten Geräte gezeigt

Kabelkonstruktion

1820 Schweigger erfindet isolierten Draht
1839 Vulkanisieren (Goodyear)
1847 Guttapercha (Siemens)
1882 Luft als Dielektrikum zur Verringerung der Kapazität; Kordel trägt Isolierhülle (Dolbear)

Telefon

1854 Bourseul gibt konstruktive Grundzüge an
1861 Reis baut den ersten Apparat zur Übertragung von Sprache und Musik
1876 Bell/Gray erfinden ihn nochmals unabhängig
1877 viele Verbesserungen (Siemens, Edison, Lüdtge, Hughes)
1877 Die Deutsche Reichspost beginnt mit Versuchen
1881 Erstes Vermittlungsamt in Berlin eröffnet

Dampfturbinen

1842 Mayer: Erster Hauptsatz der Thermodynamik
1847 Helmholtz: Prinzip von der Erhaltung der Energie

1881 Erste unmittelbare Kuppelung von Dampfmaschine und Stromerzeuger (Siemens)
1884 Das erste Dt. Elektrizitätswerk (Berlin)

Wasserturbinen

1824 Kreisprozeß (N. L. S. Carnot)
1827 Fourneyrons Maschine
1849 Radialturbine (Francis)
1880 Freistrahlturbine (Pelton)

Transformatoren

1831 Prinzip (Faraday)
1885 Wechselstromtransformator (Starkstromumspanner) (Déri/Blathy, Zipernowsky)

Widerstandsschweißen

1841 Joule: Gesetz über die Erwärmung eines Leiters bei Stromdurchgang
1886 W-Verfahren (Thomson)

Lichtbogenschweißen

1849 Schmelzen von Materialien mit Lichtbogen (De Brie)
1885 Idee: Bernardos
1898 Patentierung (Slawianoff/Bernardos/Obzewski)

Induktions-Schmelzen

1860 Entdeckung (Foucault), daß Wirbelströme den Leiter erwärmen
1891 Erster Ofen mit ringförmigem Herd (Kjellin)

Zähler

1844 Weber propagiert das Messen und entwickelt Apparate
1879 Edisons Elektrolytzähler
1888 Blathy baut brauchbaren Wechselstromzähler

Elektrische Eisenbahn

1879 E-Lok (Siemens)
1895 Miller (Meckenbeuren-Tettnang), Baltimore & Ohio Railway; erste Vollbahnen in Deutschland und USA

Entdämpfung von Fernsprechleitungen

1893 Heaviside erkennt, daß die Übertragungseigenschaften durch Einschalten von Induktionsspulen verbessert werden
1898 Pupin berechnet optimalen Abstand
1900 Pupin-Spulen
1910 Als erstes pupinisiert: Rheinlandkabel

Hochspannungsisolatoren

1897 Delta-Glocke erfunden; von Schwachstromisolatoren grundsätzlich verschieden
1907 Hewlett erfindet die Isolatoren-Hänge-Ketten, die den Bau von Höchstspannungsleitungen ermöglichen
1910 Die Kappenisolatoren setzen sich in der Praxis durch

Benzinmotor mit elektrischer Zündung

1860 Lenoir erfindet Gas-Luft-Verbrennungsmaschine
1862 Rochas beschreibt Viertakt
1863 Patent an Otto für Gasmaschine
1876 Otto: erster Viertaktmotor
1884 Otto entwickelt magnetelektrische Zündung
1884 Benz baut Zweitaktmotor
1886 Daimler und Maybach: erster Motorwagen

MATERIALIEN ZU TABELLE 4.3:

Basisinnovationen in der chemischen Industrie und verwandten Branchen, 2. Hälfte des 19. Jhdt., und die dazugehörigen

Basisinventionen und Verbesserungen des Wissensstandes

Soda-Industrie

1791 Leblanc: Verfahren zur Herstellung von Soda aus Kochsalz, Kohle, Kreide, Schwefelsäure
1843 Schönebeck: erste deutsche Sodafabrik (Leblanc-Verfahren)
1861 Solvay: Verfahren zur Sodaherstellung aus Steinsalz und Ammoniumhydrogenkarbonat

Aluminium

1827 Wöhler: Herstellung von Alu aus Aluminiumchlorid und Kalium
1849 Depretz: erster Flammenofen mit Tiegelelektroden
1854 Bunsen: elektrolytische Gewinnung von Alu
1854 Deville: Herstellung von Alu aus Kryolith u. Natrium
1886 Hall: Kryolith als Flußmittel bei Alu-Elektrolyse
1887 Héroult: Kathodenofen in Alu-Elektrolyse

Kältetechnik

1873 van der Waals: Zustandsgleichung der Gase
1893 Dewar: erfindet doppelwandiges Gefäß für flüssige Gase
1895 Linde: Gasverflüssigungsmaschine

Kunstseide

1857 Schweizer: Lösung und Scheidung von Zellstoff
1874 Mitcherlich: Zellstoffgewinnung mittels Kalziumhydrosulfit
1881 Franchimont: Herstellung v. Kunstseide aus Zelluloseazetat

1884 Chardonnet: Herstellung v. Kunstseide aus Naturzellulose
1890 Fabrikmäßige Herstellung v. Nitrozellulosekunstseide
1890 Despaissis: Erfindung der Kupferkunstseide
1898 Fremery/Urban/Bronnert: Herstellung der Kupferkunstseide

Heiz-Gas

1780 Fontana: Entdeckung von Wassergas (Dampf über glühender Kohle)
1802 Leuchtgasgewinnung in Soho
1811 Lampadius: erste Leuchtgasfabrik in Halsbrücke
1839 Herschel: Generatorgasfeuerung
1850 Bunsen: erfindet Gasbrenner
1875 Löwe: Wassergas wird Heizgas in der Technik

Acetylen-Schweißen

1862 Wöhler: Herstellung von Acetylen aus Kalziumkarbid und Wasser
1892 Wilson: Acetylenbrenner zum Schweißen

Dynamit

1844 Sobrero: Herstellung von Nitroglyzerin
1845 Schönbein: Schießbaumwolle
1863 Nobel: Knallquecksilber als Initialzünder
1867 Nobel: Dynamitproduktion

Kunstdünger

1840 Liebig: Bedeutung der Düngung erkannt
1841 Liebig: Herstellung von Superphosphat
1885 Scheibler: verwendet Thomasschlacke zur Düngung

Konservierungsmittel

1839 Löwig/Weidmann: Gewinnung der Salizylsäure
1873 Kolbe: Anwendung in Konservenindustrie

Elektrolyse

1789 Deimann: Beobachtung der Elektrolyse
1799 Ritter: Arbeiten zur Elektrolyse
1833 Faraday: Grundgesetze der Elektrolyse
1851 Bunsen: Herstellung v. Magnesium durch Elektrolyse
1854 Bunsen: Herstellung v. Aluminium und Mangan
1887 Hérault: Kathodenofen zur elektrolytischen Aluminiumherstellung industriell genutzt

Antitoxine

1877 Koch: Grundlagen der Bakteriologie durch Übertragung des Milzbranderregers; daraufhin werden identifiziert:
1879 Neißer: Erreger der Gonorrhöe
1880 Hansen: Erreger der Lepra
Eberth: Erreger des Typhus
(1881 Soxleth: Sterilisierung der Milch)
1882 Koch: Erreger der Tuberkulose
1884 Koch: Erreger der Cholera
Löffler: Erreger der Diphtheritis
1890 Behring: stellt Diphtherie-Antitoxin erstmals her
Koch: Tuberkulin
1894 Behring: Diphtherie-Serum

Narkosemittel (Chloroform)

1831 Liebig: Darstellung von Chloroform
1844 Wells: Lachgas (Stickstoffoxyd) wird Narkotikum
1847 v. Simpson: Chloroform wird Narkosemittel
1866 Richardson: Äthylchlorid zur lokalen Betäubung
1884 Schering-Werke: Elektrolytische Gewinnung von Chloroform

Barbiturate (Veronal)

1863 Baeyer: Darstellung von Barbitursäure
1882 Conrad/Guthzeit: Herstellung von Diaethylbarbitursäure (Veronal)

Synthetische Schmerzmittel (Antipyrin)

1828 Wöhler: Synthese organischer Substanzen (Harnstoff)
1883 Knorr (Hoechst): Antipyrin

Aspirin

1853 Gerhardt: Herstellung der Azetylsalizylsäure
1898 Dreser: empfiehlt sie als Heilmittel (Aspirin/Baeyer)

Backpulver

1764 Macbride: Kohlensäure bei der Gärung
1856 Horsford: Backpulver aus Dinatriumphosphat und Natriumhydrokarbonat

Gipsverband

1750 Marggraf erkennt Bestandteile des Gips
1852 Verwendung von Gipsverbänden

Schwefelsäurefabrikation

1819 Erstes Bleikammerverfahren in Deutschland (Ringkuhl b. Kand)
1827 Gay-Lussac: Absorptionsturm im Bleikammerverfahren erfunden
1861 Glover: Absorptionsturm im Bleikammerverfahren industriell angewandt
1875 Winkler: Schwefelsäure-Kontaktverfahren

Synthetische Alkaloide (Kokain)

1844 Gerhardt: das System der pflanzlichen Wirkstoffe
1855 Gaedecke: Isolierung von unreinem Kokain
1859 Niemann: Gewinnung von Kokain aus Coca-Pflanze
1884 Koller: verwendet Kokain zur örtlichen Betäubung
1885 Merck-Werke: Herstellung von Kokain

Anilin-Farben

1771 Woulfe: Versuche mit Indigo (ergibt Pikrinsäure)

1826 Unverdorben: Entdeckt Anilin (Gewinnung aus Indigo)
1834 Runge: erster Teerfarbstoff gefunden
1837 Runge: Herstellung eines schwarzen Farbstoffs aus Anilin und Chlorkalk
1841 Zinin: Herstellung von Anilin aus Nitrobenzol
1843 Hofmann: Erklärung des Anilins
1856 Perkin: Darstellung des Anilinviolett
1858 Hofmann/Vergen: Synthese des Fuchsins
1860 Öhler: erste dt. Anilinfabrik in Offenbach
1860 F. Bayer: Fuchsinfabrik in Elberfeld
1862 Höchster Farbwerke gegründet
1864 Martins + Grieß: Anilingelb = erster Azofarbstoff
1865 BASF gegründet

Indigo

1880 Baeyer: Konstitutionsermittlung & Synthese von Indigo
1882 Baeyer: Synthese von Indigoblau
1897 BASF: Techn. Durchführung der Indigofabrikation

Thomas-Stahl

1855 Bessemer: Erfindung der Bessemerbirne
1866 Bessemer: Generelle Anwendung der Bessemerbirne
1878 Thomas: basisches Futter zur Verarbeitung phosphathaltiger Erze bringt industriellen Durchbruch

Sicherheitszündhölzer

1805 Chancel: Herstellung der Tauchzündhölzer (Kaliumchlorat, Schwefel, Schwefelsäure)
1845 v. Schrötter: Beschreibung des roten Phosphor
1848 Böttger: Zündhölzer mit rotem Phosphor
1866 Lindström: Sicherheitszündhölzer (roter Phosphor nur noch auf der Streichfläche)

Speisefett

1811 Chevreul: erkennt Zusammensetzung der Fette
1882 Jeserich/Meinert: Herstellung von Kunstbutter und Palmin

Synthetische Alkaloide (Chinolin)

1834 Runge: entdeckt Lenkol
1842 Gerhardt: gewinnt Chinolein aus Cinchonin und Ätzkali
1843 Hofmann: Lenkol = Chinolein = Chinolin
1880 Skraup: Synthese des Chinolin

Jodoform (Septikum)

1822 Sérulla: Herstellung aus Kalium und Jodlösung
1880 Mosettig: Verwendung als Heilmittel

Edelstähle

1771 Rose: Arbeiten über Metallegierungen
1856 Musket: Verbesserung des Werkzeugstahls durch Zusatz von Wolfram, Titan und Molybdän

Kapitel 5

Zur Schuldfrage: Innovationsmangel, ein Mangel an wissenschaftlicher Kreativität?

Die Leere des Daseins
ist in Wirklichkeit eine Leere der Köpfe

THEODOR GEIGER

Kann die Wirtschaftsführung den Vorwurf, Basisinnovationen verbummelt zu haben, auf die Wissenschaft abwälzen? „Wo der Baum der Erkenntnis steht, ist immer das Paradies": so reden die ältesten und die jüngsten Schlangen, sagt Nietzsche in Jenseits von Gut und Böse (Aphorismus 152). Kann man aber die Erbschuld, vom Baum der Erkenntnis gegessen zu haben, so weit ausdehnen, daß man denen, die in unserer Gesellschaft das wissenschaftliche Erkennen berufsmäßig betreiben, auch die Schuld gibt an den Ebben im Innovationsaufkommen?

Kann insbesondere die Wirtschaftsführung, die für genügend Beschäftigungsmöglichkeiten sorgen sollte, in der Trift der Stagnation aber, wie wir im vorangegangenen Kapitel gesehen haben, nicht genügend Basisinnovationen durchführt, um die freigesetzten Arbeitskräfte an anderen Stellen unterzubringen, kann sich die Wirtschaftsführung also damit herausreden, daß die Wissenschaftler nicht genügend Innovationsideen produzieren? Stimmt etwa die Klage der Topmanager in den von der Stagnation eingeklemmten Konzernen: „Wir bekommen keine machbaren Ideen"? Und der Zwischenruf des Studenten: „Ad rem, Herr Professor!" – geißelt er wirklich den Mangel an Praxisrelevanz der Theorien und einen Mangel an Ideenversorgung in Zeiten der Stagnation?

In diesem Kapitel behandeln wir die Frage, wer für die Mängel in der Innovationsvorsorge schuldig zu sprechen ist, und zwar untersuchen wir die mögliche Einrede der angeschuldigten

Wirtschaftsführung, daß nicht sie, sondern die Wissenschaftler durch zeitweisen Mangel an Kreativität eine Lücke in die Versorgung mit machbaren Innovationsideen gerissen haben. Könnte dieser Vorwurf zu Recht erhoben werden, so müßte das Entstehen des technologischen Patt und die Krisenneigung letztlich den Wissenschaftlern angelastet bzw. dem Wissenschaftsapparat aufgebürdet werden.

Im vorangegangenen Kapitel haben wir die Ebben und Fluten im Innovationsprozeß beschrieben und gegen den denkbaren Einwand der Zufälligkeit abgesichert. Dabei haben die empirischen Befunde, jedenfalls für die überschaubare Vergangenheit, ergeben: Eine geballte Durchsetzung von technologischen Basisinnovationen ist immer erst in Gang gekommen, nachdem die Wirtschaft in eine tiefgreifende internationale Wirtschaftskrise geraten war und Jahre der Depression durchschritten hatte. Das Bild der Zeitreihe der Basisinnovationen sieht aus, als habe es einen Rückstau der Innovationstätigkeit bis zum Eintritt der Wirtschaftskrisen und ein Losbrechen danach gegeben. Dieses Bild läßt nur den einen Schluß zu: Der Marktmechanismus hat es seit der Industriellen Revolution nicht fertiggebracht, wenn immer die Wirtschaft in den Griff der Stagnation in den jeweiligen Leitindustrien geriet und ins technologische Patt hineintrieb, beizeiten Kapital und Arbeit aus den stagnierenden Industriebereichen abzuziehen und in neue Technologien umzulenken. Jedenfalls ist die Umlenkung nicht in dem Umfang erfolgt, der nötig gewesen wäre, um den Stagnationstrend in den traditionellen Bereichen auszugleichen. Vielmehr hat die Wirtschaft noch stets den Becher der Stagnation bis zur Neige geleert, wenn er sich ihr bot, und zwar wiederholt im Abstand von etwa 50 Jahren. Und sie hat dabei unfreiwillig einen Großteil des Kapitals und der Arbeit freigesetzt. Kapital, das nicht in Sachanlagen festliegt, und Arbeitslosigkeit waren stets die Rahmenbedingungen für das Zustandekommen der meisten Basisinnovationen, wenn sie schließlich und endlich doch das Licht der Welt erblickten und einen Kurswechsel ermöglichten. Die Schwärme von Basisinnovationen traten in der Vergangenheit immer zeitgleich mit Depressionen und nach Weltwirtschaftskrisen auf. Sie setzten dem technologischen Patt ein Ende und ermöglichten dem vagabundierenden Kapital neue Sachanlagen, und den Arbeitslosen gaben sie neue, neuartige Arbeitsplätze.

Basisinnovationen technischer und nicht-technischer Art sind unabdingbare Voraussetzung für einen Trendwechsel in Richtung Auftrieb. Der Auftrieb setzt Ordnung, Ordnung setzt Organisation, und Organisation setzt Energiezufluß voraus. Der Auftrieb muß geleistet werden. Das ist das Geheimnis hinter den sogenannten Selbstheilungskräften der Wirtschaft. Ohne Innovationen bringen die Kräfte der Stagnation das Wachstum auf Null oder gar darunter. Ohne Innovationen sackt die Wirtschaft in Wirtschaftskrisen ab.

Deshalb ist es wichtig zu wissen, an welchen Widerständen die Innovationsideen zeitweilig scheiterten. Ich behaupte, daß die Verzögerung der Basisinnovationen, die im technologischen Patt so schlimme Folgen hat, auf eine Fehlsteuerung des Wissenstransfers durch den Marktmechanismus zurückgeht. Ist die Krisenhaftigkeit der Marktwirtschaft aber ein Steuerfehler, dann gibt es gewiß auch Abhilfen.

Der Schuldvorwurf an die kapitalistische Wirtschaft ist weder neu noch links. Zwar führte zuerst Karl Marx die Krisenneigung der gewinnorientierten Wirtschaft auf einen Widerspruch zwischen den verkrusteten, nur noch wenig abwerfenden Produktionsverhältnissen und den verhinderten, aber vielversprechenden Produktivkräften zurück, also auf Reibungsverluste im System. Aber auch die liberale Literatur übersieht nicht den Webfehler in der kapitalistischen Wirtschaftsform, der darin besteht, daß das Erwerbsstreben als Leistungsantrieb kurzfristig, kurzsichtig wirkt, so daß langfristige, weitsichtige Vorkehrungen vernachlässigt werden oder ganz unterbleiben [8]. Auch „rechte“ Kritiker der Gewinnsucht bemängeln die Verwechslung von Voraussicht und Vorsicht, beklagen die Wechselwirkung von Sinnentleerung und Entsinnlichung im modernen Kapitalismus. Dieser Widerspruch der marktwirtschaftlichen Ordnung ist also weder ein Geheimnis noch ein verborgenes Gebrechen, mit dem sich gut leben ließe, wenn man es nur geschickt mit dem

Mantel der Vergessenheit umhüllt. Die Systemschwäche verlangt nach Abhilfe; einmal deshalb, weil damit die wiederkehrende Gefahr von Weltwirtschaftskrisen verbunden ist, zum anderen deshalb, weil es töricht wäre, die Milchkuh wegen Verdauungsstörungen sterben zu lassen.

Ist es wirklich notwendig, daß die stagnierende Wirtschaft erst durch eine Strukturkrise geht, bevor sie Basisinnovationen in größerer Zahl zuwege bringt? Nein. Es ist immerhin denkbar, daß die neuen Beschäftigungsarten auch ohne zeitweiligen Kollaps vieler der alten Beschäftigungsverhältnisse ins wirtschaftliche Leben getreten wären. Dann wären die beobachteten Krisen letztlich – wie es der Pigou-Effekt besagt – eine tragische, aber unnötige Übertreibung der ausgleichenden Anpassung.

Für das Abrutschen in die Krise genügen Versäumnisse. Versäumnisse lassen Unordnung einreißen, Unordnung ist Mangel an Organisation, und Desorganisation setzt Energie frei. Der Zusammenbruch nährt sich selbst. Er muß nicht geleistet werden. Das ist eine Konsequenz aus dem Entropiegesetz der Wirtschaft (Georgescu-Roegen).

Geleistet werden muß allerdings die Verhinderung des Abrutschens der Wirtschaft in die Krise, wenn sie in den Griff des Stagnationsgesetzes gerät und sich im technologischen Patt verfängt.

Versäumnisse genügen für einen Trendeinbruch in Richtung Unordnung und Krise. Es kann also sein, daß die großen Wirtschaftskrisen der Vergangenheit auf Versäumnisse der Wirtschaftsführung zurückgehen, nämlich auf die Versäumnisse, dem Gesetz der abnehmenden Investitionschance früh genug durch Basisinnovationen zu begegnen.

Wenn man einer Teilgruppe Versäumnisse anlastet, dann wird sie versuchen, die Schuld einer anderen Gruppe zuzuschieben. Immerhin ist es ja auch denkbar, daß Innovationsmöglichkeiten zur kritischen Zeit gar nicht vorhanden waren, weil der Forschungsapparat keine Innovationsprojekte produzierte. Diese Möglichkeit interessiert uns hier zunächst. Wir fragen also, ob die mageren Jahre im Innovationsaufkommen einfach das Echo sind auf etwa vorausgegangene magere Jahre im naturwissenschaftlichen Erkenntnisprozeß. Das setzt eine direkte Koppelung von Invention und Innovation voraus und kann als lineares Modell des Wissenstransfers bezeichnet werden.

A. Der Echo-Effekt im Wissenstransfer als Einrede der Wirtschaftsführung

Wir prüfen im Folgenden die Hypothese des Echo-Effekts, nämlich, ob einerseits Ebbe im naturwissenschaftlichen Erkenntnisprozeß sich fortwälzte und später, möglicherweise mehrere Jahrzehnte später, im technologischen Patt zu einem akuten Mangel an Innovationsprojekten führte, und ob andererseits Flut im naturwissenschaftlichen Erkenntnisprozeß als Fernwirkung ein hohes Innovationsaufkommen nach sich zog.
Dieses Modell vom Wissenstransfer ist ein lineares Modell. Es beruht auf der gewiß sehr einfachen Vorstellung, daß die Bewegungen im Erkenntnisstrom nach einiger Zeit – nach einer in etwa konstanten Zeitspanne – als ähnliche Bewegungen vom Innovationsstrom nachvollzogen werden. Eine einfache Konzeption läßt aber, wenn sie den Sachverhalt trifft, schärfere Urteile zu:
Sollte sich der Echo-Effekt im Wissenstransfer als existent erweisen, dann würden einerseits die Wirtschaftsführer vom möglichen Vorwurf befreit, den Anfängen der Krise fahrlässig nicht vorgebeugt zu haben. Und der Vorwurf der Böswilligkeit wäre gegenstandslos, der durch die soziologische und politologische Literatur zur Innovationsforschung weht, nämlich, daß die jeweiligen Machteliten die ihnen schadenden Innovationsvorhaben zum Scheitern bringen, dabei den Status quo gegen den Zug der Zeit zementieren und deshalb ein Ungleichgewicht erst heraufbeschwören [9]. Dieses würde sich später schlagartig als Krise entladen, so wie ein Erdbeben die tektonischen Spannungen löst, wobei die Gewalt der Entladung proportional ist der Größe des Staus und umgekehrt proportional ist der Dauer des Verzugs der Anpassung.

Der Vorwurf, die Krise verursacht zu haben, würde hingegen den Wissenschaftsbetrieb, also die Wissenschaftler und die „deans of the invisible colleges" treffen, wenn der Echo-Effekt anhand der historischen Tatsachen stimmig nachgewiesen werden könnte.
Wir können also im Rahmen eines linearen Modells vom Wissenstransfer prüfen, und zwar durch Nachweis oder Zurückweisung des Echo-Effekts, welcher elitären Gruppe die Schuld für die Wirtschaftskrisen *nicht* angelastet werden kann.

B. Schübe im Erkenntnisprozeß

Existiert überhaupt ein Echo-Effekt im Wissenstransfer? Lassen sich die Flauten und Schübe im Innovationsprozeß einfach auf Flauten und Schübe im naturwissenschaftlichen Erkenntnisprozeß zurückführen? Gibt es überhaupt Erkenntnisschübe? Um diese Fragen zu operationalisieren, liegt es nahe, das Konzept des Dualismus von Geist und Körper zu verwenden. Innerhalb dieser zweigeteilten Welt könnte der Wissenstransfer als Übergang von Theorie zur Praxis verstanden werden*. Der naturwissenschaftliche Erkenntnisprozeß wäre dann der Lernprozeß im Bereich der naturwissenschaftlichen Theorien, und der Innovationsprozeß wäre dann der Prozeß der Anwendung der theoretischen Erkenntnisse in der physischen Lebenswelt. „Des Menschen Industrien sind Produkte seiner Kultur" [11].
Wenn wir den Erkenntnisprozeß beschreiben wollen, insbesondere, wenn wir Art und Anzahl theoretischer Erkenntnisse pro Zeiteinheit erfassen wollen, um einen Vergleich mit dem Innovationsaufkommen anzustellen, dann empfiehlt sich wiederum eine Beschränkung auf die naturwissenschaftlichen Errungenschaften. Wenn auch bei dieser Beschränkung sehr wesentliche geistes- und gesellschaftswissenschaftliche Erkenntnisse nicht außer acht bleiben.

---

* Ohne daß ein Widerspruch entstünde mit dem Modell der dreigeteilten Welt der Platoniker [10].

Nicht erfaßt – jedenfalls nicht direkt erfaßt – werden auch die Vorgänge auf der „archäologischen" Schicht im Wissensstock. Darunter versteht Michel Foucault „die Schicht außerhalb der Bewußtseinsebene des Wissenschaftlers, die nichtsdestoweniger Bestandteil seines wissenschaftlichen Vorgehens ist . . . Was etwa die Naturgeschichte, die Kameralistik und selbst die Grammatik in der Periode der Aufklärung an Wissenselementen gemeinsam hatten, war den Wissenschaftlern gewiß nicht bewußt . . . Jedoch wendeten die Naturalisten, Kameralisten und Philologen, ohne es selbst zu merken, dieselben Regeln an zur Definition ihrer jeweiligen Forschungsgegenstände, zur Formulierung ihrer Konzepte und zur Errichtung ihrer Theoriengebäude" [12].

Auf der „archäologischen Ebene" sind die Weichenstellungen vorprogrammiert, die den naturwissenschaftlichen Erkenntnisprozeß auf der epistemologischen Ebene kanalisieren, also: ihn in bestimmten Sprachbildern und wissenschaftlichen Sätzen Gestalt annehmen läßt.

Wenn wir hier unsere Beobachtungen auf die naturwissenschaftlichen Erkenntnisse beschränken, dann haben wir auch die außerhalb der Naturwissenschaften stattgefundenen Erkenntnisse, die im feedback wiederum den Erkenntnisprozeß selbst tradieren, auf indirekte Weise erfaßt. Denn naturwissenschaftliche und humanwissenschaftliche Erkenntnisse stehen in enger Wechselwirkung zueinander:

„Immer wieder orientiert sich die Historie nach den schöpferischen Geistern, nach denen, die die Welt anders hinterließen, als sie sie vorgefunden haben", schreibt Heinz Ohff in seinem Nachruf auf Picasso. So wie technische Basisinnovationen von einer Fülle nicht-technischer Veränderungen der Praxis begleitet werden, so sind auch naturwissenschaftliche Erkenntnisse von einer Fülle von Lern- und natürlich nicht weniger von Verlernerlebnissen begleitet.

Wir lassen uns mithin im Folgenden von der Annahme leiten, daß der Strom der naturwissenschaftlichen Erkenntnisse, insbesondere sein Auf und Ab, ein Abbild ist des gesamten epistemologischen Geschehens einer jeden Zeit. Und unsere Frage

ist: Gibt es magere und fette Ernten auf den epistemologischen Feldern (Foucault) der naturwissenschaftlichen Erkenntnis? Gibt es Erkenntnisschübe?
Diese Frage hat die Historiographen der Naturwissenschaft seit geraumer Zeit beschäftigt. Sie wird von den „Uniformisten" verneint (sie bestehen auf einer gleichmäßigen, akkumulativen Ausweitung des Wissensstocks), während die Katastrophisten die Frage mit Ja beantworten [13]. Für die Katastrophisten bricht die Glaubwürdigkeit von bis dato unangefochtenen Lehrmeinungen gelegentlich zusammen, nämlich dann, wenn Ungereimtheiten mit den lebendigen Fakten beobachtet werden. Tritt in dieser Situation ein Wissenschaftler mit einer besseren Theorie auf den Plan, dann muß – mit großem Aufwand an geistiger Kraft – der ganze Wissensstock überprüft werden, wesentliche Teile müssen ausgewechselt und andere müssen renoviert werden [14]. Diese „Zumutung" für die Wissenschaftler, daß sie ihre Lehrbücher von Zeit zu Zeit revidieren müssen, wird von ihnen als Revolutionierung ihres Faches empfunden [15].
Wie kann man sich nun diese Diskontinuitäten als Mißernten bzw. als Rekordernten auf den epistemologischen Feldern denken? Ich stelle mir das sehr bildlich vor. Konkretheit ist Voraussetzung für jedes empirische Arbeiten.
Auf epistemologischen Feldern verankern sukzessive Generationen von Bäumen der Erkenntnis ihre Wurzeln. Es findet ein lebhafter Generationswechsel statt. Der jeweilige Zeitgeist der einander ablösenden Epochen gibt den Früchten vom jeweiligen Baum der Erkenntnis der Epoche eine unverwechselbare Qualität. Diese Qualität offenbart sich bereits in der ersten Frucht der neuen Ernte. Sie erhebt den Anspruch, neue Maßstäbe zu setzen.
Die erste Frucht der neuen Ernte erregt deshalb großes Aufsehen in der gelehrten Welt, und sie löst stürmische Debatten über ihre Qualität aus. Denn einige Wissenschaftler erkennen „im ersten Zeichen Vollendetes schon" (Hölderlin), während andere darin so wenig sehen wie Galileis Kollegen im Fernrohr, nämlich nichts. Die umstrittene neue Theorie ist ein Kandidat

für ein neues Paradigma; die Heftigkeit der Kontroverse ist proportional zur Unzufriedenheit der Wissenschaftler mit den Ungereimtheiten des herrschenden Theoriengebäudes. Daß die „Entstehung und Entwicklung einer wissenschaftlichen Tatsache" (um an die richtungweisende Monographie von Ludwig Fleck [Basel 1935] mit eben diesem Titel zu erinnern) solche Unruhe in die wissenschaftliche Gemeinschaft tragen kann, ist Ausdruck einer sich anbahnenden wissenschaftlichen Revolution. Es ist Thomas Kuhn als Verdienst anzurechnen, im Austausch von herrschenden Paradigmen oder Leittheorien die (Ablauf-) Struktur von wissenschaftlichen Revolutionen verdeutlicht zu haben [16].
Kuhn charakterisiert die Leitfunktion einer jeden als Paradigma anerkannten Theorie. Paradigmen bringen die Wissenschaftler dazu, aus der unendlichen Menge von Problemen einen gewissen – und nur diesen – Bruchteil zum plausiblen Gegenstand ihrer Forschung zu erheben. Diese Probleme, die bei Akzeptierung einer bestimmten Theorie ins wissenschaftliche Augenmerk fallen, sind der Rohstoff für wissenschaftliche Erkenntnisse. Diese bestehen im Lösen der von der Theorie eingekreisten Probleme. Und solche Problemlösungen sind die naturwissenschaftlichen Erkenntnisse, die als Ernte auf einem bestimmten epistemologischen Feld anfallen, und die der Anstoß sind für den Wissenstransfer von der Theorie in die Praxis. Solche Problemstellungen oder Lösungsvorschläge nenne ich Basisinventionen.
Um den Begriff der Basisinventionen abzugrenzen, sei zunächst mit Schmookler eine Subinvention und eine Invention umschrieben: Subinvention ist eine Verbesserung an einem Produkt oder Produktionsprozeß, die für Fachleute nur geringe Überraschung bietet. Sie hätten leicht selbst darauf kommen können. Eine Invention dagegen ist eine Vorschrift für ein neuartiges Produkt oder neuartiges Verfahren, das selbst für Experten verblüffend ist [17]. Eine Basisinvention enthält darüber hinaus ein starkes verallgemeinertes, theoretisches Element; sie kann Grundlage sein für mehrere Inventionen und für viele, viele Subinvestitionen.

Man kann sich nun unschwer vorstellen, daß die Erkenntnisrate innerhalb eines Wissenschaftszweiges keineswegs konstant ist. Im Gegenteil, sie unterliegt wie jeder evolutionäre Prozeß einer Dynamik des Werdens, Wachsens und Weichens. Dieser organische Prozeß des Kommens und Gehens bringt Schübe dadurch zustande, daß von dem Augenblick an, da eine neue Theorie mit dem Anspruch auftritt, die Dinge besser zu erklären, die dieser Theorie eigentümliche Problemmenge keineswegs auf einen Schlag bekannt ist. Vielmehr werden die neuen Problemstellungen nur nach und nach erkannt, und die nach und nach anschwellende Problemfülle wird nur nach und nach gelöst. Ideen für die Problemlösungen, falls sie praktikable Ideen sind, heißen Basisinventionen.
Die praktikablen Problemlösungen als Früchte an einem jungen Baum der Erkenntnis stellen sich anfangs nur recht zögernd ein. Die Ernte wird mit den Jahren reicher, weil mehr und mehr Wissenschaftler das neue Paradigma als richtig empfinden und seine Leitlinien bei ihrer Problemwahl akzeptieren, und dafür mit Erfolg belohnt werden, indem sie Basisinventionen finden; Hand in Hand.
Wenn die Menge der Probleme und Folgeprobleme, die innerhalb dieses Theoriengebäudes anfallen, nach und nach gelöst wird, dann wird die Erkenntnisrate auf diesem Gebiete allmählich wieder zurückgehen. Und sie kann ganz erlahmen, wenn dieser Problembereich erschöpfend behandelt wurde, oder weil die wissenschaftliche Neugier in eine andere Richtung geht, dem Leitbild eines anderen Paradigma folgend, so daß das abgeerntete epistemologische Feld brach liegenbleibt.
Der gesamte Strom der Problemlösungen fließt demnach mehr oder weniger mächtig, je nachdem, ob die bis an die Grenze des Wissens vorgelagerten epistemologischen Felder ergiebig sind oder ob dort nur leeres Stroh gedroschen wird.
Es ist also durchaus denkbar, daß Naturwissenschaften zeitweilig keine praktikablen Problemlösungen finden. So könnte es durchaus zu Erkenntnisschüben, zu Mißernten und Rekordernten auf bestimmten epistemologischen Feldern kommen. Dafür gibt es treffliche Beispiele aus der Gegenwart, etwa die Krisis in

der modernen Physik, deren Forschungsanträge selbst von angelernten Verwaltungsbeamten oft als schon dagewesen und nicht vielversprechend erkannt werden. Und es gibt Vorbilder in der Vergangenheit, und an ihnen läßt sich der Vorgang viel besser – weil distanzierter – illustrieren.
Als Beispiele wollen wir dies am Wissenstransfer von der wissenschaftlichen Revolution bis zur geballten Anwendung der daraus gewonnenen Erkenntnisse auf dem Gebiet der Chemie und auf dem Gebiet der Elektrophysik nachzeichnen. Am Anfang steht jeweils die Einführung einer neuen Theorie, die sich bald als Paradigma für die weitere Forschung erweist und einen Schwall von Untersuchungen und Ergebnissen bewirkt. Wir zitieren T. Kuhn:
„Was Lavoisier von 1777 an in seinen Artikeln publizierte, war nicht so sehr die Entdeckung des Sauerstoffs, sondern die Oxydierungstheorie der Verbrennung. Diese Theorie war der Auslöser für eine Neuformulierung der Chemie, und zwar eine so tiefgreifende, daß man sie allgemein die Chemische Revolution nennt" [18]. „Auch die Entdeckung der Leydenschen Flasche zeigt alle diese außerordentlichen Merkmale und noch mehr. Als sie bevorstand, gab es noch kein Paradigma für elektrische Forschung. Vielmehr waren mehrere Theorien, die alle von alltäglichen Erscheinungen abgeleitet waren, im Wettbewerb. Keine war in der Lage, die ganze Mannigfaltigkeit der elektrischen Erscheinungen einigermaßen zu ordnen. Dieser Mangel ist die Quelle von mehreren der Ungereimtheiten, die dann den Hintergrund für die Entdeckung der Leydenschen Flasche abgaben" [19].
Beide „Beispiele zeigen, daß Paradigmen die Forscher nicht nur mit einer Karte für die Problemlandschaft ausstatten, sondern auch mit notwendigen Anweisungen für das Anfertigen von Karten. Während ein Wissenschaftler ein Paradigma lernt, nimmt er Theorie, Methodik und Standards zusammen auf, im allgemeinen als eine untrennbare Mischung. Deshalb verursacht ein Paradigma-Austausch weitgehende Änderungen der Kriterien für die Legitimierung sowohl von Problemen als auch von Lösungsvorschlägen" [20].

Und beides sind Beispiele für Rekordernten der Erkenntnis. Nach der Chemischen und nach der Elektrophysikalischen Revolution, nach dem Durchbruch einer tragfähigen Theorie, konnten die Chemiker und Elektrophysiker mit immer neuen Problemdefinitionen und Lösungsvorschlägen aufwarten. Diese zähle ich zu den Basisinventionen. Sie sind die Folgen der genannten wissenschaftlichen Revolutionen.

Wir können nun den Wissenstransfer auf dem Gebiet der Chemie und der Elektrotechnik weiter beschreiben. In den Tabellen von Kapitel 4 sind die uns bekannten Jahres-Daten für die Ereignisse „Basisinnovation" und „Basisinvention" aufgelistet. Bei den Daten handelt es sich um die Anfangs- bzw. Endprodukte im Wissenstransfer, nämlich um Paare von Ereignissen, deren älteres im Erkenntnisstrom und deren jüngeres im Innovationsstrom vorkommt. Die naturwissenschaftlichen Erkenntnisprozesse für die Elektrophysik und für die Chemie sind in Abbildung 5.1 dargestellt, und zwar als Zeitreihen der Häufigkeit von Basisinventionen pro Dekade, wie sie in Tabelle 4.2 und 4.3 aufgelistet sind.

Abb. 5.1

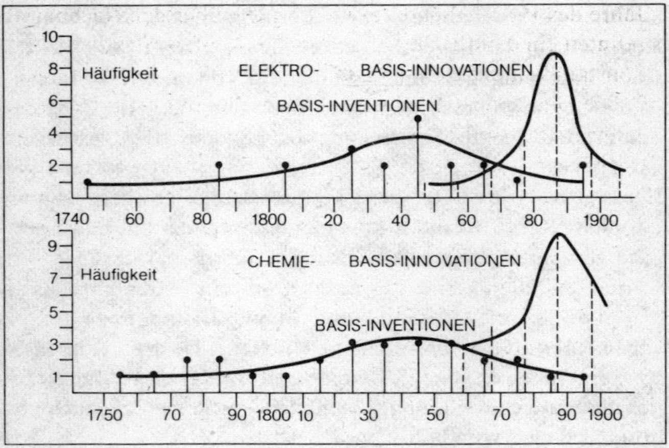

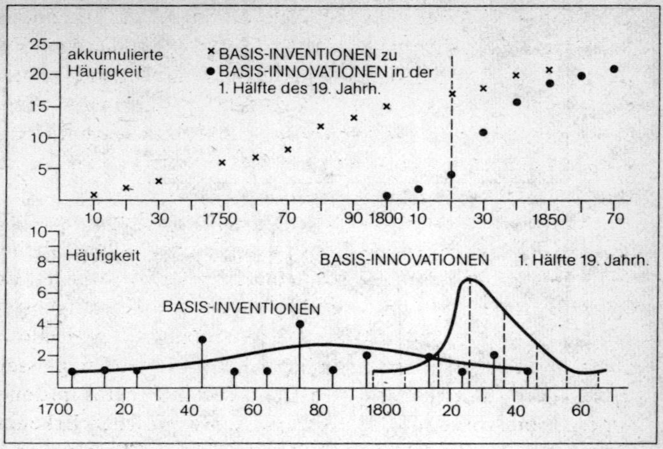

Abb. 5.2

Die Zeitreihen in Abbildung 5.1 lassen erkennen:

1. Mächtige Schübe im Aufkommen von Basisinnovationen in der elektrotechnischen und chemischen Industrie; die achtziger Jahre des 19. Jahrhunderts weisen gegenüber den Nachbarjahrzehnten ein deutlich hervorgehobenes Maximum in der Innovationstätigkeit auf.
2. Die Häufigkeitsverteilungen der zu diesen Basisinnovationen gehörenden Basisinventionen in der Elektrophysik und der Chemie erstrecken sich über einen sehr langen Zeitraum; von der ersten Formulierung einer paradigmatischen Theorie bis zur kommerziellen Anwendung der Erkenntnisse in der industriellen Praxis vergingen rund 100 Jahre.
3. Diese Häufigkeitsverteilungen zeigen einige, wenn auch schwache Schübe im Aufkommen von naturwissenschaftlichen Basisinventionen auf dem Gebiete der Elektrophysik und der Chemie; bei einiger Phantasie kann man ein Maximum im Erkenntnisstrom um 1840 erkennen, bei einiger Skepsis kann man diesen Kreativitätsstoß aber auch bestreiten.

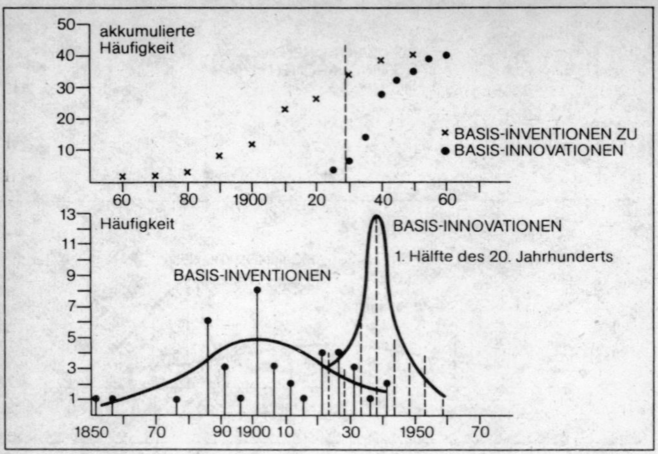

Abb. 5.3

Abbildung 5.1 vermittelt den Eindruck, daß Flauten und Schübe im naturwissenschaftlichen Erkenntnisprozeß wohl existieren, aber längst nicht so ins Auge springen wie die Diskontinuität im Innovationsprozeß. Dieser Eindruck wird im folgenden noch verstärkt.

Betrachten wir zuerst die Basisinventionen, die den Fundus für die früh-industriellen Basisinnovationen um 1825 bildeten. Die entsprechenden Zeitreihen aus Tabelle 4.1 sind in Abbildung 5.2 (unten) dargestellt. Der Eindruck, daß die Erkenntnisrate schwankt, wird gegenüber Abbildung 5.1 verstärkt. Daß es sich dabei aber um ausgesprochene Flauten oder Schübe handelt, erscheint eher fraglich.

Betrachten wir sodann die Basisinventionen, die die Wissensgrundlage bildeten für die Innovatoren in der ersten Hälfte unseres Jahrhunderts. Die entsprechenden Zeitreihen aus Tabelle 4.4 sind in Abbildung 5.3 (unten) dargestellt. Bei diesen Häufigkeitsverteilungen wird der Eindruck verstärkt, daß kräftige Schübe im Erkenntnisstrom existieren und die empirisch belegten Schübe im Innovationsstrom hervorgerufen haben. Ob aber Flauten im Erkenntnisstrom vorgekommen sind, die dann später, im technologischen Patt in den Jahren vor der Weltwirtschaftskrise von 1929, einen Mangel an Basisinnovationen als Echo nach sich zogen, läßt sich so ohne weiteres nicht sagen. Mit der Beurteilung der Zeitreihen nach dem Augenschein läßt sich der Echo-Effekt – wegen der widerstreitenden optischen Eindrücke – weder verläßlich als existent behaupten noch verläßlich als nicht vorhanden abstreiten. Es bedarf einer methodischen Prüfung des gesamten Erkenntnisstroms.

C. Prüfung des Echo-Effekts

Wir prüfen nun die Frage nach dem eventuellen Vorliegen eines Echo-Effekts. Diese Frage muß verneint werden, wenn keine Ähnlichkeit zwischen dem Aufkommen an Basisinventionen und Basisinnovationen festzustellen ist. „Ähnlichkeit" bedeutet, daß die Zeitreihe der gesamten Basisinventionen ein Schwankungs-Muster aufweisen muß, das sowohl im Ausmaß der Spitzen und Täler als auch in deren Abstand dem Diskontinuitätsmuster im Innovationsprozeß entspricht, wenn auch mit einer zeitlichen Versetzung. Sonst könnte ein Echo-Effekt nicht wirksam gewesen sein. Das Aufkommen an wissenschaftlichen Erkenntnissen müßte also ähnlich wie das Aufkommen an Basisinnovationen schwanken, damit man das Recht hat, die Schuld für den Innovationsmangel den Wissenschaftlern in die Schuhe zu schieben.

Es wäre eigentlich ausgeschlossen, daß die Flauten im Innovationsaufkommen auf entsprechenden, vorausgegangenen Flauten im Erkenntnisstrom beruhen, wenn die Zeitreihe der Basisinventionen nicht auch – wie die Zeitreihe der Basisinnovationen – ein ausgeprägtes Muster aufweist, das stark von Zufallsmustern abweicht. Die Prägnanz der Diskontinuitäten im Erkenntnisstrom können wir wieder mit dem Test auf Zufälligkeit prüfen und dabei das Fehlerrisiko für Fehlschlüsse abschätzen. Ein Zufallsprozeß würde stark ausgeprägte Diskontinuitäten im Zeitstrom der Basisinventionen nur mit sehr geringer Wahr-

scheinlichkeit erzeugen. Nur wenn diese Wahrscheinlichkeit unter der Fünf-Prozent-Marke liegt, kann ein Diskontinuitätsmuster im Erkenntnisstrom dem prägnanten Diskontinuitätsmuster im Innovationsstrom ähnlich sein.
Fassen wir alle Inventionsdaten in den Tabellen 4.1 bis 4.5 in einer Langzeitreihe zusammen, dann weichen die Diskontinuitäten nur so undeutlich wie 15% (bei einer Einteilung in Zehnjahresperioden) und 33% (bei einer Einteilung in Fünfjahresperioden) von Zufallsreihen ab. Von einer prägnanten Ähnlichkeit der Zeitreihe der Basisinventionen mit der Zeitreihe der Basisinnovationen kann keine Rede sein; die Ähnlichkeit ist allenfalls flüchtig [21].
Ein Echo-Effekt, der den Mangel an Basisinnovationen in den Jahren der Stagnation als eine Folge von Ideenmangel der Forscher und Wissenschaftler in früheren Jahren erklärt, ist unhaltbar. Er mag bei oberflächlicher Betrachtung der Daten als ein nicht unplausibler Eindruck entstehen; bei methodischer Überprüfung der Fakten erweist sich jedoch der Eindruck als nicht substantiell genug, um der Wirtschaftsführung als ein Alibi dienen zu können.
Vielmehr hat es immer dann, wenn die kapitalistische Wirtschaft in das technologische Patt abglitt (vor 1825, vor 1873, vor 1929 und heute), einen aufgestauten Wissensstock gegeben. Das ist das sogenannte Paradox der ungenutzten Technologien: Auf der einen Seite, im Bereich der Forschung, liegt eine Fülle anwendbarer Konzepte für neue Technologien parat, und auf der anderen Seite, im Bereich der stagnierenden Wirtschaft, werden diese Technologien nicht angewendet; oder, genauer, vorläufig nicht angewendet. Erst in der Talsohle der Konjunktur, wenn die Gewinne mit den abgegrasten Technologien unerträglich gering sind, überwindet das Kapital die Risikoscheu und stürzt sich auf die Möglichkeiten der Basisinnovation, die dann habhaft sind.

D. Zusammenfassung: Kein Echo-Effekt!

Die mögliche Einrede der Wirtschaftsführung, die wegen des Mangels an alternativen Beschäftigungsmöglichkeiten (Basisinnovationen) im technologischen Patt unter Anklage steht, lautet: Die Wissenschaftler waren nicht kreativ oder nicht rechtzeitig genug kreativ, und haben nicht genügend Innovationsideen geliefert.

Gemäß dieser Einrede geht – wenn sie zuträfe – die Schuld an dem fehlenden Stagnationsausgleich von der Wirtschaftsführung auf die Wissenschaft über.

Anhand des empirischen Materials und seiner prozeßnahen Prüfung muß diese Einrede verworfen werden. Die Exkulpation der Wirtschaftsführung gelingt nicht.

Kapitel 6
Versäumnisse; Überstürztheiten

Das Verhängnis der Wirtschaft liegt in ihr selbst, wenn sie sich hemmungslos ihren Eigengesetzlichkeiten überläßt

KARL JASPERS

Wir beklagen Versäumnisse im Wissenstransfer, die in der Situation des technologischen Patt dazu führen, daß der von der Stagnation hervorgerufene Innovationsbedarf nicht mit praktikablen Innovationsprojekten befriedigt werden kann. Für diesen Mangel an Vorkehrungen müssen wir die Wirtschaftsführung verantwortlich machen. Unternehmensführung, Wirtschaftspolitik, und die zwischen Privatwirtschaft und öffentlicher Hand eingebürgerte Arbeitsteilung im Forschungssektor sind das Suchfeld für die meisten personellen und institutionellen Fehlleistungen.

Die mögliche Einrede der Wirtschaftsführung, daß der zeitweilige Innovationsmangel auf ein Versagen des Wissenschaftsapparates zurückgeführt werden müßte (Echo-Effekt im Wissenstransfer), zieht nicht. Für ein solches Ablenkungsmanöver liefern die empirischen Fakten keinen hinreichenden Grund: Ein Echo-Effekt im Wissenstransfer ist nicht nachweisbar und kann deshalb auch nicht als eine Ausrede dienen.

Die Wissenschaft ist demnach von dem möglichen Vorwurf, durch zeitweilige Unergiebigkeit den Innovationsmangel verschuldet zu haben, mangels Beweisen abgeschirmt. Der Echo-Effekt, die Schuldverlagerung von der Wirtschaftsführung auf die Wissenschaft, gelingt nicht. Hingegen gelingt das umgekehrte Schuldzuordnungsmanöver sehr wohl: In den Zeiten des *Innovationsmangels* gibt es das Paradox der ungenutzten Technologien [22]; es gibt sehr viele *Innovationsmöglichkeiten.*

Wieso werden sie nicht rechtzeitig genutzt? Die Pannen sind das Resultat einer zu weit getriebenen Arbeitsteilung zwischen Forschungsstellen einerseits und Produktionsstätten andererseits in

unserer Marktwirtschaft. Dort, im Verborgenen, liegen die Innovationsmöglichkeiten, die da gebraucht werden, wo die Stagnation die herkömmlichen Produktionsweisen in Frage stellt. Der Marktmechanismus funktioniert recht gut bei der Versorgung der Bevölkerung mit den Standardgütern des täglichen Bedarfs. Aber er hat Schwächen, wenn es darauf ankommt, die Innovationsmöglichkeiten aus dem Forschungssektor heraus- und danach dahin zu bringen, wo der Innovationsbedarf am höchsten ist.
Erst in der Not der Wirtschaftskrise hat es die Wirtschaftsführung in der Vergangenheit fertiggebracht, die Verteilung der Innovationsmöglichkeiten auf die Innovationsfähigen zu organisieren. In der Notsituation, beflügelt vom Sachzwang und dem Regiment einer starken öffentlichen Hand (Metternich, Bismarck, Roosevelt), kam es dann zu Innovationsschüben (um 1825, um 1886, um 1935), bei denen der aufgestaute Wissensstock in die Praxis geschleust wurde; coûte que coûte . . .
Wir zeigen nun die Versäumnisse der Wirtschaftsführung anhand des Paradoxes der ungenutzten Technologien (beim Einzug ins technologische Patt) und die Überstürztheiten (bei der Überwindung des technologischen Patt).

A. Das Paradox der ungenutzten Technologien

Der Mangel an Basisinnovationen in der Phase der Stagnation macht das technologische Patt zu einer kritischen Situation. Heute besteht offenbar ein hoher Bedarf nach technischen und organisatorischen Neuerungen in der Wirtschaft.
„Im Lichte dieses offensichtlichen Bedarfs an einer höheren Innovationsrate ist es paradox, daß sowohl in den USA als auch woanders gar kein Mangel herrscht an neuen Technologien, mit denen eine höhere Versorgung mit Innovationen im Privatsektor, bei den öffentlichen Diensten und im Sozialwesen gewiß bewerkstelligt werden könnte. Und dies erhebt die Frage, warum dieser Schatz an technischen Möglichkeiten nicht in weiterem Maße ausgenutzt wird“ [23].

Unbeschadet des Zweifels, ob denn dieser Schatz an technischem Wissen, das beispielsweise auf dem Gebiete der Verteidigung, der Luftfahrt und der Atomkraft gesammelt worden ist, einen wohlverstandenen Bedarf der Menschen zu decken in der Lage ist, oder ob diese neuen Technologien nicht vielmehr an den Bedürfnissen der Bevölkerung in den Industrieländern vorbeigehen, bleibt die Tatsache des Paradoxes der ungenutzten Technologien bestehen.

Wenn es nur darauf ankäme, Arbeitskräfte und Kapital in großtechnischen Neuerungen zu beschäftigen, dann gäbe es schon genug Stoff für großangelegte Arbeitsbeschaffungsprogramme. Aber wer möchte so etwas?

Es gibt also einen Stau des technischen Wissens; im Bereiche der Theorie – also in den Köpfen derer, die aus den Steuern ihr Einkommen von der Universität oder dem Forschungszentrum beziehen – gibt es viele Rezepte für machbare Neuerungen; aber die Praxis kann offenbar wenig mit diesen neuen Technologie-Konzepten anfangen.

Die amerikanische Regierung hat sich in den vergangenen Jahren sehr darum bemüht, die technischen Erkenntnisse, die auf dem Gebiete der Verteidigung, der Luft- und Raumfahrt (NASA) und der Atomforschung (AEC) erzielt wurden, für die übrige Wirtschaft nutzbar zu machen (spill over). Dieser forcierte Technologie-Transfer hätte gewiß dem Pentagon, der NASA und der AEC gedient – wäre es doch dem Kongreß leichter gefallen, höhere Milliardenbeträge in die Kriegs-, Raum- und Atomforschung zu stecken, wenn auch der Verbraucher davon einen gewissen Nutzen hätte. Aber fast alle Versuche der Anwendung des neuen Wissens in der zivilen Wirtschaft blieben dort ohne Reaktion. Der Wissensdruck von seiten der staatlichen Großforschung bewirkte keine Hebung der Innovationsrate in der Wirtschaft. Diese Erscheinung: a) ein mächtiger Wissensdruck und b) viele vergebliche Versuche, *dieses* neue technische Wissen in die Wirtschaft zu lancieren, wird von den Experten des Technologie-Transfers als Spaghetti-Effekt bezeichnet.

Der Spaghetti-Effekt ist die Retourkutsche zum Echo-Effekt.

Der Echo-Effekt ist der Versuch einer Erklärung des Innovationsmangels als „Versagen der Wissenschaftler"; ein vergeblicher Versuch. Der Spaghetti-Effekt ist der Versuch einer Erklärung des Innovationsmangels durch „Unbeweglichkeit der Wirtschaftskapitäne"; wenn man ein Ende des weichen Spaghetti rückt, dann rührt sich das andere Ende trotzdem nicht; ein treffender Vergleich. Er wird den Tatsachen gerecht: Ein großer Wissensstock steht einer geringen Anwendungsrate gegenüber.

Dieses Paradox der ungenutzten Technologien ist aber nicht nur kennzeichnend für die Verhältnisse während der vergangenen zehn Jahre des Einzugs in das gegenwärtige technologische Patt. Es gibt Parallelen in der Vergangenheit, und zwar können wir den gleichen paradoxen Sachverhalt in jenen Stagnationsphasen beobachten, in denen sich in der Vergangenheit ein technologisches Patt zusammenbraute. Wir beobachten die gleiche Konstellation von vielem neuen Wissen, aber wenig neuer Anwendung, in den Jahren vor den großen Krisen von 1825, 1873 und 1929.

Diese Beobachtungen machen wir an den Daten über Basisinnovationen und den dazugehörigen Basisinventionen (Tabellen 4.1 bis 4.4). Zunächst nehmen wir den Innovationsschub der 1930er Jahre aufs Korn; der Innovationsmangel im Jahrzehnt davor hatte das technologische Patt der 20er Jahre verschuldet. Abbildung 5.3 zeigt aber, daß die meisten jener grundlegenden Basisinventionen, die im Schub der 30er Jahre als Basisinnovationen praktiziert werden sollten, in der Zeit des Innovationsmangels längst bekannt waren. Auch in den 1920er Jahren gab es das Paradox der ungenutzten Technologien!

Dies war damals die Konstellation von Wissensvorrat und Wissensverwertung:

– bis zum Krisenjahr 1929 waren *mehr als drei Viertel* der Basisinventionen längst erfolgt,

– hingegen waren bis zum Krisenjahr 1929 erst *weniger als ein Viertel* der dazugehörigen Basisinnovationen durchgeführt worden.

In den Jahren vor der großen Depression lagen bereits die meisten naturwissenschaftlichen Ergebnisse vor, von denen die Wirtschaft nach 1933 zehren sollte bis hin zum Wirtschaftswunder in der Zeit nach dem Zweiten Weltkrieg. In den Goldenen Zwanziger Jahren aber, da die Stagnation doch schon die Gewinne aushöhlte, wurden nur wenige der Basisinnovationen getätigt, die als Möglichkeiten längst bekannt waren.
Dieselbe paradoxe Konstellation von hohem Wissensstand und wenigen praktischen Anwendungen sehen wir auch im technologischen Patt am Vorabend der großen Krise von 1825. Der Sachverhalt wird in Abbildung 5.2 sichtbar. Der Wissensstock, gemessen an der Gesamtheit der bis 1820 bereits getätigten Basisinventionen, liegt bei 80% des Wissens, von dem der ante portas stehende Innovationsschub zehren sollte; von der Gesamtheit dieser Basisinnovationen (aus Tabelle 4.1) waren 1820 aber weniger als 20% erst getan, eine höchst erstaunliche Enthaltsamkeit angesichts der damals herrschenden Verwertungsschwierigkeiten des liquiden Kapitals [24] der mit der Strukturkrise kämpfenden Wirtschaft [25].
Allerdings war der Rückstau der Basisinnovationen um 1825, dem Jahr der Weltwirtschaftskrise, nicht ganz so deutlich ausgeprägt wie um 1929; damals wurden noch in den letzten Jahren vor dem Zusammenbruch einige Basisinnovationen von großem Wirtschaftspotential durchgeführt, unter ihnen die Erzeugung von Portlandzement (1824), die Errichtung von Puddelöfen (1824), das Walzen von Draht (1820), die fabrikmäßige Chinindestillation (1820). Diese rechtzeitigen großtechnischen Innovationen mögen geholfen haben, die depressive Tendenz jener Zeit zu lindern und die Krise zu dämpfen.
Weniger gedämpft als Krise und Depression 1825 ff., aber gedämpfter als Krise und Depression 1929 ff., war die Weltwirtschaftskrise von 1873 und die darauffolgende Depression. Auch für das technologische Patt jener Jahre beobachten wir die paradoxe Konstellation des Rückstaus der Basisinnovationen, während die naturwissenschaftlichen Erkenntnisse fast alle längst vorlagen. Das Mißverhältnis zeigt Abbildung 5.1; sowohl auf dem Gebiet der Chemie als auch in der Elektrotechnik und

den verwandten Gebieten kam der Schwall der Neuerungen erst mehrere Jahre nach dem weltwirtschaftlichen Zusammenbruch von 1873 zustande, während die dazugehörigen Basisinventionen lange davor schon faits accomplis waren.
Das Paradoxe an dieser Situation wurde von keinem geringeren als dem Eisernen Kanzler artikuliert. Bismarck soll angesichts der Schwierigkeiten der stagnierenden deutschen Wirtschaft, die fünf Milliarden Mark Kriegsentschädigungen aus dem deutsch-französischen Krieg nutzbringend anzulegen, im Scherz gesagt haben, daß man bei einem neuen Waffengang die Franzosen nicht zum Zahlen, sondern zum Abnehmen von -zig Milliarden verdonnern müsse. Jedenfalls machte Newbold ein totales Durcheinander auf den internationalen Geldmärkten für den Zusammenbruch von 1873 verantwortlich [26] – eine recht vordergründige Diagnose angesichts des güterwirtschaftlichen Verständnisses, das bei Bismarck offenbar schon entwickelt war. Der Großagrarier verstand die Politökonomen seiner Zeit und die Politökonomie seiner Epoche [27].
Auch das gegenwärtige technologische Patt ist durch eine schwache Investitionstätigkeit der Privatwirtschaft gekennzeichnet: die riesigen Kapitalmengen in Privathand finden keine lohnende Investitionsmöglichkeit – finden sie offenbar nicht in der Fülle der vorhandenen Innovationsideen, die in der staatlichen Großforschung und in den Universitätsinstituten und in den Forschungslaboratorien der Industrie produziert worden sind; – finden sie offenbar so nicht oder noch nicht so.
Aber das Wissen um die Innovationsmöglichkeiten, die im Forschungssektor liegen oder noch heranreifen, könnte diesmal als ein Vertrauenspolster wirken, das der Kurzschlußneigung seitens der verantwortlichen Wirtschaftspolitiker hinreichend Paroli bietet, so daß es nicht zu einer Weltwirtschaftskrise kommt. Denn die frustrierte Privatinvestition könnte sich wie eh und je auf diese Neuheiten stürzen, dabei das nachholen, was sie bisher versäumt hat, und einen neuerlichen Schwall von Basisinnovationen tätigen. Die Kurskorrektur der Versäumnisse könnte aber auch wie eh und je überzogen werden und in Überstürztheiten ausarten.

„Es ist allgemein anerkannt, daß die Verhütung des Booms die einzig wirkungsvolle Methode ist, eine Depression zu verhindern“ [28]. Zuviel des Guten würde den Grundstock legen für die Krise von übermorgen. Zunächst aber steht zu befürchten, daß die Gewalt der aufgestauten Investitionsneigung nicht dem Guten, sondern dem Naheliegenden, Schnelleren die Bahn bricht, so daß Schlechteres mit großem Tempo zustandekommt: Wehe, wenn sie losgelassen . . .

B. Das Tempo des technischen Fortschritts

Zur Zeit genießt die These von einem sich ständig schneller vollziehenden technischen Wandel eine große Popularität. Diese Beliebtheit versteht sich aus dem Wunsch zu glauben, daß die Innovationen, an denen es mangelt, im Nu bewerkstelligt werden oder – wie die Keynesianer glauben – aus der Schublade geholt werden könnten, so daß kein Grund zu ernsthaften Befürchtungen besteht. Diese Beschleunigungs-These ist falsch; sie ist nur eine Halbwahrheit.

Richtig ist, daß man heute Verbesserungsinnovationen auf seit langem eingeführten Gebieten im Handumdrehen entwickeln kann. Auf den traditionellen Wissensgebieten gibt es eine Fülle von technisch machbaren Technikkonzepten. Aber dafür fehlt es in der Wohlstandsgesellschaft, die durch eine hohe Versorgung mit den Produkten eben dieser traditionellen Technologien definiert wird, an der Marktnachfrage. Und je mehr es den Verbesserungsinnovationen an Qualitätsfortschritt mangelt, um so schneller lassen sich auch die Scheininnovationen machen. Dieses Beschleunigungsgefühl existiert. Nicht wahrgenommen wird das Schneckentempo des Fortschritts bei den Basisinnovationen.

Heute fehlen also Basisinnovationen auf neuen Technologiefeldern. Und Ideen, die auf industrielles Neuland weisen, gibt es nicht sehr viele. Und die Vorarbeiten zum Erforschen, Erproben und Entwickeln dieser Basisinnovationsmöglichkeiten sind in den vergangenen Wohlstandsjahren vernachlässigt worden.

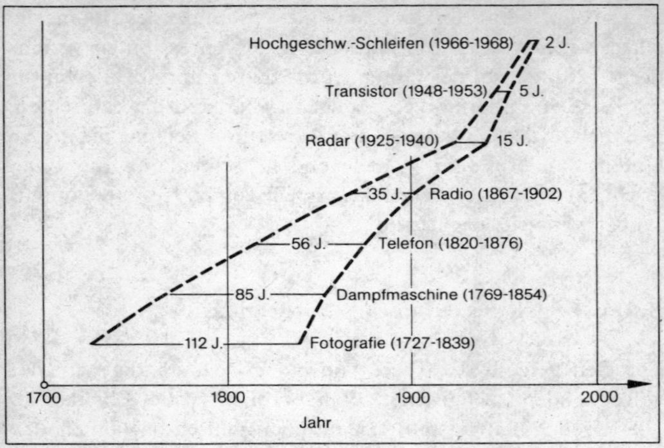

Abb. 6.1

Dabei ist wertvolle Zeit vertan worden; der Weg von der Invention zur Innovation ist lang, wenn er auf industrielles Neuland führt; und das Tempo des technischen Fortschritts auf diesen noch nicht etablierten Technologiebereichen ist niedrig im Vergleich zum Tempo des Wandels auf modernen, aber doch nicht mehr so neuen Technologiefeldern wie Flugtechnik, Kunststoffchemie, Computertechnik usw. Die These von der Beschleunigung des technischen Fortschritts in modernen Zeiten mag auf gewisse Arten von Verbesserungsinnovationen durchaus zutreffen. Bei Basisinnovationen ist sie unzutreffend. Man muß die Gesamtheit der getätigten und nicht oder nicht zügig getätigten Innovationen sehen. Es gibt gravierende Unterschiede.

Die Behauptung von den abnehmenden Zeitspannen von den Anfängen bis zum Vollzug des Wandels wird auch nicht dadurch richtiger, daß sie sehr scharfsinnige Urahnen besitzt. Als Compte 1840 sein Erstes Prinzip der Sozialen Dynamik formulierte, konnte er das Konzept der Historischen Phasen von Turgot übernehmen. Er sagte, daß die theologische, metaphysische und mechanische Epoche immer kürzer waren. Das mechani-

sche Zeitalter wiederum wurde durch das elektrische abgelöst, und „the stepping-up of speed from the mechanical to the instant electrical form“ [29], wie Marshall McLuhan sagt, ist den Menschen von heute eine alltägliche Erfahrung geworden.
Diese Ansicht über eine allgemeine Beschleunigung im Geschichtsablauf, nämlich die Vorstellung von einer ständig kürzer werdenden Vollzugsdauer des Wandels, wurde von Henry Adams als ein Gesetz formuliert [30]. Es hat Niederschlag in der modernen wissenschaftlichen Literatur gefunden, insbesondere im Schrifttum zur Planung und Entwicklung neuer Produkte [31]. Danach habe es immer weniger Jahre gedauert, bis das Wissen vom Erfinder zum Innovator gelangte.
Abbildung 6.1 gibt ein Beispiel für diese vorschnelle Deutung einiger weniger Beobachtungen. Sie entstammt einer Arbeit von Stamm und Willmes [32] nach den Angaben von Brankamp. Das „Gesetz“ des Henry Adams wird in der exakten Gestalt von mathematischen Formeln dargeboten; das erhöht den Anstrich von Wissenschaftlichkeit. Die vorstehenden Daten liegen auf der Kurve

$$I = A \cdot \exp(-t/T) - B.$$

Sie wird in Abbildung 6.2 sichtbar. Dabei ist die Dauer der Innovationszeit, gezählt in Jahren, senkrecht über dem Zeitpunkt der Erfindung eingetragen. Der Autor des Artikels, dem ich diese Formel entnehme, Dr. Zipse, hat die Unhaltbarkeit dieser einfachen Interpretation der wenigen Informationen klar erkannt [33].
Das Gesetz von Henry Adams ist einfach Unsinn. Das hat schon Winters im Jahre 1943 festgestellt [34]. Worin liegt aber der Unsinn?
Nicht in den Zeitdistanzen! Die Dauer eines Veränderungsprozesses kann eine Richtgröße für den zurückgelegten Weg in der sozio-ökonomischen Entwicklung einer Nation sein, wie Sicherl kürzlich festgestellt hat [35]. Und die Dauer des Wissenstransfers von der Basisinvention zur Basisinnovation kann die Verschiedenheit einer Wirtschaft zu verschiedenen Zeitpunkten spiegeln. Die Zeitspanne vermittelt eine Vorstellung davon, wie

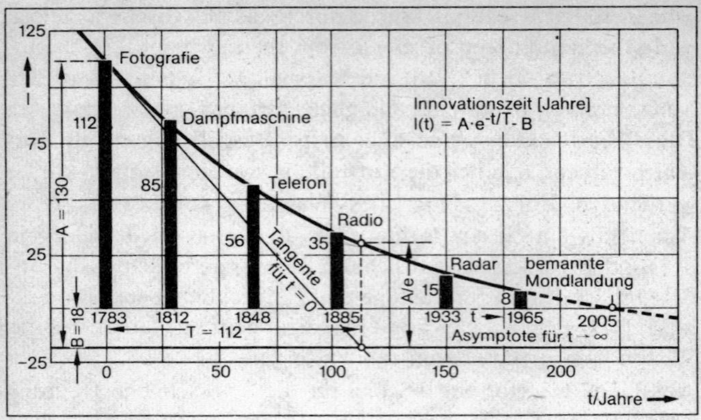

Abb. 6.2

mühevoll und langwierig die Überführung des Systems vom Ausgangszustand im Zeitpunkt der Invention in den Endzustand im Zeitpunkt der Innovation gewesen sein muß. Lange Innovationszeiten beobachten wir bei avantgardistischen Neuerungen, kurze Innovationszeiten beobachten wir bei Neuerungen, die im Windschatten der Vorläufer erfolgen. Nur Scheininnovationen passieren im Handumdrehen. Daraus erklärt sich die Dynamik des technischen Fortschritts auf bestimmten Gebieten [36].

Der Fehler im „Gesetz" des Henry Adams liegt nicht in der Verwendung von Zeitspannen – obwohl diese natürlich im Einzelfall fehlerhaft ermittelt sein können. Der Fehler liegt im Versäumnis, die Eigenbewegung des Wissenstransfers *auf verschiedenen Gebieten* wahrzunehmen. Diese Eigenbewegungen sind dauernd gegenläufig, so daß nicht die Rede davon sein kann, daß die Zeitspannen des Wandels sich generell verkürzen. Die populäre Hoffnung, daß ein historischer Trend zur Beschleunigung des technischen Fortschritts die Stagnation schon zur rechten Zeit bändigen werde, ist also auf Sand gebaut. Wobei das Empfinden der Leute, daß sich die Innovationszeiten verkürzen, ein Anzeichen für besonders viele Scheininnovationen in den letzten Jahren ist.

Die Basisinnovationen erscheinen nicht in stetigem Strom, und sie erscheinen nicht laufend schneller. Aber manchmal kommen sie doch mit rasanter Beschleunigung zustande, nämlich nachdem durch ihre anfängliche Verzögerung der Vollzugsdruck so stark wird, daß es zu einem Innovationsschub kommt.
Für eine solche Ablaufordnung gebrauchen die Amerikaner den Begriff eines Bandwagen-Effektes. Der Name erinnert an das Sammeln von Wagen „im fliegenden Start", wobei zuerst nur wenige Wagen in Gang kommen, mit dem Anwachsen des Zuges in schnellere Bewegung geraten, und wobei die Nachzügler sich im vollen Lauf in den Zug einfügen. Genauso kommen die Schwärme von Basisinnovationen im technologischen Patt zustande.
Der Umschwung im technologischen Patt geschieht in zwei deutlich getrennten Phasen:
– Am Anfang werden nur ganz vereinzelt einige Basisinnovationen verwirklicht. Die Menge der Basisinnovationsmöglichkeiten ist zurückgehalten.
– Dann aber wird ein Schwall von Basisinnovationen getätigt. *Es gibt ein Gedränge und große Eile.*
Man müßte also den Bandwagen-Effekt erstens am Wechsel der Häufigkeit der zustandegekommenen Basisinnovationen und zweitens an der wachsenden Geschwindigkeit, mit der eine jede Basisinnovation durchgeführt wird, beobachten können.
Die eine Methode der Beobachtung des Bandwagen-Effekts haben wir bereits geleistet. Angaben über die Häufigkeit von Basisinnovationen haben wir in den Tabellen der vorigen Kapitel gemacht. Und wir haben in Kapitel 4 den Bandwagen-Effekt als Schübe im Innovationsaufkommen charakterisiert.
Wir wollen nun in diesem Kapitel die Geschwindigkeit des Wissenstransfers empirisch analysieren. Damit wagen wir uns noch weiter auf das Neuland vor, das wir mit dem Thema Wissenstransfer bereits betreten haben. Denn ein Konzept für die Geschwindigkeit des Wissenstransfers gibt es noch nicht. Ein solches Konzept fehlt auf allen Gebieten der Sozialwissenschaften: „Noch fehlen uns Maße für das Tempo und den Duktus sozialen Wandels" [37].

Wir versuchen, ein Maß für die Geschwindigkeit des innovativen Wandels aus den Zeitdistanzen im Wissenstransfer zu entwickeln. Zuerst also die Zeitdistanzen.

1. Die Zeitdistanz im Wissenstransfer

Wir wollen nun den Schwung des Wissenstransfers von den Basisinventionen bis zu den Basisinnovationen auf bestimmten Gebieten beschreiben. Am Anfang der Darstellung mögen die Transfervorgänge auf den Gebieten Chemie und Elektrophysik stehen.

In Kapitel 5 haben wir mit T. Kuhn die wissenschaftlichen Revolutionen auf diesen Gebieten geschildert. Den paradigmatischen Aufbruch der modernen Chemie vollzog Lavoisier mit seiner Verbrennungstheorie, und an der Wiege der modernen Elektrophysik stehen die Erfinder der Kleistschen Flasche. Beide Wissensgebiete sind Zweige vom selben Baum der Erkenntnis, dessen Wurzeln im epistemologischen Feld des späten 18. und des frühen 19. Jahrhunderts fußen. Der Elan und Zeitgeist jener Epoche ist der Nährboden für die theoretischen Erkenntnisse auf den neuen Wissenszweigen Chemie und Elektrizität. Und diese Erkenntnisse wurden in einer Zeit erzielt, als die Praxis an der Verwirtschaftung der vormals erzielten Erkenntnisse der theoretischen Mechanik und der Thermodynamik arbeitete: die Dampfmaschinen.

Den Erkenntnisstrom auf diesen Gebieten haben wir im vierten Kapitel nachvollzogen und in den Tabellen 4.2 und 4.3 als Listen von Basisinventionen verzeichnet. In diesen Listen stehen auch die Zeitspannen zwischen den Basisinventionen und den jeweils dazugehörenden Basisinnovationen. In Abbildung 5.1 sind die Zeitdistanzen als Klüfte im Wissenstransfer sichtbar.

Diese Daten, das Jahr einer Basisinvention und die vergangene Zeitspanne bis zur Anwendung der Erkenntnis in der Praxis, werden nun in den Abbildungen 6.3 und 6.4 als Punkte dargestellt. Für jedes Paar von Inventionsjahr und Innovationsdauer ist ein Punkt eingetragen. Die Menge der Punkte für den gesamten Wissenstransfer zeigt die in einem bestimmten Wissens-

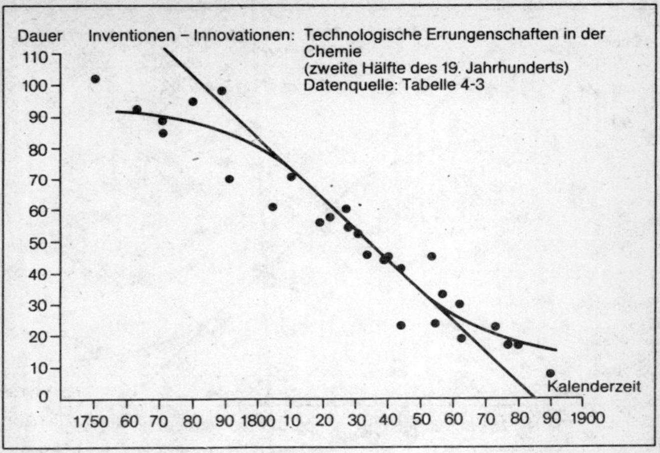

Abb. 6.3

gebiet zurückgelegten Zeitdistanzen. Diese Punktmengen weisen ein charakteristisches Muster auf – wie ein Negativfoto der Milchstraße. Die Punkte streuen in den Bandbreiten eines nach rechts unten geneigten Streifens.

Damit hat sich die populäre These, daß die Innovationszeiten immer kürzer werden, für die Zeitdistanzen in einzelnen Wissenszweigen bestätigt. Sowohl die Innovationszeiten in der Chemie als auch die Zeitdistanzen des Wissenstransfers in der Elektrophysik weisen eine klare Tendenz zur Schrumpfung auf. Darin zeigt sich die „Leitfunktion" [38] der Vorläufer: mit den zuerst getätigten Basisinnovationen wird ein Zeitraffer für die Folgeinnovationen mitgeliefert.

Wir empfehlen nun Abbildung 6.7 zur Inspektion. Diese Punktwolke vereinigt die Daten des Wissenstransfers in der Chemie und in der Elektrophysik. Beide Wissensgebiete sind – wie gesagt – Zweige des gleichen Baums der Erkenntnis, und die Zeitdistanzen verhalten sich gleich. Und das bedeutet: Sowohl der Erkenntnisstrom als auch der Innovationsstrom auf diesen Gebieten verlaufen parallel gekoppelt (Abbildung 5.1).

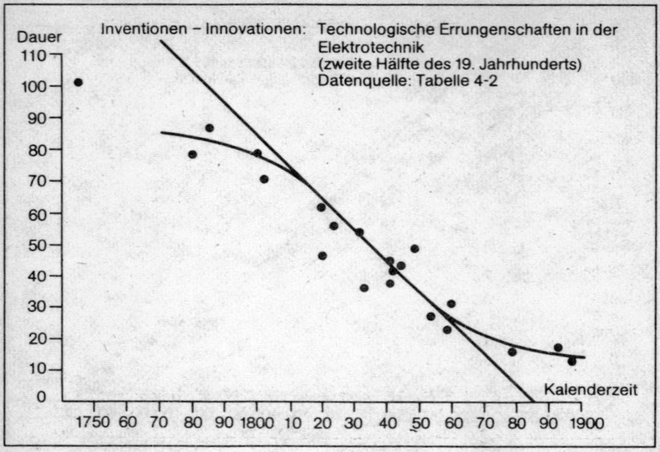

Abb. 6.4

Weil die Transfervorgänge pari passu verlaufen, weisen sie auch auffallend gleichlange Zeitabläufe auf (Abbildung 6.7).
Diese doppelte Gleichheit nenne ich das Korrespondenz-Prinzip im Wissenstransfer. Es besagt, daß die theoretischen Erkenntnisse auf Wissensgebieten, die auf dem gleichen epistemologischen Feld (als verschiedene Wissenszweige eines Baumes der Erkenntnis) gefunden werden, sowohl gleichlange Reifezeiten haben als auch zur gleichen Saison Ernte bringen.
Das Korrespondenz-Prinzip erklärt, warum die meisten Basisinnovationen eines halben Jahrhunderts in wenigen Jahren getätigt werden können, obwohl sie in verschiedenen wissenschaftlichen Zweigen ihre theoretische Basis (-inventionen) haben. Denn die Wissenschaftszweige, die zur gleichen Zeit praktikable Ergebnisse abwerfen, sind zumeist vom gleichen Zeitgeist beseelt. So sind die einzelnen Schübe von Basisinnovationen, die um 1825, um 1880 und um 1935 über die Bühne der Zeit gingen, auf Beiträge aus verschiedenen Hochschuldisziplinen zurückzuführen, bauen aber auf gleichen Gedankenzügen auf. Nur hinkt die Praxis weit hinterher.

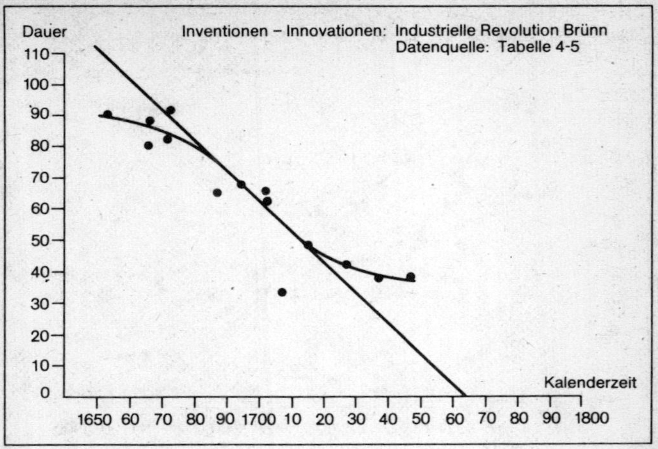

Abb. 6.5

Das Korrespondenz-Prinzip erklärt auch die Ähnlichkeiten der in den Abbildungen 6.5 bis 6.8 dargestellten Zeitdistanzen im Wissenstransfer, an dessen Ende die erwähnten Schübe im Innovationsaufkommen stehen [39]. Die Zeitdistanzen der einzelnen Basisinventionen, die in verschiedenen Wissensgebieten ihren Ursprung haben, schicken sich in das allen gemeinsame Milchstraßen-Muster.

Auf gewissen Gebieten, und nur auf gewissen Gebieten, besteht die Tendenz von langen zu kurzen Zeitspannen der Veränderung. Die Dauer des Wandels auf anderen Gebieten kann gleichzeitig lang, für den Theoretiker mit praktischem Ehrgeiz erschreckend lang sein. Denn auf „anderen" Gebieten, die abseits von der gegenwärtigen Industriepraxis liegen, ist das Erfinderschicksal ein trauriges. Von den genialen Anfängen im Erkenntnisstrom bis zum Durchbruch in der Praxis können bis zu sieben, acht, neun Dekaden vergehen – mehr als das Restleben des Erfinders. „Zwischen der ersten und letzten Phase (im Wissenstransfer) liegt eine lange Reiseroute. Manchmal ist die Strecke so groß, daß die Reise nicht durchgestanden werden

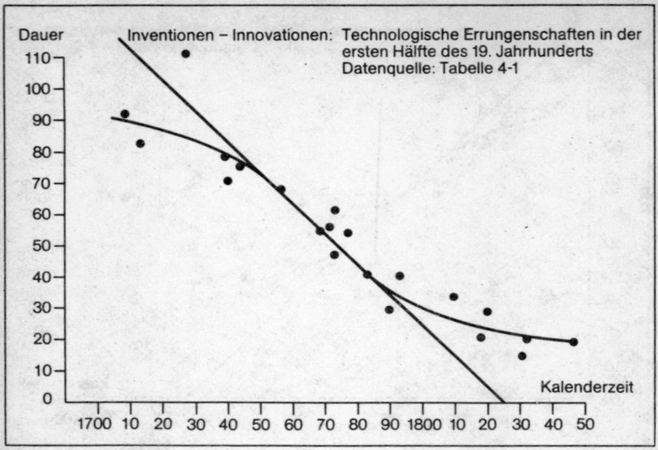

Abb. 6.6

kann. Dann bleibt die Basisinvention im Bereich der Ideen, bis der Staub der Zeit sie verdeckt und bis sie dann unter veränderten Umständen eine günstigere Empfangssituation erreicht" [40].

Angesichts der in Abbildung 6.8 gegebenen Zeitdistanzen im Wissenstransfer müssen wir Nobelpreisträger Dennis Gabor zwar im allgemeinen recht geben: „Diese Spanne von zwanzig bis vierzig Jahren zwischen wissenschaftlicher Erkenntnis und technologischer Ausbeute ist typisch für den Großteil des neunzehnten Jahrhunderts und für das frühe zwanzigste." Aber wir können ihm ganz und gar nicht beipflichten, wenn er fortfährt: „Sie (die Zeitdistanz) ist ganz dramatisch abgekürzt worden nur in der Gegenwart (only in our own times)" [41]. Diese Schrumpfung der Zeitdistanz gilt erstens nicht für alle Bereiche der technikwissenschaftlichen Forschung, und zweitens hat es auch in anderen Zeiten ganz ähnliche Kürzungen der Innovationszeiten gegeben, nämlich um 1760, um 1825, um 1886 und um 1935. Man muß nur auf die *dann* geschehenen Innovationsstöße schauen (Abbildungen 7.5 bis 7.7).

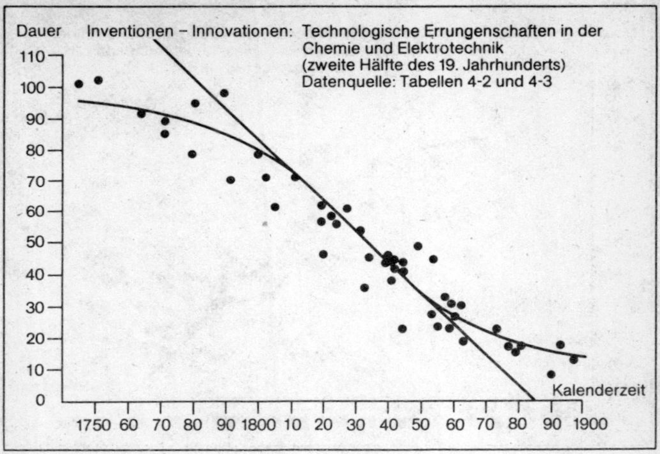

Abb. 6.7

Und gerade, wenn die Kürzung der Innovationszeiten am deutlichsten ist, nämlich für Folgeinnovationen auf bereits etablierten Techniken, dann wird die Anwendungschance von brandneuen Erkenntnissen verzögert. Dafür hat Dennis Gabor als Erfinder der Holographie selbst ein prächtiges Beispiel vorgelebt.

Im Jahr 1948 veröffentlichte Gabor, Professor am Imperial College of Science and Technology in London, einen Artikel, in dem er erklärte, daß man Bilder ohne Linsen aufnehmen könne, Bilder, die überdies wahrhaft dreidimensional sind: Die Holographie. Und er ließ sich die Holographie patentieren (1948). Gabors Beitrag bietet die erfinderische Lösung des Problems, das viele Jahre vorher als theoretische Frage definiert und erkannt worden war. Weiter zurück reicht die Theorie der Strahlung, mit deren Hilfe die ersten holographischen Bilder im Jahr 1963 gelangen, nämlich mit Hilfe von Laser-Strahlen, deren Existenz schon in Einsteins Gleichungen aus dem Jahr 1917 implizit enthalten ist. Die Früchte vom Baum der Erkenntnis, den Albert Einstein gepflanzt hat, lassen bereits sehr lange auf

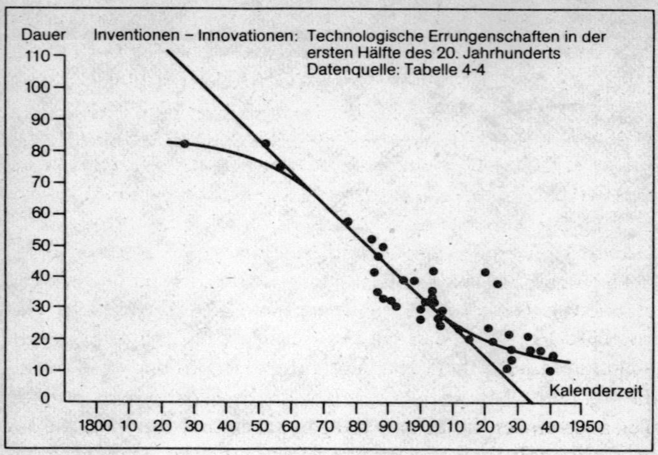

Abb. 6.8

sich warten. Die Holographie zum Beispiel ist immer noch nicht auf dem Markt.

Die unterschiedliche Innovationszeit von Technologien, die – wie die Holographie – außerhalb der gängigen Industriepraxis erfunden wurden, und von Technologien, die – wie etwa der Transistor – eine bestehende Technik verbessern, ist ein Gegenbeispiel zu der populären Vorstellung, daß der Wissenstransfer heute schneller vonstatten ginge als früher. Das entscheidende Patent für die Transistor-Technologie stammt ebenfalls aus dem Jahr 1948. Also beide Technologien standen einmal zugleich am Start. Aber wie unterschiedlich gestaltete sich der weitere Verlauf auf beiden Gebieten!

Eine Holographie-Industrie gibt es heute noch nicht; die Transistor-Industrie hingegen entwickelte sich innerhalb von zehn Jahren nach der Erfindung zu einem Milliardengeschäft. Der Unterschied ist nicht schwer erklärlich: „Als der Transistor erfunden wurde, war er Stück für Stück ein Ersatz für Vakuumröhren in allen ihren Anwendungen, denn der Transistor war kleiner, viel verläßlicher, verbrauchte weniger Energie; und er war viel billiger herzustellen. Er eroberte seinen natürlichen Markt im Handumdrehen und machte die Radioröhre zu einem Ding der Vergangenheit" [42]. Der Transistor brach in eine etablierte Technik ein, die Holographie ist Niemandsland.

Die Gesamtheit der Beschleunigungsvorgänge im Wissenstransfer auf einzelnen Gebieten, die seit der Industriellen Revolution den wirtschaftlichen Strukturwandel getrieben haben, zeigt Abbildung 6.9.

Diese Gesamtschau der Abbildungen 6.5 bis 6.8 verdeutlicht noch einmal: Nicht überall, sondern jeweils nur auf bestimmten etablierten Gebieten schrumpfen die Innovationszeiten. Das populäre Vorurteil, daß die Innovationszeiten schrumpfen, gilt nicht auf industriellem Neuland und Niemandsland; und daß es auf etablierten Bereichen so plausibel ist, liegt zu einem guten Teil auch an der Fülle von windigen Scheininnovationen, die auf dem oligopolistisch verkrusteten Sektor für die Standardgüter der Maschinen- und Geräte-Epoche hervorgebracht werden, um weniger Qualität als möglich zu geben, und um einen höheren Preis als nötig zu erzielen. Dort ist der technische Fortschritt nicht ein Tiger (Paul Samuelson), sondern eine Schnecke (Günter Grass).

Abb. 6.9

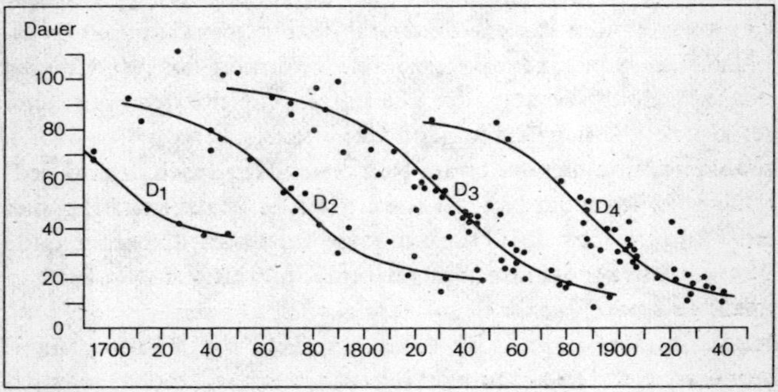

2. Die Geschwindigkeit der Transfervorgänge

Die Zeitdistanzen zwischen Erfindung und Anwendung auf bestimmten Gebieten der Technik sind unsere Ausgangsdaten für eine Grobschätzung der Geschwindigkeit, mit der die Schübe im Aufkommen an Basisinnovationen erfolgt sind. Wie kann man das Tempo der Anpassung der tatsächlichen Innovationsaktivität an die latent vorhandene, starke Innovationsneigung im technologischen Patt messen? Die Methodik habe ich in meinem vorgenannten Aufsatz zur Dynamik des technischen Fortschritts erläutert.

Der Grundgedanke ist recht einfach. Wir übertragen das Verfahren zur Messung von Geschwindigkeiten einer Bewegung im Raum auf die Bewegungen im Wissenstransfer, nämlich auf den qualitativen Fortschritt von der Basisinvention i zur dazugehörigen Basisinnovation i, der d_i Jahre dauerte.

Nach den Prinzipien der Mechanik soll die Geschwindigkeit ein Ausdruck sein, der die Bewegung charakterisiert, die ein Körper über eine räumliche Strecke hin ausführt. Analog dazu charakterisieren wir die qualitative Strecke des Wissenstransfers von Basisinvention zur Basisinnovation durch einen relativen Ausdruck: 100%. Hundert Prozent ist der ganze Unterschied des Zustandes der Welt vor der Geburt der Idee und des Zustands nach ihrer praktischen Anwendung. 100% ist der blasseste aller Ausdrücke. Aber er ist für die innovativen Transfervorgänge gleichnamig, und das ist die Hauptsache.

Denn wir wollen verschiedene Innovationsprozesse zusammen sehen, um verschiedene Erscheinungsformen des Wandels zu erfassen. Zeitdistanzen oder qualitative Verschiedenheiten sind Ausdruck der Rückständigkeit der Praxis, wenn sie nach den Innovationsmöglichkeiten im Reich von Wissenschaft und Forschung greift. In der Not der Krise griff die Wirtschaft oft genug auf uralte Sachen zurück, und darin zeigt sich auf schlagende Weise, daß Innovationsmangel auf Unterlassungssünden beruht.

Jetzt kommen wir mit den einfachen Regeln der Prozentrechnung aus. Die Geschwindigkeit wird berechnet, indem man die zurückgelegte Strecke auf eine sinnvoll gewählte Zeiteinheit bezieht. Ich wähle das Jahr. Dann ist die durchschnittliche Geschwindigkeit eines einzelnen Transfervorgangs i gleich dem Kehrwert seiner Dauer d_i in Prozent:

$$s_i = \frac{100\%}{d_i \text{ Jahre}}$$

Diese Tempomaßzahl sagt, um wieviel Prozent der i-te Transferprozeß in jedem Jahr zwischen Basisinvention und -innovation fortgeschritten ist. Darin steckt die Annahme, daß der Fortschritt des i-ten Transferprozesses in all diesen Jahren gleich war, nämlich s_i Prozent pro Jahr. Diese Annahme ist zwar unrealistisch, schlägt aber, wie wir sehen werden, nicht als Fehler auf die Ergebnisse durch.

Wir kehren nun zu unserem Ausgangsproblem zurück, das darin besteht, die Umschwünge in den technologischen Patts und die rasanten Übersprünge der Klüfte im Wissenstransfer durch den Nachweis einer rasanten Beschleunigung der Transfergeschwindigkeit zu datieren. Dazu benutzen wir die Angaben s_i, nämlich die Kehrwerte der Zeitdistanzen d_i der einzelnen Innovationen. Diese Angaben stehen in den Tabellen 4.1 bis 4.5 in den Spalten „Dauer" und „100%/Dauer". Und wir vergleichen, wie langsam bzw. schnell die frühen bzw. späten Basisinnovationen in jedem Schwall durchgeführt wurden.

Dieser Vergleich sei zunächst für den Schub von Basisinnovationen angestellt, die die Industrielle Revolution auf dem europäischen Kontinent angetrieben haben*. Die Daten sind in Tabelle 4.5 gelistet und stammen aus meiner Brünn-Studie (mit H. Freudenberger).

Abbildung 6.10, oben links, zeigt zunächst die verschiedenen Zeitdistanzen d_i als eine Punktmenge, wie sie auch in Abbildung 6.5 eingetragen ist**. Diese Punktmenge streut um eine

---

* Ich halte die Ereignisse in Brünn, das damals das „Manchester von Europa" genannt wurde, für prototypisch für Mitteleuropa.

** Mit einer Ausnahme: der Punkt (1704,36) wurde weggelassen, weil er weit abseits von der ganzen Punktmenge liegt. Man kann ihn in

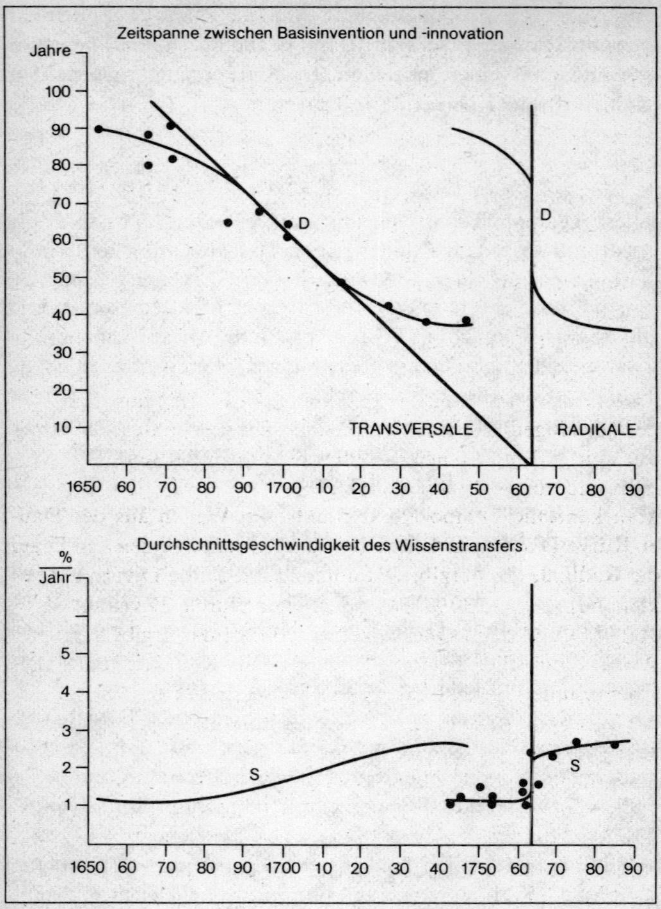

Abb. 6.10 Daten-Quelle: Tabelle 4-5 dieser Arbeit

Ausdeutung der in Abbildung 7.9 gezeigten Dynamik leicht als Nachzügler in einem anderen Schwall von Basisinnovationen identifizieren.

„Dauer-Kurve“ D, deren Mittelstück eine Neigung von 45° besitzt. Dieses Mittelstück liegt auf einer linearen Transformationsfunktion, die ich die „Transversale“ nenne, und die die folgenden Eigenschaften besitzt: Sie ist um −45° geneigt und schneidet die Zeitachse in just jenem Jahr, in dem alle Transferprozesse, deren Anfangspunkte auf der Transversalen liegen, als Basisinnovation ihren Durchbruch erleben.
Die Senkrechte auf diesem Zeitpunkt heißt „Radikale“, das Jahr selbst heißt „Radikal“-Jahr. Das Radikaljahr ist dasjenige, in dem der Innovationsschub die meisten Basisinnovationen brachte.
Wir betrachten nun die andere Schar von Punkten in Abbildung 6.10, unten rechts. Diese Punkte stellen die durchschnittliche Geschwindigkeit der einzelnen Transfervorgänge im Jahr der jeweiligen Basisinnovation dar. Diese Punkteschar streut um eine „Tempo-Kurve“ S, deren Mittelstück senkrecht verläuft und auf der Radikalen liegt.
Man kann die Tempo-Kurve S auf zwei Wegen aus der Dauer-Kurve D ableiten: Entweder durch Querversetzen von D auf die Radikale (das ergibt D′) und anschließende Division (Umklappen) $S = 100\%/D'$, oder aber durch Division $S' = 100\%/D$ und dann Querversetzen von S′; das ergibt S.
Wozu dient die Tempo-Kurve S? Zur Kennzeichnung des Übersprungs der Kluft zwischen Theorie und Praxis, an der sich das Wissen aufstaute. Bis zu dem Zeitpunkt, in dem die Radikale steht, ist die durchschnittliche Geschwindigkeit des Wissenstransfers langsam; die S-Kurve liegt flach. Mit der Radikalen schwingt die Tempo-Kurve in Regionen von höherem Fortschrittstempo. Und das heißt: Die Innovationsaktivität nimmt eine gewaltige Beschleunigung auf, die im Falle der Industriellen Revolution eine plötzliche Erhöhung der Geschwindigkeit des Wandels nach sich zog, so daß sich im Jahre 1764 das Fortschritts-Tempo mehr als verdoppelte.
Die S-Kurve in Abbildung 6.10 bildet diese schlagartige Verdoppelung der Durchschnittsgeschwindigkeit im Radikal-Jahr 1764 ab. Die darin zum Ausdruck gebrachte Beschleunigung um mehr als Faktor 2 sollte als die konservativste Schätzung der

tatsächlichen Beschleunigung im Endspurt des Wissenstransfers angesehen werden. Denn die Angaben S_i sind Durchschnittswerte, und in diesen Durchschnitten zählen die ganzen Stokkungen in der Frühphase des Transfers mit. Auf diese Weise wirkt die vorgenannte Annahme, daß der Fortschritt in allen Jahren zwischen Basisinvention und Basisinnovation gleich sei, als Unterschätzung nach. Es kommt aber darauf an zu zeigen, daß überhaupt ein Tempo-Sprung stattfindet. Und dabei spielt diese Höhenunterschätzung keine Rolle.
Wir sind eigentlich frei, die Ordinatenwerte der Tempo-Kurve S systematisch zu dehnen oder zu stauchen. Das verändert zwar die Lage der Kurve im Zeitablauf nicht, wohl aber den optischen Eindruck von der Radikalität der Anpassung. Von dieser Freiheit haben wir in Abbildung 6.12 Gebrauch gemacht, um den optischen Eindruck der Radikalität der Beschleunigung der Innovationsaktivität eher zu dämpfen als zu stärken.
Um die populäre Irrlehre von der generellen Beschleunigung des technischen Fortschritts weiter bloßzustellen, bestimmen wir jetzt die durchschnittliche Geschwindigkeit der Innovationstätigkeit in den drei großen Basisinnovationsschüben seit 1800 A.D. Dazu werden die Punktmengen in den Abbildungen 6.5 bis 6.8 unter der Nebenbedingung, daß die Dauer-Kurve D auf der Transversalen liegt, mit einem graphischen Regressionsverfahren analysiert. Als Ergebnisse erhalten wir die aufeinanderfolgenden Dauer-Kurven D_1, D_2, D_3, D_4 in Abbildung 6.9. Diese Dauer-Kurven sind in Abbildung 6.11 (oben) eingetragen, wobei die entsprechenden vier Transversalen, die in die Radikal-Jahre 1764, 1825, 1886 und 1935 weisen, übereinander gelagert sind zu einer einzigen Leitlinie.
Auf dieser Leitlinie sind die Dauer-Kurven um so weiter nach rechts unten abgeglitten, je jüngeren Datums der von ihnen beschriebene Wissenstransfer ist. Etwas ist schon dran an der These von der generellen Beschleunigung des Wandels.
In Abbildung 6.11 zeige ich die Ableitung der Tempo-Kurven S_1, S_2, S_3, S_4 aus den Dauer-Kurven D_1, D_2, D_3, D_4. Wie man aus der Entfernung zwischen zwei Meilensteinen und der Fahrtdauer sein Fahrttempo errechnen kann durch Bildung des

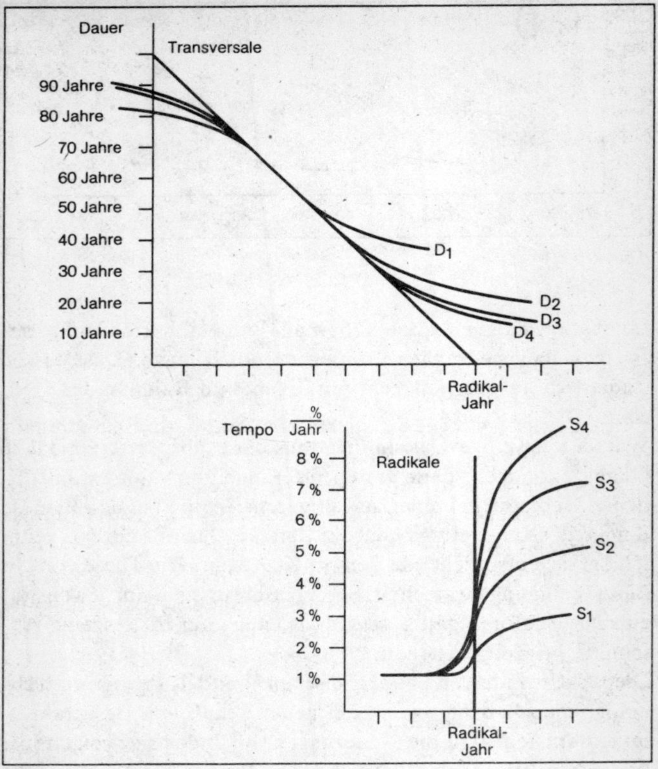

Abb. 6.11

Kehrwertes, so entstehen die Tempo-Kurven durch Überklappen der Dauer-Kurven: indem die schräge Transversale im oberen Bildteil umgelegt wird auf die senkrechte Radikale im unteren Teil der Abbildung 6.11.

Die aufeinanderfolgenden Innovationsschübe haben offenbar eine ganz reguläre und wiederkehrende Tempo-Entwicklung durchgemacht: Die Anfangsäste der einzelnen Tempo-Kurven liegen immer auf dem gleichen niedrigen Niveau. Aller Anfang dauerte lange, das war zu allen Zeiten so. Die Entwicklung von

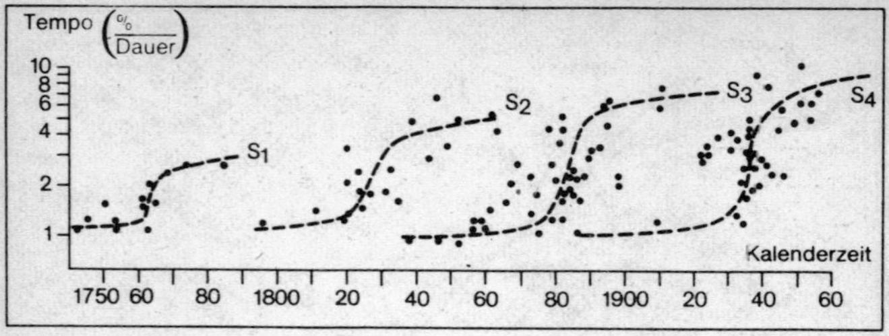

Abb. 6.12

Innovationsmöglichkeiten außerhalb von etablierten Industriezweigen dauerte zunächst außerordentlich lange. Das Wissen staute sich auf; es war nicht praktikabel im Rahmen des Üblichen.

War der jeweilige Basisinnovationsschub aber erst einmal in Gang gekommen, dann traten die Folgeinnovationen auf den neuen Gebieten in immer gewaltigerem Tempo auf den Plan. Je jünger der Innovationsschub in der Geschichte, um so weiter schlägt die entsprechende Tempo-Kurve aus. Die These von der Beschleunigung des technischen Fortschritts, die nur jeweils für einzelne Sektoren gültig ist, gilt also auch nur für einzelne Abschnitte im Zeitgeschehen.

Die Geschwindigkeit des technischen Wandels springt im technologischen Patt um, wenn ein neuer Schub von Basisinnovationen entsteht und die Neuerungen auf Industriezweigen, die es vorher nicht gab, Platz greifen. Eine Tempo-Kurve beschreibt die stockende Anfangsgeschwindigkeit und die zunehmende Beschleunigung der Veränderungen in einem Innovationsschub. Abbildung 6.12 zeigt das Tempo des Wandels in den sukzessiven Schüben von Basisinnovationen.

Wir hatten eingangs das Schwarm-Verhalten der Innovatoren als Bandwagen-Effekt bezeichnet, weil man den Innovationsschub an dem Gedränge und der Eile erkennen kann. Wie passen unsere Kennzahlen über das Tempo des innovativen Wandels mit den im 4. Kapitel gegebenen Daten über die Häufigkeit von Basisinnovationen zusammen?

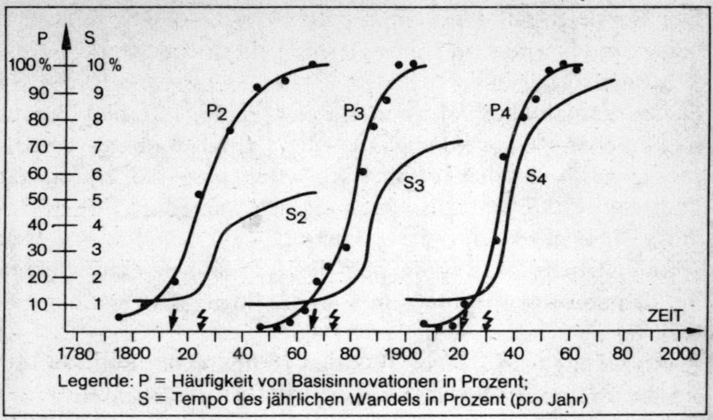

Abb. 6.13

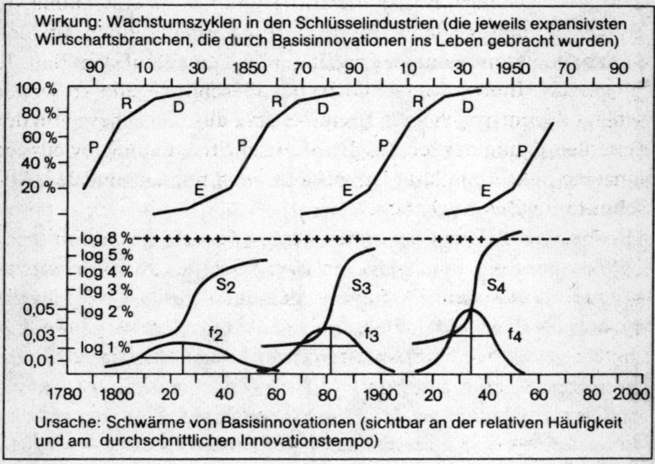

Abb. 6.14

Das Zusammenspiel beider Merkmale der Innovationsaktivität geben wir in Abbildung 6.13 wieder. Die Kurven P_2, P_3 und P_4 sind die prozentualen Häufigkeiten der Basisinnovationen gemäß Tabelle 4.1 bis 4.4 (akkumulierte relative Häufigkeiten).

Der Vergleich mit den Tempo-Kurven S_2, S_3 und S_4 zeigt, daß beide Indikatoren in den gleichen Perioden starke Aufschwünge anzeigen.

Dieses Zusammenspiel von relativer Häufigkeit und durchschnittlicher Geschwindigkeit des Innovationsgeschehens springt noch deutlicher ins Bild, wenn man die Häufigkeit „normalisiert" (die erste Ableitung der Kurven P_2, P_3, P_4 bildet). Diese glockenförmigen Kurven f_2, f_3, f_4 stehen unten in Abbildung 6.14. Ein Vergleich dieser relativen Häufigkeiten mit den absoluten Häufigkeiten in Abbildung 4.1 zeigt den Effekt der „Normalisierung".

In Abbildung 6.14 kommt die Kennzeichnung der Innovationsschübe am deutlichsten heraus: *In den Radikaljahren 1825, 1886 und 1935 ist die relative Innovationshäufigkeit am größten und die Beschleunigung des Innovationstempos am stärksten.*

C. Die Wechselwirkung von Stagnation und Innovation

Der zweihundertjährige Überblick über die mehrmalige Wiederkehr dieses Bandwagen-Effekts wird in Abbildung 6.14 gegeben. Die Abfolge der Umbrüche, Innovationsschübe oder Industriellen Revolutionen, wie manche sagen, wird nur verständlich aus den jeweilig obwaltenden wirtschaftlichen Umständen; insbesondere aus dem Maß an Schwierigkeiten, neue Verwendungen für Arbeit und Kapital zu finden, die aus den ausgewachsenen Beschäftigungen abwandern müssen.

Um die sozialwirtschaftliche Großwetterlage einer jeden Epoche in den letzten zweihundert Jahren bestimmen zu können, greifen wir wieder auf das Metamorphose-Modell zurück, das wir am Ende von Kapitel 2 entwickelt haben. Es stellt den Wirtschaftsablauf der langen Frist als eine Abfolge von Trendphasen der Prosperität (P), der Rezession (R), der Depression (D) und der Erholung (E) dar. Diese Zyklen sind in Abbildung 6.14 oben schematisch dargestellt.

Und wir stellen fest: Die Prosperitätsphasen im langfristigen Wirtschaftsablauf gingen in die Rezession über, wenn die Rate, in der Basisinnovationen auftauchten, lange genug niedrig war, so daß die Stagnation auf die Dauer das Übergewicht bekam über die belebenden Impulse im Wirtschaftsleben. Die Wirtschaft verfing sich im technologischen Patt und glitt in die Depression ab. Die Gleichung: Stagnation = Mangel an Innovation bezeichnet ein krasses Ungleichgewicht in der wirtschaftlichen Entwicklung. Das technologische Patt ist eine sehr labile Lage; die sozialwirtschaftliche Entwicklung steckt in einer Umschaltphase, weil die alten Gänge nicht mehr so recht ziehen, so daß ein neuer evolutorischer Gang eingelegt werden muß.

Der Mangel an Basisinnovationen bedeutet, daß das Kapital und die Arbeit, die in den stagnierenden Wirtschaftszweigen freigesetzt werden, woanders keine Zuflucht finden. Die Rezession geht in die Depression über.

Jetzt stehen Kapitalien auch wieder in freigebiger Weise für die Erprobung von ganz neuen Technologien zur Verfügung; die Investition in die stagnierten Bereiche lohnt nicht mehr. Und der Staat, von der Arbeitslosigkeit unter Vollzugszwang gesetzt, schafft Beschäftigungsprogramme und unterstützt die Anstrengungen der Erfinderunternehmer, die Hilfe in der Not versprechen. Der Volksmund bewahrt ein treues Gedenken an diese depressiven Notzeiten: „Not macht erfinderisch".

Unter dem Druck der Arbeitslosigkeit und der Unbeschäftigung des Kapitals brechen die Widerstände und Bedenken gegen die unerprobten, riskanten Neuheiten zusammen, wenn sie nur die Not lindern helfen. In dieser Lage entsteht ein Innovationsschub. Er bereitet dem Stagnations-Koma der im technologischen Patt verfangenen Wirtschaft ein Ende, und die Erholung setzt ein.

Abbildung 6.14 zeigt, wann und mit welchem Tempo die Innovationsschübe passiert sind: um 1764, um 1825, um 1886 und um 1934, und ein jedes Mal mit zunehmender Vehemenz.

Man kann sich unschwer vorstellen, daß dieser Run auf die rettenden Innovationschancen zu Überstürztheiten führt. Der Bandwagen-Effekt hat seine Mitreißwirkung, die er vor allem auf neue Technologien und nicht etwa auf Serviceinnovationen ausübt, im Laufe der Geschichte dauernd gesteigert und seine

Durchschlagskraft laufend verstärkt. Die Tempo-Kurven schlagen, je jünger sie sind, desto höher aus.
Bei dieser Hast haben langsamer reifende Neuerungen einen Nachteil; gut' Ding will Weile haben, aber wenn das Patentsystem den Erstling prämiiert mit außerordentlichen Gewinnen, dann ist das Schnelle ein Feind des Guten. Der Patentschutz der zuerst realisierten Innovationsmöglichkeiten erstreckt sich nur auf technische Innovationen; Serviceinnovationen und Sozialinnovationen sind deshalb für erfinderische, gewinnorientierte Talente kein attraktives Betätigungsfeld – genausowenig wie „die brotlosen Künste".
Der Verdrängungswettbewerb, bei dem das Patentsystem den schnellen technischen Wandel favorisiert, bewirkt auch eine negative Auslese. Beispiel dafür: das Elektro-Auto, für das man 1930 schon genausoviel Handlungswissen besaß wie heute.
Auch im gegenwärtigen technologischen Patt brauen sich unverkennbar schon wieder die Schubkräfte für einen neuen Schwall von technologischen Innovationen zusammen. So muß man fürchten, daß die Konjunktur sich trotz der Expansionspolitik – oder gerade wegen der mit den Fehlern in der Expansionspolitik verbundenen verpaßten Chancen – weiter und soweit verschlechtert, daß unter der Not der Stunde die Dämme des rechten Maßes brechen. Die Bedenken gegen unsichere Reaktortypen, die Vorsicht vor einer Festlegung auf irrsinnig teure Verkehrssysteme, überhaupt die rechte Würdigung des Gemeinwohls, würden unter dem Druck der Tagesprobleme hintangestellt nach dem Motto: Nach uns die Sintflut.
Die ersten Schatten wirft dieser Verdrängungsmechanismus bereits voraus. Die Hoffnung der Bevölkerungsmehrheit auf Sozialinnovationen („Reformen"), die sie zu Wählern der sozialliberalen Koalition von FDP und SPD machte, ist von der Bundesregierung bereits auf Null gesprochen worden. Man bedenke, daß die Innovationsschübe in der Vergangenheit immer in restaurativen Zeiten erfolgten (unter Metternich, Bismarck und Churchill), und nur kurz nach dem Absterben progressiver Bewegungen. Zweifellos hat dies die Inhalte der getätigten Neuerungen entscheidend geformt: im Interesse „des Bodens", „des

Kapitals", „der Arbeit", aber bestimmt nur nachrangig im Sinne „des Bedarfs".
Ohne die besondere Qualität durch eine Inhaltsanalyse weiter zu charakterisieren, kann man doch einen gemeinsamen Wesenszug aller dieser technologischen Basisinnovationen leicht ausmachen: Die Sache mußte patentierbar (privatwirtschaftlich aneignungsfähig unter geltendem Patentrecht) und profitabel (auf eine spontane Nachfrage treffen oder mit Hilfe des staatlichen Regulativs der Bevölkerung aufzwingbar) sein.
Der Marktmechanismus, der seit alters die Schwäche besitzt, die langfristig notwendigen Vorkehrungen zu verabsäumen, weil er erwerbswirtschaftliche Nahziele vor gemeinwirtschaftliche Fernziele setzt, wird vermutlich dann, wenn er sich das Innovieren wieder einmal zum Nahziel nimmt, das Innovieren qualitativ in fragwürdige Bahnen lenken und dem Umfang nach gewaltig übertreiben. Schumpeter hatte einst die Vision, daß der Kapitalismus nicht an seiner Schwäche untergehen, sondern an seiner Stärke ersticken wird. „Die großen Verwandlungen geschehen nicht allmählich, sondern auf einen Schlag", schrieb Franz Werfel in „Der veruntreute Himmel".

D. Zusammenfassung

Dies ist das im Zwei-Generationen-Turnus wiederholt abgespielte Drama des technologischen Patt: Zuerst brachte die Wirtschaft die Basisinnovationen außerhalb der gesättigten Märkte und kriselnden Beschäftigungen nicht zustande, und geriet darüber so sehr in eine depressive Grundstimmung, daß sie den Schierlingsbecher der Stagnation bis auf den Grund leerte. Diese Versäumnisse sind noch jedesmal am Vorabend der historischen Weltwirtschaftskrisen sichtbar geworden: Vor 1825, vor 1873 und vor 1929. Und dann, in der Not der Krise, setzte die Wirtschaft jedesmal einen gewaltigen Schwall von Basisinnovationen (neue Konsumgüter, Transportmittel und produktionstechnische Neuerungen) durch, wobei sie eine Anzahl neuer Industrien schuf.

Unter diesen Großtaten der Technik finden sich aber auch Überstürztheiten, finden sich auch allerlei „riesenhafte Beiträge für zwerghafte Bedürfnisse“, sagte einmal der amerikanische Oberste Gerichtshof. Die überflüssigen technischen Dinge verdrängen wichtigere Neuerungen, insbesondere auch Sozialinnovationen, für die die Volkswirtschaft nun keine freien Mittel oder die Bevölkerung nun keinen Sinn mehr hat. Denn die Menschen können nur ein bestimmtes Ausmaß an Veränderungen tragen und ertragen.
Die technischen Neuerungen verschlingen in der zeitlichen Reihenfolge ihrer Ankunft auf der Bühne der Zeit, nicht aber in der Rangfolge der Dringlichkeit der von ihnen erfüllten menschlichen Bedürfnisse, ein Stück vom Kuchen der disponiblen Mittel, und in eben dieser Reihenfolge nehmen sie auch einen Teil der menschlichen Toleranz für unvertraute Dinge in Beschlag. Man kann nicht alles machen – und ist eine gewisse Schwelle erreicht: rien ne va plus. Das Schnelle ist ein Feind des Guten.
Damit haben wir zwei Probleme angesprochen, die mit Umfang und Art des Innovationsaufkommens in der westlichen Wirtschaft eng verknüpft sind, nämlich das Stabilitätsproblem im Wirtschaftswachstum und das Selektionsproblem im Wirtschaftswandel. Es darf uns nicht gleichgültig sein, ob der Marktmechanismus wie bisher in der Geschichte mit der Verkrustung in traditionellen Industrien nicht fertig wird und die Wirtschaft mangels Ausgleich in eine Krise abgleitet, und wir haben Anlaß zur Sorge, daß die gewinnorientierte Wirtschaft in der Roßkur danach mit der technologischen Innovationsmedizin so viele Ballast- und Schadstoffe aufnimmt, daß ihr an zufälligen Stellen Krebsbeulen wachsen.
Wir können hier keine Patentlösung für das Selektionsproblem im Wirtschaftswandel angeben, sondern nur die Aktualität dieses Problems aufzeigen. In der wirtschaftsgeschichtlichen Vergangenheit haben die Zugzwänge der Arbeitslosigkeit und Kapitalineffizienz in den großen Depressionen noch immer die qualitativen Gesichtspunkte und Zukunftsaspekte beiseite gefegt. Die Schaffung von neuen Arbeitsplätzen und von produk-

tiven Verwendungen des herumlungernden Kapitals war das oberste Gebot der Stunde. Daß bei der resultierenden Überstürzung der Ereignisse auch technologische Kuckuckseier mit ausgebrütet werden, diese Skrupel haben in der Notlage nicht viel Gewicht. Denn Not bricht sogar Eisen.

Damit das Selektionsproblem lösbar ist, muß die Begutachtung von technologischen Basisinnovationen mit Muße erfolgen können. Gerade daran haperte es in den kritischen Lagen um 1825, um 1886, um 1935 und heute. Wie sollen die technischen Nebenwirkungen und die sozialpolitischen Nachwirkungen auf Spreu und Weizen untersucht werden, wenn nicht durch bedächtige Prüfung? Das braucht Zeit, und Zeit zur Prüfung von Technologieprojekten hat die Gesellschaft und hat die Wirtschaft nur, wenn der Innovationsbedarf nicht – wie er es bislang immer tat – von der Unfortschrittlichkeit der Praxis aufgestaut wird, so daß er sich schlagartig und blindwütig als gieriger Sog austobt. Denn der Innovations-Nachfragesog ist nicht wählerisch in dem, was er mitreißt. Er ruft auch solche Techniken, Praktiken und Unternehmungen auf den Plan, die wohl von der Gunst der Stunde beflügelt sind (und dann leider von seiten des Patentrechts Existenzschutz genießen), die aber auf die Dauer durch Energieverschwendung, Abfallrekorde, Belagerung knappen Bodens, Unterversorgung der Bevölkerung mit erreichbaren Qualitäten oder Ausschaltung liebenswerter Umstände unsere Lebenswelt beeinträchtigen, verarmen und entfremden.

Damit solche Fehlentwicklungen überhaupt in Schach gehalten werden können, muß eine reelle Gelegenheit zur Beurteilung der Anfänge gegeben sein. Sonst kann den Anfängen unliebsamer Auswüchse im technischen Wandel nicht gewehrt werden. Und an dieser Gelegenheit zur bedachtsamen Prüfung wird es uns immer dann fehlen, wenn eine Wirtschaftskrise alle Qualitätsmaßstäbe über Bord spült und die Not einer jeden machbaren neuen Technologie blindlings das Gütesiegel aufprägt. Hier hilft nur rechtzeitige Vorsorge, die der Marktprozeß nicht leisten kann, weil er notwendigerweise Nahziele vor Fernziele setzt. Hier fehlt eine konstruktive Lösung, die neben den Tagesinteressen der Etablierten auch die Zukunftsinteressen der Kinder und Enkel zur Geltung bringt; Krisenmanagement genügt nicht.

Die Aufgabe des modernen Menschen, der sich die Erde unterworfen hat, ist, daß er seine eigenen Werkzeuge, „die Geschöpfe des Prometheus“, beherrschen lernt und ihren Fortwuchs unter Kontrolle behält. Darin liegen Sachzwang und evolutorische Chance im technologischen Patt der siebziger Jahre. Der nächste Innovationsschub kommt bestimmt; aber die Inhalte liegen noch nicht fest.

Diese Chance, sein Technikschicksal zu meistern, kann der Mensch nur durch einen neuerlichen Griff zu den Früchten vom Baum der Erkenntnis packen. Er muß es tun! Der Baum der Erkenntnis und der Baum des Lebens, sie sind identisch.

DRITTES BUCH

DIE ROLLE DES INTERESSENSTAATES

Jedes Volk auf Erden hat den Staat, den es verdient,
und verdient den Staat, den es hat

K. G. MANN

In den ersten beiden Büchern haben wir die Grundzüge des Wirtschaftswandels und den Wissenstransfer von der Theorie in die gewandelte Praxis nachvollzogen, und wir kamen zu den folgenden Ergebnissen:

Die Industriewirtschaft konzentriert sich in den Phasen des Wachstums auf Betätigungsfelder, in denen der *kommerzielle* Erfolg am größten ist. Dieser vom Gewinnstandpunkt aus sehr sinnvollen Verhaltensweise haftet allerdings unter anderem diese Schattenseite an: Am Gewinn orientiert, unterläßt die etablierte Industrie tendenziell das Erschließen von industriellem Neuland, auf dem das freigesetzte Kapital und die freigesetzte Arbeit später einmal – wenn die abgegrasten Betätigungsfelder ihren Einsatz nicht mehr lohnen – eine Zuflucht finden müssen. Das Investieren in Basisinnovationen verspricht nicht so bald und nicht so gewiß die gleiche Rendite wie das Investieren in die Ausweitung der Massenproduktion der landläufigen Güter, jedenfalls dann noch nicht, wenn die Grenzen des Marktwachstums noch weitab liegen.

Die Industrie bildet Schwerpunkte im Produktionsprogramm; sie konzentriert sich auf das Ertragreiche, nämlich auf die Bedienung jenes Verbrauchsmusters, für das die Verbraucher aus Geschmacksgründen oder infolge von Sachzwängen oder wegen rechtlicher Vorschriften schwerpunktmäßig ihren Verdienst ausgeben oder ausgeben müssen. Mit diesem sich konzentrieren auf wachsende Märkte wächst der Konzentrationsgrad des Angebots. Mit zunehmender Konzentration in der Wirtschaft nimmt der Zwang zur Standardisierung der Produkte zu, und das Angebot wird qualitativ immer weniger flexibel, eine Tendenz, die sich selbst verstärkt, weil der gedämpfte Qualitätswettbewerb zur quantitativen Ausdehnung der Produktion zwingt, um die Stückkosten zu senken. Die Quantität siegt über die Qualität.

Und die ausgewachsene Industrie unterläßt auf den von ihr besetzt gehaltenen Marktsegmenten die auf Dauer notwendigen Anpassungsmaßnahmen an die Veränderungen der sich im Zuge der Sättigung wandelnden Nachfrage; sie ersetzt die noch möglichen Verbesserungsinnovationen tendenziell durch Scheininnovationen. Dadurch können die unangefochtenen Marktführer den Qualitätswettbewerb streckenweise ausschalten, bekommen so die Hand frei im Preistreiben auf „ihren“ Marktsegmenten, und alle Preispraktiken sind bei einer solchen Datenkonstellation lauter und legal; alle Kartellrechte und Antitrustgesetze in den westlichen Ländern sind dagegen zahnlose Papiertiger.

Sich auf das wesentliche konzentrieren ist durchaus rational. Das gilt für Personen wie für Gemeinwesen. In der Beschränkung zeigt sich erst der Meister. Aber eine Person kann durch ihre übertriebene Selbstbeschränkung leicht borniert erscheinen. Und so kann auch die übertriebene Konzentration von Kapital und Arbeit auf ein künstlich begrenztes Qualitätsspektrum die so festgelegte Wirtschaft über Gebühr einengen: Die Grenzen des Wachstums in den ausgewachsenen Wirtschaftszweigen sind Fesseln, deren Würgegriff nur noch drückender wird, wenn Arbeitnehmer und Arbeitgeber in gewohnter Weise dagegen ankämpfen und den Kampf auf dem Rücken der Verbraucher austragen. Diese verlassen den Markt.

Dabei ist es egal, ob die Unternehmungen ihre Rationalisierungsreserven in den Wettbewerb werfen (über den Kapazitäts-Effekt mindert das den gesamten Beschäftigungsgrad der Arbeit und bindet nur noch mehr Kapital in einer größeren Menge von Ladenhütern), oder ob die Branche in die Preise flüchtet (was die Nachfrager nur noch mehr abschreckt). Wir haben in Kapitel 2 und 3 gezeigt:

Die überzogene Konzentration in den Leitindustrien bringt die inflationäre Preisspirale in Gang. Sie treibt aber auch die Stagnation – den Rückstau an den Grenzen des Marktwachstums

– ins Extrem. Denn die Stagflation, einmal in Gang gekommen, heizt sich selber ein: die Stagnation füttert die Inflation und die Inflation verschärft die Stagnation. Dafür liefert die Jahreswende 1974/75 zwei besonders treffende Beispiele: Trotz des Nachfragerückgangs nach Volkswagen (der VW-Konzern fuhr 1974 in seinen sechs inländischen Betrieben 100 Mio. DM Verlust ein, und 86000 der 110000 Beschäftigten mußten kurzarbeiten) hat die Firma die Preise dreimal innerhalb eines Jahres erhöht: am 11. 3. 74 um 6,35%, am 13. 5. 74 um 6% und zum Jahreswechsel noch einmal um 3,5% (lt. dpa/ddp vom 3. 1. 1975). Und während die Zahl der Fluggäste im Berlin-Verkehr laufend abnimmt (1972 um 12%, 1973 um 15,4% und 1974 um 12,4%), verlangen die Fluggesellschaften laufend höhere Preise; auch sie erhöhten dreimal innerhalb eines Jahres: am 15. 2. 74 um 9,5%, am 4. 6. 74 um 10,4% und im Frühjahr 1975 um 8% (Tagesspiegel vom 4. 1. 1975).

Beide Fälle von Preistreiberei trotz schrumpfender Nachfrage sind Paradebeispiele dafür, daß die Allianz von Arbeit und Kapital in den konzentrierten Branchen daran gewöhnt ist, in ihren Wirtschaftsplänen die Wünsche der Verbraucher nur unvollständig zu berücksichtigen oder gar weitgehend zu ignorieren. Diese schlechte Gewohnheit stammt noch aus der Boomperiode, als die meisten Märkte Verkäufermärkte waren, weil die Nachfrage noch weitgehend ungesättigt war. Damals waren die Wünsche der Produzenten (Arbeitgeber, Arbeitnehmer) und der privaten, industriellen und staatlichen Verbraucher noch gleichgerichtet: „Mehr und mehr und mehr“ (Otto Brenner). Im technologischen Patt hingegen laufen die Produzentenwünsche und die Konsumentenwünsche auseinander, und die Verbraucher verhalten sich nicht mehr harmonisch mit den Wünschen der Produzenten.

Dieser Interessenkonflikt bringt die Politik, die ja fast immer den stärksten Interessen dient, in arge Verwirrung. Denn in der modernen Rollenvielfalt ist die Mehrheit der Wähler sowohl Produzent als auch Verbraucher, aber ein zunehmender Bevölkerungsteil (Jungwähler, Pensionäre und im öffentlichen Dienst Beschäftigte) identifizieren sich weniger mit dem Arbeitgeberflügel oder dem Arbeitnehmerflügel als mit dem Verbraucherinteresse. Und da drückt der Schuh: Mißstände im öffentlichrechtlich kartellierten Gesundheitswesen, Mietwucher im staatlich subventionierten Wohnungsbau, Schröpfung durch politische Agrarpreise, die das amtliche Abschöpfungssystem setzt, Ausplünderung durch mehrwertsteuerlich inflationierte Industriepreise, an denen der Verbraucher auch die Ohnmacht der Wirtschaftspolitik angesichts der Lohn-Preis-Spirale spürt, Entwertung seiner Ersparnisse durch eine staatlich reglementierte Geldwirtschaft, die direkten Steuern, an die er unablässig und schmerzlich erinnert wird – all das bedrückt die Mehrheit der Verbraucher viel intensiver, als eine Minderheit von Produzenten sich über den wie immer gearteten Ausgang von Tarifverhandlungen freut.

Vom Standpunkt der Verbraucher aus gesehen ist jede Tarifauseinandersetzung zwischen Produzentengruppen eine leidige Sache, und die Querelen zwischen den Parteiungen, die sich mehr mit diesem oder jenem Produzenteninteresse identifizieren, lassen ihn mehr oder weniger kalt.

Diese Indifferenz zeigt sich im Wählerverhalten in fast allen westlichen Ländern. Was in den westlichen Industriegesellschaften zur Wahl steht, sind – mit Ausnahme von Splittergruppen – cum grano salis entweder „Konservative" oder „Labour"; und zwischen ihnen optiert der Wähler tendenziell gegen die Mehrheit, und zwar so wie das Roulette zwischen „schwarz" und „rot" oder ein Münzenwerfer zwischen „Zahl" und „Adler": das Ergebnis konvergiert gegen Fünfzig-Fünfzig und lähmt die Demokratien (parlamentarisches Patt und Unregierbarkeit).

Vom Standpunkt des Verbrauchers aus gesehen bedarf es vieler Innovationen in der warenproduzierenden Wirtschaft, im Dienstleistungssektor und bei amtlich gebilligten Marktpraktiken, die offensichtlich im Produzenteninteresse zu seinen Lasten gehen. Die Durchführung dieser Basis-, Service- und Sozialinnovationen würde, wenn die Neuerungen dem modernen Qualitätsbewußtsein und dem Bedarf der Verbraucher entsprächen, so viele Arbeitsplätze schaffen, daß sich die Parteipolitik

um die Produzenteninteressen kaum noch in dem Maße kümmern müßte, wie dies bislang der Fall war. Der Raum für die Entwicklung der Marktwirtschaft ist längst noch nicht bis zum letzten ausgeschöpft.
Im folgenden Kapitel wollen wir einige unserer Vorstellungen über die Möglichkeiten der Heilung der Marktwirtschaft von der leidigen Krisensucht darlegen, zumindest in vorläufigen, groben Zügen. Sie setzen beim vorstehenden Befund der Fehlleistungen des Marktmechanismus und der Wirtschaftsführung ein, die sich in destabilisierenden Übertreibungen und Unterlassungen äußern. Bei der eingebürgerten Arbeitsteilung zwischen Staat und Privat setzt die öffentliche Hand Randbedingungen für das zulässige Handeln der Privaten. Wenn die gesetzten Handlungsspielräume ohne Rücksicht auf Krisen eine Überschußproduktion in den etablierten Wirtschaftszweigen zulassen und der Vernachlässigung des Fortschritts Vorschub leisten, dann sind sie offenbar falsch gesetzt. In diesem Sinne verdient besonders das Patentsystem einen sehr kritischen Blick, denn an ihm bricht sich das Verbraucherinteresse am eindrucksvollsten.

Kapitel 7

Das Patentsystem – eine Bremse des Fortschritts

Panoptical purview of political progress and the future presentation of the past

JAMES JOYCE in „Finnegans Wake“

Die Wirtschaft leidet an ihren eigenen Übertreibungen und Unterlassungen: Einerseits an den von ihr selbst zu groß geschneiderten Produktionskapazitäten auf den sich sättigenden Märkten, und andererseits an der mangelnden Vorkehr durch Unterlassung von Basisinnovationen und Vermeidung von Verbesserungsinnovationen und deren Ersatz durch Scheininnovationen. Die Überproduktion auf den gesättigten Märkten kann wohl nicht auf Fehlleistungen der Nachfrager zurückgeführt werden, etwa nach dem Motto, das die Münchner Lach- und Schießgesellschaft als Silvesterscherz zum besten gab: „Die Verbraucher sind an allem schuld, sie verbrauchen am Markt vorbei.“
Es sind Fehlleistungen der Wirtschaftsführung auf der Angebotsseite, die ins technologische Patt führen, und auch nicht etwa Schaltfehler allein der Unternehmensführungen, die sich in der Menge und im Preis und in der Qualität verschätzt haben, sondern auch Fehler in der Wirtschaftspolitik, die die Handlungsspielräume derart setzt, daß ein Fehlverhalten dabei herauskommt.
Auf der einen Seite das übertriebene äußere Wachstum der physischen Produktionsvermögen, das eine Analyse der Sättigungstendenzen der Nachfrage eigentlich hätte vereiteln müssen; auf der anderen Seite die Beschränkung des Handelns auf die längst zur Routine gewordenen Tätigkeiten und die Unterlassung der Vorkehr für das Anders-Machen, die angesichts der Marktverhältnisse nur mit Blindheit oder Einfallslosigkeit erklärt werden können; beide Merkmale zusammen ergeben ein

gefährliches Muster. Es stellt sich – abstrakt gesprochen – ein, wenn der Konzentrationsgrad und die Unfortschrittlichkeit gewisse kritische Schwellenwerte übersteigen. Um ein konkretes Beispiel aus der Fülle des vergangenen Lebens herauszugreifen: Fettleibigkeit (overutilized under-jaw) und Engstirnigkeit (underutilized over-head) sind Dinosaurier-Syndrome.

Bei der leidigen Überkapazität und Überproduktion wird doch offenbar Kapital verschwendet – wird vorgetane Arbeit unzweckmäßig genutzt – und zusammen mit aktueller Arbeit fehlgeleitet: volle Schaufenster sind gut, besonders, wenn die angebotenen Waren das Maximum an erreichbarer Qualität darstellen; aber allzuviel davon ist kritisch. Wenn zu viel Kapital und Arbeit in Ladenhüter gesteckt wird, deren verlorene Herstellungskosten von den unglücklichen Käufern mitbezahlt werden müssen, die sich dem subtilen Kaufzwang nicht entziehen oder entziehen können, dann wird der Markt brüchig. Und das bedeutet, daß das riesige Produktivvermögen zur Herstellung dieser Waren schleichend oder schlagartig an Wert verliert; teilweise oder vollständig. Die Inflation ist der Umverteilungsschlüssel, mit dem die außerordentlichen Abschreibungen des fehlgeleiteten Kapitals auf die breitere Bevölkerung abgewälzt werden: durch die stille Auszehrung des mittelständischen Sparvermögens wird der Mittelstand angezapft, durch Sozialisierung der Verluste wird die gesamte Bevölkerung belastet.

Leistungsfähigkeit der Marktwirtschaft und Fehlleistungsfähigkeit sind zweifellos zwei Seiten der gleichen Medaille. Beide hängen sie am staatlich gewährleisteten Gebrauch des Privateigentums. Das Eigentum ist ein Mandat; in der protestantischen Ethik sind es anvertraute Silberpfunde, mit denen der Auftrag „Handelt damit!“ (Lukas 19, 13) verbunden ist; unser Grundgesetz verknüpft ebenfalls das Eigentum mit dem Leistungsprinzip, legt diesem aber Zügel an: „Eigentum verpflichtet. Sein Gebrauch soll zugleich dem Wohle der Allgemeinheit dienen.“ (Artikel 14 (2) GG.)

Aber lenken die Zügel auch? War doch das Sparen und das Investieren in die Herstellung von Autos, Turbinen, Wohnungen usw. bis heute die erste Bürgerpflicht, und plötzlich ist gerade dies eine Untugend, und das Konsumieren und das Investieren in Neuerungen wird das Gebot der Stunde. Wie kann dem eigentümlichen Mandat Genüge getan werden, wenn einmal dies, ein andermal das genaue Gegenteil davon getan werden müßte, um ihm gerecht zu werden? Der rechte Gebrauch des anvertrauten Produktivvermögens ist eine knifflige Angelegenheit, und es auf die Dauer richtig zu machen, ist schwierig wie eine Gratwanderung.

Marx hat deshalb – und nicht nur deshalb – im Begründen von Privateigentum den eigentlichen Sündenfall in der Evolution der menschlichen Lebensweisen erblickt, und die Marxisten haben den Besitz von eigener Habe als Grundübel des Kapitalismus herausgestellt. Daß aber eine andere Art des Mandats an den Produktionsmitteln einerseits leistungsfähiger wäre, andererseits vor Fehlleistungen gefeiter wäre, entzieht sich der Einsicht, wenn man das Wie, Wann, Wozu, Womit usw. konkret hinterfragt.

Auch wird man das Streben nach Eigentum den Leuten nicht „austreiben" wollen, nur um die Fehlleistungen im Wirtschaftsprozeß zu unterbinden. Erstens ist nicht ersichtlich, wieso das Einkleiden des „nackten Interesses" [1] oder das Erwärmen des „eiskalten Wassers egoistischer Berechnung" [2] irgend etwas zur konkreten Aufgabe des Ausbalancierens von Leistung und Fehlleistung beitragen könnte. Zweitens darf man prinzipiell etwas haben gegen jede Austreibung; aber auch gegen die Rückkehr „zu einigen der sichersten und gewissesten Grundsätze der Religion und herkömmlichen Tugend", die Keynes vorschwebte. Gewiß hat Keynes mit der Ansicht recht „daß Geiz ein Laster ist, das Verlangen von Wucherzinsen ein Vergehen, die Liebe zum Geld verächtlich"; aber „daß diejenigen, die sich am wenigsten um das Morgen sorgen, am wahrsten in den Pfaden der Tugend und maßvoller Weisheit wandeln", erweckt schon ernste Zweifel. „Wir werden die Zwecke wieder höher werten als die Mittel, und werden das Gute dem Nützlichen vorziehen. Wir werden wieder diejenigen ehren, die uns lehren, der Stunde und dem Tage, tugendhaft und gut, gerecht zu werden – jene köstlichen Menschen, die zu einem unmittelbaren Genuß der Dinge fähig sind, die Lilien des Feldes, die sich nicht mühen und die nicht spinnen" [3], fährt Keynes fort. Sein Plädoyer gilt einer weniger entfremdeten Produktion, einer weniger entsinnlichten Konsumtion; und es wendet sich gegen die Unterwerfung von immer mehr Lebensäußerungen des Menschen der Wohlstandsgesellschaften unter das schnöde Reglement der verwalteten Arbeitsabläufe und des kommerzialisierten Verbrauchs.

Aber das Rad der Geschichte läßt sich nicht zurückdrehen. Manche traditionellen Werte klingen zwar auch heute noch gut, sind aber praktisch ausgehöhlt, wenn sich die beschworene Güte und Tugend nur innerhalb von traditionellen Rollen leben lassen, von denen befreit zu sein für den modernen Menschen eine Wohltat ist. Und wo solche Tugenden mit dem Sachzwang der modernen Lebensweise in Konflikt sind, so daß sie nicht gelebt werden können, ohne die Sachzwänge zu ändern, da ist das Lob von Güte und Tugend nur Verschleierung. Mit Recht zählt deshalb Joan Robinson Keynes mit den genannten Zitaten zu den falschen Propheten [4].

Weder am Streben nach Eigentum, wenn es nicht gerade in Gier ausartet, noch am Haben von Eigentum, wenn es nicht gerade in Geiz ausartet, ist soviel auszusetzen, daß man dem Eigentum als Form des Mandates über nützliche Dinge valet sagen möchte. Solange keine bessere Form der Verfügungsmacht über Kapitalgüter erfunden worden ist, sollte das Eigentum gewährleistet bleiben. Und solange es keinen Mechanismus der Lenkung der Produktivkräfte über die Konsumfreude und die abgewogenen Bedürfnisse der Menschen gibt, solange sollte man dem konkurrierenden Streben nach Erwerb von Eigentum in den dafür geeigneten Industrien durchaus vertrauen als dem besten Leistungsantrieb, den es auf industriellem Neuland gibt. Problematisch ist es an den Grenzen des Wachstums mit überkonzentrierten Industriezweigen und bei „öffentlichen" Gütern.

Wenn es also darum geht, die Neigung der Marktwirtschaft zu wiederkehrenden Krisen einzudämmen, dann wollen wir wegen der Leistungsfähigkeit des erwerbswirtschaftlichen Marktprozesses das Haben von und das Streben nach Eigentum bewahren; andererseits seien damit aber auch nicht manche negativen Nebeneffekte tabuisiert, die bei der Begründung und beim Einsatz des Eigentums auftauchen und auf denen Fehlleistungen des Marktmechanismus beruhen. Schließlich geht es nur um ganz spezifische Unterlassungen und Übertreibungen bei der Begründung und beim Einsatz von Eigentum; diese sind keinesfalls generell mit dem Verfügen über Eigentum verknüpft, sondern sind eher Ausnahmen. Diese gilt es als Krankheitsursache der Marktwirtschaft zu diagnostizieren, damit die Kur weder unwirksam an den Symptomen laboriert, noch unnötigerweise ins Gesunde schneidet, sondern gerade und nur den Krankheitsherd trifft.

In einer Zeit, da viele Zeitgenossen bezweifeln, ob die Marktwirtschaft überhaupt noch zu retten ist, muß die chronische Krisenmalaria der Marktwirtschaft schon ernsthaft behandelt werden. Sonst führt man die Milchkuh noch eines Tages ins Schlachthaus anstatt auf Weiden, wo sie eine Diät findet, die ihr post-operativ wohl bekommen könnte. Und ich glaube, daß es sich lohnt, darüber nachzudenken, ob nicht eine Operation am Patentsystem Heilung brächte – zumindest von der akuten Krankheit.

A. Das Patentsystem – und der Technikdrall der Marktwirtschaft

Viele Lebewesen besitzen heute irgendwelche „nutzlosen" Organe, die in einem früheren Stadium der Evolution durchaus eine lebenswichtige Funktion gehabt haben, im Laufe der Entwicklung dieser Tierart aber immer mehr Aufgaben an andere Organe abgegeben haben. Bei vollständigem Verlust aller Funktionen sind sie zu Appendices verkümmert. Aber degenerierte Organe können ebenso wie andere auch von Krankheiten befallen werden: Eine Appendicitis kann für ein Individuum lebensgefährlich werden. Degenerierte Organe können sogar eine ganze Tierart ins Verderben stürzen: Wir Menschen jagen die

Nashörner wegen der angeblich aphrodisischen Wirkung des Hornmehls und sind dabei, sie auszurotten.
Eine ähnliche Bewandtnis hat es mit dem Patentsystem in der industriellen Evolution der menschlichen Lebensweisen. In der Frühphase abendländischer Entwicklung, in der Renaissance, hat dieses „Organ" einen entscheidenden Stoffwechselvorgang bewirkt, der für den Aufstieg des Abendlandes zu seiner Größe im Industriezeitalter den besonderen Kraftstoff lieferte. Aber was einst im ausgehenden Mittelalter von besonderem Nutzen war, ist es heute nicht mehr, oder nicht mehr so. Heutzutage leidet die Wirtschaft besonders wegen des degenerierten Organs an Stoffwechselschwierigkeiten.
Das Patentsystem ist eine Erbschaft aus dem späten Mittelalter; und wenn man bedenkt, daß es von den Dogen von Venedig ins Leben gerufen wurde, die ja bei der Verfolgung ihrer Ziele nicht zimperlich waren, so nimmt man den haut-goût wahr, der dem Patentsystem seit seiner Entstehung vor einem halben Jahrtausend anhaftet.
Den Zweck, den die Herren über das koloniale Venedig mit ihrem „decreto sulla protezione delle invenzioni" vom 19. März 1474 verfolgten, war die Förderung des technischen Fortschritts in der Form, wie er von ihnen gewünscht wurde: das Erfinden von technischen Werken, Werkzeugen – und vor allem von überlegenen Waffen. Und mit diesem lapidaren Text konnte die Politinnovation eingeführt werden:
„Es gibt in dieser Stadt – und dank ihrer Größe und Güte kommen zeitweilig von anderen Orten hierher – Leute mit scharfsinnigem Geist, die imstande sind, verschiedene trickreiche Vorrichtungen auszudenken und zu finden. Wäre es nun vorgesehen, daß andere, welche die von ihnen erfundenen Werke und Vorrichtungen gesehen haben, diese Werke und Vorrichtungen nicht ausführen und ihnen so die Ehre nicht nehmen könnten, würden diese Leute ihren Geist schärfen und Sachen erfinden und machen, die von nicht geringer Nützlichkeit und Wohltat für unsere Stadt wären. Deshalb wird mit der Autorität dieses Konziliums die Verordnung erlassen, daß jede Person, die in dieser Stadt irgendeine neue und erfindungsrei-

che Sache schaffen wird, die in unserem Dominium noch nicht vorher ausgeführt worden war, sobald sie soweit perfektioniert ist, daß sie benutzt und ausgeführt werden kann, sie dem Prüfungsamt unserer Gemeinde zur Kenntnis bringen soll. Es sei jedem anderen in jedwelchem unserer Territorien verboten, während einer Zeit bis zu zehn Jahren ohne Zustimmung und Lizenz des Autors eine Vorrichtung von gleicher oder ähnlicher Form auszuführen. Sollte sie trotzdem jemand ausführen, wird der genannte Autor und Erfinder die Freiheit haben, ihn vor das Amt zu laden, das ihn veranlassen wird, ihm 100 Dukaten zu zahlen und die Vorrichtung sofort zu vernichten. Es sei sodann unserer Regierung nach eigenem Ermessen die Freiheit überlassen, jede dieser Vorrichtungen und Instrumente für ihren Bedarf zu nehmen und zu benützen, jedoch unter der Bedingung, daß sie niemand anders als der Autor ausführen kann." (Dafür 116; dagegen 10; Enthaltungen 3.)
Ein Zeitgenosse, Polydor, schnitzte in Holz (Abb. 7.1), was ihm um 1550 „Von den Dyngen Erfindung" bekannt war: Kleingeräte. Welche stimulierende Wirkung der neu eingeführte Patentschutz auf die Talente ausübte, wird aber eher aus den kühnen Plänen ersichtlich, die aus den Jahrzehnten um 1500 stammen, besonders als Zeichnungen Leonardo da Vincis, dessen Genius nicht nur außerordentliche Werke der bildenden Künste, sondern auch gewaltige Wasserwerke, mechanische Kraftmaschinen, Vernichtungsanlagen und selbst Skizzen für Flugzeuge geschaffen hat.
Seit der Renaissance gehörte das Erfinden von nützlichen Dingen zu den Glanzleistungen der aufgeklärten Menschen, und der Lohn war reich und stolz: Das Patentsystem sicherte dem Erfinder den wirtschaftlichen Ertrag, und die Gesellschaft würdigte den erfolgreichen Erfinder mit Ruhm und Ehre. Wohlstand und Sozialprestige des erfolgreichen Erfinders lockten die Talente in erfinderische Bahnen. Erforschen und Erfinden rückten mehr und mehr nach vorn im Wunschdenken der Jungen und nahmen den ersten Platz ein vor ihrem kolumbianischen Drang nach Abenteuern und Entdeckungen. Bis zu diesen Tagen, da die science-fiction-Banal-Literatur diesem Vor-

gang die Spitze zu brechen droht, brachte die Sozialisation im abendländischen Kulturkreis eine leicht wachsende Zahl des Typs „notorischer Erfinder“ hervor.
Aber die Konditionierung der Talente ist einseitig. Und dabei spielt das Patentsystem eine fragwürdige Rolle als Weichensteller. Ein Patent kann nur für Erfindungen gewährt werden, die „neu“ sind. Das „Neue“ läßt sich aber eigentlich nur an physischen, materiellen Kriterien, Dingen oder Verfahren feststellen. Deshalb gibt es für nichtphysische, nichtdingliche Erfindungen (etwa für organisatorische Reformen, für neue Verhaltensweisen, neue Gebrauchsmuster, neue Lieder, neue Stile in Malerei und Dichtung, neue Computerprogramme usw.) keinen Patentschutz. Neue „hardware“ kann man patentieren lassen, neue „software“ nicht. Technische Neuheiten finden, das lohnt den Einsatz im Erfolgsfalle. Wer sich hingegen an das Erfinden von organisatorischen Neuerungen oder Dienstleistungsinnovationen wagt, der muß schon durch riesigen Kapitaleinsatz gleich den ganzen Markt besetzen (leasing, franchising), wenn er seine marktfähige nichtdingliche Neuerung für seinen Eigennutz sichern will. Unterhalb dieser Schwelle muß er mit Armut (bei den brotlosen Künsten) und Anfeindung (bei den Sozialinnovationen) rechnen.
Natürlich gibt es Ausnahmen von der Regel, aber es ist die generelle Verlockung bzw. die prinzipielle Abschreckung, die das erfinderische Talent vornehmlich in die Technik leitete und es vom Pläneschmieden für nützliche Reformen, Novellen und Sozialinnovationen abhielt.
Gewiß gibt es auch noch andere Gründe für die chronische Einseitigkeit der abendländischen Industrialisierung. Aber etliche dieser Gründe sind Nebeneffekte der Patentierungspraxis, und der hervorstechendste Grund für den Drang in die Technik ist die Diskriminierung der sozialinnovatorischen Initiativen – die natürlich vom Standpunkt undemokratischer Herrschaft aus durchaus verständlich ist.
Mit dem Patentschutz für technische Neuerungen kam also nicht nur eine Flut von technischen Neuerungen, sondern, weil man nicht-physische, nicht-technische Erfindungen nicht paten-

tieren lassen kann, auch eine Ebbe in der Schöpfung von neuen Organisationsformen und Dienstleistungen. *Die industrielle Evolution hat seit 1474 einen Technikdrall,* der nicht allein zu immer schrecklicheren Vernichtungswaffen, sondern im Zivilbereich auch etwa dazu führte, daß die Bundesrepublik Deutschland im Weltmaßstab den höchsten Industrieanteil am Sozialprodukt, dafür aber den kleinsten Anteil im Dienstleistungssektor aufweist. In Japan ist es ähnlich. In keinem anderen Industrieland ist die Beschäftigung so kraß verzerrt wie in Deutschland und Japan. Überall aber lenkt das Patentsystem durch die Art, wie es den Erfindungsgeist belohnt, diesen auf das Gebiet der Technik, auf materiellen technischen Fortschritt. Derweil ist auf den humanitären Gebieten der Fortschritt eine Schnecke (nach Günter Grass).

Niemand kann sagen, ob ohne das Patentsystem der technische Fortschritt auch so stürmisch verlaufen wäre. Vielleicht wäre die Welt heute um viele Maschinen, Atomwaffen und um das Bild der Rückseite des Mondes ärmer. Vielleicht wäre sie auch um anderes reicher. Vielleicht wären ohne das Patentsystem und die mit ihm entstandene Technologie-Monopolrente die schöpferischen und mit Tatkraft ausgestatteten Talente mehr dazu angespornt worden, ihren Erfindungsgeist und ihre Tatkraft mehr auf die organisatorischen Verbesserungsmöglichkeiten unserer Lebens- und Arbeitswelt zu verwenden. Dort hat die Menschheit einen großen Nachholbedarf und Raum für einen gewaltigen Innovationsschub.

Man wird sich also überlegen müssen, ob zur Deckung dieses Nachholbedarfs in Lebensqualität der Patentschutz für technische Neuerungen in Zukunft eingeschränkt werden sollte, oder ob er auch auf nicht-technische Erfindungen ausgedehnt werden sollte. Mit mehreren Innovationsforschern aus England, Frankreich und den USA neige ich vorerst zu der ersten Lösung; vornehmlich aus dem Grunde, weil unter modernen Forschungs- und Entwicklungsbedingungen der Innovationsprozeß vom Patentsystem eher behindert als gefördert wird.

Hingegen gibt es Partialinteressen, die von einer solchen im Gemeininteresse liegenden Reform betroffen würden und Wi-

derstand leisten würden. Von diesem Widerstand erhielten wir vor Jahresfrist ein paar Kostproben, als wir eine Konferenz zum 500jährigen Jubiläum des Patentsystems in Venedig abhalten wollten. Die Konferenz, auf der neben den Vorteilen auch die Nachteile der Patentpraxis auf dem Programm standen, scheiterte an Wehr- und Wirtschaftsinteressen.
Die Sorge der Wehrexperten, daß eine Einschränkung des Patentschutzes für neue Technologien eventuell auch die Wehrkraft beeinträchtigen könnte, konnte inzwischen mit dem Hinweis zerstreut werden, daß Geheimwaffentechniken ohnehin nie zur Patentanmeldung gegeben werden, weil man sonst öffentlich bekannt machen müßte, was man geheimhalten will. Die Sorge der Vertreter der Industrie, die ihre Gewinne der überzogenen Konzentration verdanken, konnten wir nicht zerstreuen. Die Fehlleistungen der Marktwirtschaft – das Vernachlässigen von Basisinnovationen und das Vermeiden von Verbesserungsinnovationen und deren Ersatz durch Scheininnovationen, mit allen kritischen Folgen – liegen zum großen Teil in der Überkonzentration begründet, und dabei spielt das Patentsystem eine instrumentale Rolle.
Der überzogene Technikdrall und die haarsträubende Gefahrenakkumulation der industriellen Entwicklung sind nur einige der „Stoffwechselschwierigkeiten" des degenerierten Patentsystems; neben diesen sozialen und technischen Fehlentwicklungen, die wir beherrschen lernen müssen, kommt es uns hier auf die Fehlleistungen im wirtschaftlichen Prozeß an. Es sind dies Übertreibungen und Unterlassungen, die das Patentsystem ermöglicht, oder denen es Vorschub leistet. Davon handeln die nächsten beiden Abschnitte dieses Kapitels.
Dies ist der Grundgedanke: Bei der Investition – bei der Finanzierung von geschäftlichen Projekten zum Zwecke der Gewinnerzielung – konkurrieren innovative Projekte mit Routineprojekten, und ob ein Kapitalbesitzer sein Geld in ein innovatives oder ein übliches Projekt investiert, das ist nicht eine Sache der tatsächlich erzielbaren Gewinne, sondern eine Sache der unterschiedlichen Gewinnerwartungen. Die subjektiven Momente dominieren die Investitionsentscheidungen.

Deshalb sind Projekte zur Erforschung, Entwicklung und Durchführung von Basisinnovationen immer im Hintertreffen; weil sie risikoreich sind, werden die Kosten überschätzt und die Gewinne unterschätzt, obwohl doch gelungene Basisinnovationen die Grundlage sind für außerordentliche Unternehmungsgewinne. Denn Basisinnovationen schaffen eine monopolistische Technologie-Rente. Deshalb ist es schon sehr erstaunlich, daß die Privatwirtschaft in der Stagnation das verfügbare Wissen für technologische Neuerungen nicht zügig anwendet (Paradox der ungenutzten Technologie) und statt dessen die Investition weiter in die ausgewachsenen Branchen lenkt, in denen ohnehin schon die Überkapazität auf die Unterkonsumtion trifft. Diese Fehlleitung der Arbeit und des Kapitals ist wenigstens teilweise als Wirkung des Patentsystems verständlich.
Dabei müssen wir zwei miteinander verknüpfte Wirkungen gesondert betrachten, die das degenerierte Patentsystem in modernen Zeiten ausübt; Wirkungen, die genau umgekehrt laufen als in alten Zeiten. So hat das Patentsystem in der Frühindustrialisierung und im Merkantilismus durchaus den technischen Fortschritt stimuliert und deshalb die Monopolrente gerechtfertigt. Heute ist das anders:

1. Das Patentsystem entfaltet unter modernen Bedingungen einen *hinderlichen Einfluß auf die Basisinnovation*. Der technische Fortschritt ist nicht mehr ein Einmann- oder Handwerksgeschäft, sondern eine tiefgestaffelte, über mehrere Zwischenträger reichende Forschungs- und Entwicklungskaskade. Auf der Stufenleiter des technischen Fortschritts zwischen Invention und Innovation halten die Vordermänner, weil sie die profitablen Nutzungsrechte nicht an die Hintermänner verlieren wollen, mit den noch ungeschützten Ideen zurück. Der moderne, arbeitsteilige Innovationsprozeß wird von Kommunikationsbarrieren aufgehalten, die auf der Geheimniskrämerei beruhen, zu der die Aneignungsbedingungen des Patentsystems die Beteiligten zwingt. Davon handelt Abschnitt B.
2. Das Patentsystem entfaltet unter modernen Bedingungen einen *hinderlichen Einfluß auf die Verbesserungsinnovation*. Die

meisten Märkte für Produkte mit einigermaßen moderner Technologie werden heute oligopolitisch verwaltet: ein paar Großunternehmen halten den Löwenanteil des Marktsegmentes besetzt, und weil die etablierten Großbetriebe praktisch kaum noch aus ihrer Stellung zu vertreiben sind, können sie den Qualitätswettbewerb einschläfern, um so die Hand freizubekommen für überzogene Preisforderungen. Das Instrument zur Einschläferung des Qualitätswettbewerbs ist der gezügelte technische Fortschritt, nämlich das Unterlassen von eigentlich möglichen Verbesserungsinnovationen und ihren Ersatz durch Scheininnovationen (von Blendwerk bis zum modischen Wechsel). Dem leistet der moderne Industriestaat Vorschub, indem er das angestammte Hoheitsrecht, im Fall der Nichtbenutzung eines Patents die Sache in die eigene Hand zu nehmen, nicht mehr ausübt (allenfalls im Zug der Beschlagnahme von neuem Kriegsgerät). Davon handelt Abschnitt C.

B. Verzögerung der Basisinnovationen und Verzerrung der Einkommensverteilung

Wir wollen hier den verzögernden Effekt des Patentsystems unter modernen Forschungs- und Entwicklungsbedingungen darlegen, der auf der tiefgestaffelten Arbeitsteilung in der Forschung und Entwicklung zwischen Staat und Industrie beruht. Dabei beobachten wir auch eine nie dagewesene Sozialisierung der Gestehungskosten des technischen Fortschritts, welche die Frage aufwirft, ob die außerordentlichen Gewinnchancen, die mit dem nächsten Innovationsschub erwartet werden dürfen, wie bisher privatisiert werden sollen.

1. Die Stufenleiter des Wissenstransfers

In der Renaissance des Abendlandes, als die Produktion noch in Handwerksstätten organisiert war, deren Größenordnung von der feudalen Parzellierung des Standortes und der Eifersucht der Zunftgenossen auf die Heimwerkstätte beschränkt war,

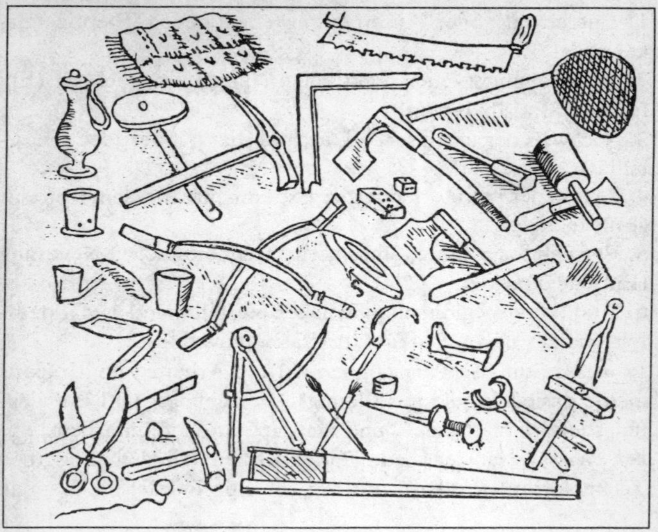

Abb. 7.1

konzentrierte sich die Erfindertätigkeit auf Dinge wie die in dem Holzschnitt des Polydor. Bei dieser Art von Neuerungen war der Inventor und der Innovator meistens ein und dieselbe Person. Der Meister oder Geselle, dem ein neues Werkzeug der in Abbildung 7.1 gezeigten Art einfiel, stellte es her und vertrieb es auch selbst.

Bei den Produkten und Prozessen der modernen, verwissenschaftlichten Technik sind Teams am Werk. Die Grundkenntnisse können heute nicht mehr autodidaktisch, sondern in der Fülle der Fälle nur im Studium erworben werden. Und die Umsetzung des Wissens ist ein gestaffelter Prozeß: Der Transfer des Wissens von der Theorie in die Praxis hat eine Staffel von Hindernissen zu überwinden. Wir können sie als Stufen der Praxisnähe der Ideen und Erkenntnisse bezeichnen, denn auf jeder Stufe werden schärfere Anforderungen an die Gewißheit gestellt, daß die Sache „machbar" ist:

1. Entdeckung oder Ausarbeitung einer neuen Theorie (Erkenntnis)
2. Wahrnehmung einer praktischen Nutzungsmöglichkeit (Erfindung, Basisinvention)
3. Nachweis der technischen Durchführbarkeit der Idee (Feasibilität)
4. Beginn der marktorientierten Experimente mit dem Konzept (Entwicklung)
5. Entschluß zur Durchführung der technologischen Neuerung (Entscheidung)
6. Produktionsbeginn mit dem neuen Verfahren oder Markteinführung der neuen Produktart (Basisinnovation).

In dieses Stufenschema können wir die Arbeiten und Experimente ansiedeln, die im Bildungs-, Forschungs- und Entwicklungsbereich stattfinden, und die die Stationen im arbeitsteiligen Wissenstransfer sind. Daran wirken bei den modernen Technologien viele Personen mit, die einzeln oder im Team an

Tabelle 7.1: Entwicklungsgang des Neopren

Jahr	Stufe	Ereignis
1906	2	Julius A. Nieuwland beobachtete die Azetylen-Reaktion im Alkali-Bad und arbeitete über ein Jahrzehnt lang an dem Problem der Ergiebigkeit der Reaktion weiter
1921	3	Nieuwland erbringt den Beweis, daß sein Stoff „Divinylazetylen" ist, ein Polymer, das im Zug von katalytischen Reaktionen herstellbar ist
1925	4	Dr. E. K. Bolton von den du Pont-Laboratorien hört das Referat von Nieuwland bei der American Chemical Society; du Pont übernimmt die Weiterentwicklung der Erfindung der gummiartigen Substanz
1932	6	E. I. du Pont de Nemours & Company führte den künstlichen Gummistoff, das Neopren, als kommerzielles Produkt in den Markt ein

Quelle: Jewkes, Sawers, and Stillerman, The Sources of Invention, 2. Aufl., London 1969, S. 274/275

ganz verschiedenen Orten sitzen können, ganz verschiedenen Organisationen angehören können, und auch zu ganz verschiedenen Zeiten an der Sache arbeiten können.

Das sei am Beispiel der Entwicklung eines der modernen Kunststoffe, dem synthetischen Gummi, verdeutlicht, der unter dem Namen Neopren bekannt wurde. Tabelle 7.1 gibt den Terminkalender des Erfolgs im Innovationsprozeß an, dem die Theoretiker, Forscher und Praktiker gefolgt sind bei der Überwindung der verschiedenen Hürden im Wissenstransfer. Der Vorgang zog sich immerhin über 26 Jahre hin.

In analoger Weise läßt sich auch der Hindernislauf der Ideen und Konzepte darstellen, die in den Schub von Basisinnovationen eingegangen sind, den wir in den Jahren um 1935 beobachtet haben (vgl. Tabellen 4.4 und 4.7). Für diese Innovationsprozesse geben wir verschiedene Daten für die Überwindung einzelner Hürden im Wissenstransfer an, wie wir sie aus den Fallbeschreibungen von Jewkes, Sawers und Stillerman entnehmen können. Die Liste ist in Tabelle 7.2 gegeben. Zeilenweise gelesen gibt sie (soweit bekannt) die Jahre an, in denen die einzelnen Sprossen auf der Leiter des technischen Fortschritts überstiegen worden sind.

Wichtig für die Einschätzung des Nutzens des Patentsystems ist die Feststellung, daß in der Frühindustrialisierung der Wissenstransfer von der Idee zur Anwendung fast ausschließlich ein individueller entdeckerischer, mehr am Probieren als am Studieren hängender Vorgang war, während er heute ein arbeitsteiliger, gesellschaftlicher, forscherischer Vorgang geworden ist, der mehrere Personen umspannt, die in ganz verschiedenen Organisationen und Sphären der Gesellschaft leben können und ganz verschiedene Interessen verfolgen mögen. Und es ist eine Sache, ob das Patentsystem talentierte Menschen mit Monopol-Renten anlockt, „ihren Geist zu schärfen und Sachen zu erfinden und zu machen“, wenn Leistung und Lohn ein und dieselbe Person empfangen; aber es ist eine ganz andere Sache, wenn eine arbeitsteilig an der Leistung beteiligte Gruppe von aufeinander angewiesenen Personen von den Aneignungsbedingungen zum Alleingang verlockt werden. Das Patent geht erfah-

Tabelle 7.2: Moderne technologische Basisinnovationen und die Stationen im Wissenstransfer (extrahiert aus Jewkes, Sawers, and Stillerman, 2. Auflage)

Bezeichnung der Basisinnovation	Jahr des Ereignisses 2)	3)	4)	6)
Hydramatisches Getriebe	1904	1931	1932	1939
Hydraulische Kupplung	1904	1926	1934	1937
Kugelschreiber	1888			1938
Katalytische Petrol-Trennung	1915		1930	1935
Wasserfestes Zellophan	1900	1912	1925	1926
Cinerama	1937			1953
Kontinuierlicher Stahlguß	1927	1935		1948
Kontinuierliches Heiß-Walzen	1892	1920	1921	1923
Baumwoll-Pflücker (Campbell)	1920		1924	1942
Baumwoll-Pflücker (Rust)	1924	1930	1933	1941
Faltenlose Stoffe	1906	1926	1929	1932
Diesel-Lokomotive	1895	1903	1925	1934
Fluoreszierende Beleuchtung	1852		1926	1934
Gyro-Kompaß	1827	1865	1903	1909
Helikopter	1904	1922	1926	1936
Insulin	1889		1920	1922
Düsenmaschine	1928	1934	1939	1941
Kodachrome	1910	1923	1925	1935
Magnetophon	1898		1937	1937
Plexiglas	1877	1929	1931	1935
Neopren	1906	1921	1925	1932
Nylon, Perlon	1927	1930	1930	1938
Penizillin	1922	1928		1941
Polyethylen	1933	1935	1935	1956
Kraft-Lenkung	1900	1925		1930
Radar	1887	1922	1933	1934

Bezeichnung der Basisinnovation	Jahr des Ereignisses			
	2)	3)	4)	6)
Radio	1887	1900	1907	1922
Raketen	1903	1924	1929	1935
Silikon	1904		1935	1946
Streptomycin	1921	1925	1939	1944
Sulzer Webstuhl	1928	1931	1936	1945
Synthetische Waschmittel	1886	1913	1917	1928
Synthetischer Polarisierer	1857			1932
Fernsehen	1907	1919	1923	1936
Terylen Fasern	1941			1955
Klopffestes Benzin	1912		1919	1935
Titanium-Produktion	1885	1919	1930	1937
Transistor	1940		1948	1950
Tungsten Karbid	1900		1918	1926
Xerographie	1934	1940	1946	1950
Reißverschluß	1891	1913		1923

Legende:
2) Basisinvention
3) Demonstration der technischen Feasibilität
4) Beginn der wirtschaftlichen Entwicklung
6) Basisinnovation

rungsgemäß nur an denjenigen oder diejenigen, die der Sache den letzten Schliff geben. Die anderen, die möglicherweise mehr leisten, gehen leer aus.

Die Verzögerungen im Wissenstransfer, die langen Wartezeiten zwischen Basisinvention und Basisinnovation und das Paradox der ungenutzten Technologien trotz hohen Innovationsbedarfs, liegen im Intrigenkampf um die Früchte der gemeinsamen Arbeit begründet. Die Schwachstellen im Innovationsprozeß, auf denen der Mangel an Basisinnovationen in der Stagnation beruht, sind ein Problem der persönlichen Diskrepanzen der an der Sache Beteiligten. Aus Angst, ausgebootet zu werden, hält ein jeder die kostbare Information zurück, bis er sie entweder völlig für sich gesichert hat, oder bis er ein Arrangement gefunden hat, in dem er sich sicher wähnt. Aber der Vormann im Wissenstransfer kann nie ganz sicher sein, daß ihn der Nachmann nicht doch um seinen Anteil am Erfolg der ganzen Leistung bringt:

a) „Wer seinen Durst gelöscht hat, braucht die Quelle nicht mehr", mokierte sich schon der Jesuitenoffizier Gracian über Fälle, in denen einer den anderen billig abspeist*.

b) Ein typisches, modernes Erfinderschicksal betrifft die Mitinhaber von Patentrechten, die von ihrer Firma mitgeeignet werden. Sehr oft hat die auf Drosselung des Qualitätswettbewerbs bedachte Firma gar kein Interesse an der Nutzung des Patents. Der Arbeitnehmererfinder erhält dann X% von Null, nämlich nichts.

Die institutionelle Zugehörigkeit von Forschern zu akademischen Anstalten – Universitäten, Laboratorien, wissenschaftliche Gesellschaften – verschärft eher die verzögernde Wirkung des Patentsystems, als daß sie sie mildert. Denn zwingt das Risiko des Verlustes der kostbaren Information den Forscher zur Geheimniskrämerei, so zwingt ihn die Institutsordnung und der akademische Usus beinahe in ein Doppelleben hinein; dieses kann er bei dem Publizitätszwang in den akademischen Anstalten nur unter Zeitverlust aufrechterhalten, und weil er die geheimgehaltene Sache nebenbei machen muß, kostet es noch mehr Zeit. In einer Reihe von Gesprächen mit Institutsleitern an verschiedenen deutschen Technischen Hochschulen und Universitäten, die ich zu Studienzwecken führte [6], ist dieser Sachverhalt immer wieder zum Vorschein gekommen – aber erst nach dem dritten Glas!

Wir können nun unser *Ineffizienz-Argument* zusammenfassen. In einem mehrstufigen, vielgliedrigen Innovationsprozeß, der

---

* Kenneth Arrow verweist auf das fundamentale Paradox in der Bestimmung der Nachfrage nach Informationen hin: „its value for the purchaser is not known until he has the information, but then he has in effect aquired it without cost " [5].

wegen der Komplexität moderner Wissenschaft und Technik arbeitsteilig und koordiniert verlaufen muß, wenn er ergiebig sein soll, wirkt das Patentsystem wie Sand im Getriebe. Weil erfahrungsgemäß nur ein paar der Beteiligten am Ende in den Genuß des Gewinnes aus der Neuheit gelangen, entbrennt ein unterschwelliger Wettkampf um die Patentrechte; die gegenseitige Zuarbeit unterbleibt; die Kommunikation beschränkt sich zumeist auf nicht praxisrelevante Informationen. Die operablen Konzepte werden zurückgehalten.
Wenden wir uns nun dem *Ungerechtigkeits-Argument* zu. Dafür beleuchten wir den Tatbestand der weitgehenden Sozialisierung der Innovationsgestehungskosten und halten die mit dem nächsten Innovationsschub zu erwartende Privatisierung riesiger Innovationsgewinne dagegen.

2. Die Sozialisierung der Forschungskosten

Das Patentsystem erfüllte seinen ursprünglichen Zweck, Talente zur Erfindung neuer Gerätschaften, Vorrichtungen und Verfahren zu bewegen, recht gut in einer Zeit, in der das Erfinden eher ein Entdecken von neuen Dingen im Zug des Umgangs mit den Dingen war; learning by doing. Heute, wo das Erfinden mehr ein Erforschen ist und wo alle Stufen im Wissenstransfer sehr forschungsintensiv sind, denn der Teufel steckt im Detail, heute führt die Zurechnung der Monopolrente auf den Inhaber des Nutzungsrechtes zu Widersprüchen und Fehlleistungen im Wissenstransfer und zu Ungerechtigkeiten, denn bei der tiefgestaffelten Arbeitsteilung im modernen Forschungsbereich wird immer eine ganze Reihe von Vorleistern von den verdienten Früchten ferngehalten. Die Vormänner haben das Nachsehen, denn das Patent samt Gewinnanspruch wird in aller Regel nur dem Mann oder der Gruppe im letzten Glied des Wissenstransfers gegeben. Der oder die Glückliche kann absahnen.
Nun könnte man über diesen Sachverhalt mit Achselzucken hinweggehen; die anderen haben eben „Pech gehabt". Aber so

einfach geht das nicht, weil die Forschungs- und Entwicklungskosten, die diese Vorläufer für ihre fruchtbare Arbeit aufgewendet haben, von uns Steuerzahlern bezahlt werden. In der modernen, arbeitsteiligen Forschung und Entwicklung verteilt das Patentsystem die Innovationsgewinne auf wenige Personen und Firmen, obwohl ein Heer von Menschen an der Erarbeitung der Innovationsmöglichkeit beteiligt war. Zum Beispiel beschäftigt die US-Regierung in jenen ihrer Institutionen, die Forschung und Entwicklung betreiben, über 160000 Wissenschaftler (1972: 166700; 1973: 161500); nicht zu vergessen das Heer der weiteren Mitarbeiter. 1975 hat die US-Regierung 20 Mrd. Dollar für Forschung und Entwicklung veranschlagt. Steuergelder!

In der Zeit nach dem 2. Weltkrieg hat sich der Staat in den modernen Industrieländern immer mehr zum Promoter der technologischen Innovation aufgeschwungen. In den USA zum Beispiel haben sich die Zuschüsse der Regierung zur Industrieforschung von 1950 bis 1971 von 1 auf 16 Mrd. Dollar gesteigert (New York Times v. 31. 10. 1971); gerade in den angelsächsischen Ländern ist die Sozialisierung der direkten und indirekten Innovationskosten sehr weit gediehen. Nicht nur studieren dort relativ mehr Personen als in anderen Industrieländern; neben der ausgedehnten „Bildungsindustrie“ wird dort die Forschung und Entwicklung besonders großzügig finanziert.

Und diese Forschungsförderung erstreckt sich nicht nur auf die marktfernen Stufen im Innovationsprozeß. Nicht nur die Grundlagenforschung in den staatlichen Forschungsinstituten, sondern auch die Industrieforschung empfängt riesige Zuwendungen aus dem Steueraufkommen. Eine Zahlenkombination aus 1967/68 möge die Größenordnung dieser Forschungskosten in den USA und in Großbritannien verdeutlichen:

Die Industrieforschung in den USA betrug 1968 16,6 Mrd. Dollar; davon hat allerdings die US-Regierung genau die Hälfte getragen. Insgesamt hat die Regierung 14,6 Mrd. Dollar für Forschung und Entwicklung ausgegeben; die gesamten amerikanischen FuE-Ausgaben haben 31 Mrd. Dollar betragen (National Science Foundation).

Die Industrieforschung in Großbritannien betrug 1967/68 570 Mio. Pfund; davon hat die Regierung 209 Mio. Pfund getragen. Insgesamt hat die britische Regierung 494 Mio. Pfund für Forschung und Entwicklung ausgegeben; die gesamten britischen FuE-Ausgaben haben 962 Mio. Pfund betragen (U.K. Annual Abstracts of Statistics).

Neben dem Bildungssektor wird auch der Forschungssektor zum größten Teil aus Steuergeldern getragen, und selbst bei der marktnahen Industrieforschung (die Industrie betreibt sowieso nur etwa 5% der Grundlagenforschung [7]) sind die Zuschüsse der öffentlichen Hände (Bund, Länder, Gemeinden) ganz erheblich. Regierungszuschüsse decken in den USA 50% der FuE-Ausgaben der Industrie, in Großbritannien immerhin 37% (24% allein aus dem Verteidigungshaushalt), und in der Bundesrepublik Deutschland deckt der Bund etwa 20% der Industrieforschung mit Zuschüssen ab [8].

3. Die Privatisierung der Innovationsgewinne

Von der weitgehenden Vergesellschaftung der Entwicklungskosten für Innovationsmöglichkeiten sticht die vom Patentsystem ermöglichte Aneignung der Innovationsgewinne durch Einzelne ab, die im gesamten Innovationsgeschehen vielleicht nur ein winziges Quentchen geleistet haben. Das ist ein krasser Anachronismus.

Wenn das Patentsystem bleibt, wie es ist, und wenn sein Gebrauch wie bislang weiter zugelassen wird, dann verspricht ein Blick auf den vermutlich kommenden Innovationsschub den Schatzsuchern unter den Unternehmern so reiche Funde, daß sich dagegen alle Petro-Dollars des letzten Jahres bescheiden wie Kleingeld ausnehmen werden. Wobei diese Erträge aus den Innovationen nicht etwa allen denen zugeeignet werden, die diese Innovationsmöglichkeiten erdacht, erforscht, erprobt und erarbeitet haben, sondern nur einer Splittergruppe. Viele sind berufen, aber nur wenige sind vom Patentsystem auserwählt, die Innovationsgewinne einzuheimsen. Wir wollen nun einen Blick auf diese phantastischen Gewinnchancen werfen.

a) Einfache Trendfortschreibung: Ein Blick auf den nächsten Schub von Basisinnovationen

Trendumbrüche lassen sich natürlich nicht so leicht prognostizieren wie das nächste Stück auf einer geraden Linie, die man einfach in die Zukunft verlängert. Unter der Bedingung, daß die Verhältnisse bleiben, wie sie sind, ist die Trendfortschreibung eine Prognose. Bei nicht-linearen Trends ist eine Extrapolation sinnlos – es sei denn, man kann das Verlaufsmuster mehrerer Trends derart über die Zeit erstrecken, daß die Verhältnismäßigkeiten auch in der Zukunft erhalten bleiben. Das wollen wir im Folgenden tun.

Um die Fortschreibung der nichtlinearen Trends zu ermöglichen, müssen wir sie in Prozent ausdrücken, damit sie vergleichbar werden. Das zeigen wir zunächst anhand der Zeitreihen aus Tabelle 7.2, die in Tabelle 7.3 in Prozente umgerechnet werden. Nun können aus den Prozentverteilungen die Parameter geschätzt werden, nämlich der Mittelwert (μ) und die Standardabweichung (σ). Das geschieht in Abbldung 7.2. Der Mittelwert ist das Jahr, bis zu dem die Hälfte der Ereignisse in der Zeitreihe passiert sind – so daß die andere Hälfte in die Jahre danach fällt; die Standardabweichung ist die Anzahl von Jahren vor oder nach dem Mittelwert, in denen rund 34 Prozent der Fälle liegen. Zum Beispiel ist die Verteilung $P(\mu, \sigma) = P(1935, 8)$ in Abbildung 7.2 der Ausdruck für dies: 1935 war gerade die Hälfte der Basisinnovationen in dem Innovationsschub passiert, und in den Jahren 1935 ± 8 passierten rund zwei Drittel der Innovationen aus der Periode 1900 bis 1955.

Wenn wir die Gesamtheit der Daten, über die wir aus den Fallstudien zu den Basisinnovationen verfügen (Materialienanhang zu Kapitel 4), auf diese Weise in Prozente umrechnen, dann erhalten wir die Verteilungen in Tabelle 7.4. Aus den Parametern dieser Verteilungen können wir nun unter der Annahme, daß sich die von den Parametern beschriebenen Grundtendenzen des Wandels nicht wesentlich ändern, eine Trendfortschreibung gewinnen (Abbildung 7.3).

Tabelle 7.3: Prozentverteilungen als Annäherung der Zeitreihen im Wissenstransfer gemäß Tabelle 7.2

Perioden	Stufe 2 Zeitreihen			Stufe 3 Zeitreihen			Stufe 4 Zeitreihen			Stufe 6 Zeitreihen		
	einfach	akkumuliert	in %	einfach	akkumuliert	in %	einfach	akkumuliert	in %	einfach*	akkumuliert	in %
1850–54	1	1	2,4									
1855–59	1	2	4,9									
1860–64	0	2	4,9									
1865–69	0	2	4,9	1	1	3						
1870–74	0	2	4,9	0	1	3						
1875–79	1	3	7,3	0	1	3						
1880–84	0	3	7,3	0	1	3						
1885–89	6	9	22,0	0	1	3						
1890–94	3	12	29,3	0	1	3						
1895–99	1	13	31,7	0	1	3						
1900–04	8	21	51,2	2	3	11	1	1	3			
1905–09	3	24	58,5	0	3	11	1	2	6	1	1	2,4
1910–14	2	26	63,4	3	6	21	0	2	6	0	1	2,4
1915–19	1	27	65,9	2	8	29	3	5	15	0	1	2,4
1920–24	4	31	75,6	5	13	47	4	9	27	3	4	9,8
1925–29	4	35	85,4	6	19	68	8	17	51	3	7	17,1
1930–34	3	38	92,7	6	25	79	8	25	75	7	14	34,1
1935–39	1	39	95,1	2	27	92	6	31	93	13	27	65,9
1940–44	2	41	100	1	28	100	0	31	93	5	32	80,5
1945–49							2	33	100	4	36	87,8
1950–54										4	40	97,6
1955–59										1	41	100

* Vgl. Tabelle 4.7

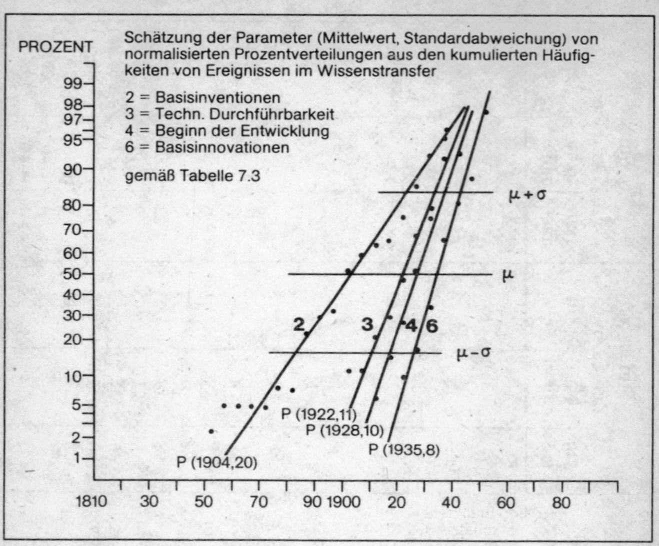

Abb. 7.2

Tabelle 7.4: Häufigkeitsverteilungen für Ereignisse auf 6 Stufen im Wissenstransfer.

μ = Jahr, in dem die Hälfte der Ereignisse erfolgt war; σ = Standardabweichung in Jahren				
Hürde im Wissens-transfer	empirische Verteilungen (μ/σ)			geschätzte Verteilungen (μ/σ)
Stufe 1	(1775/41)	(1825/39)		(1935/32)
Stufe 2			(1904/20)	(1959/17)
Stufe 3		(1826/16)	(1922/11)	(1971/10)
Stufe 4			(1928/10)	(1979/7)
Stufe 5				(1985/5)
Stufe 6	(1825/18)	(1881/11)	(1935/8)	(1989/5)

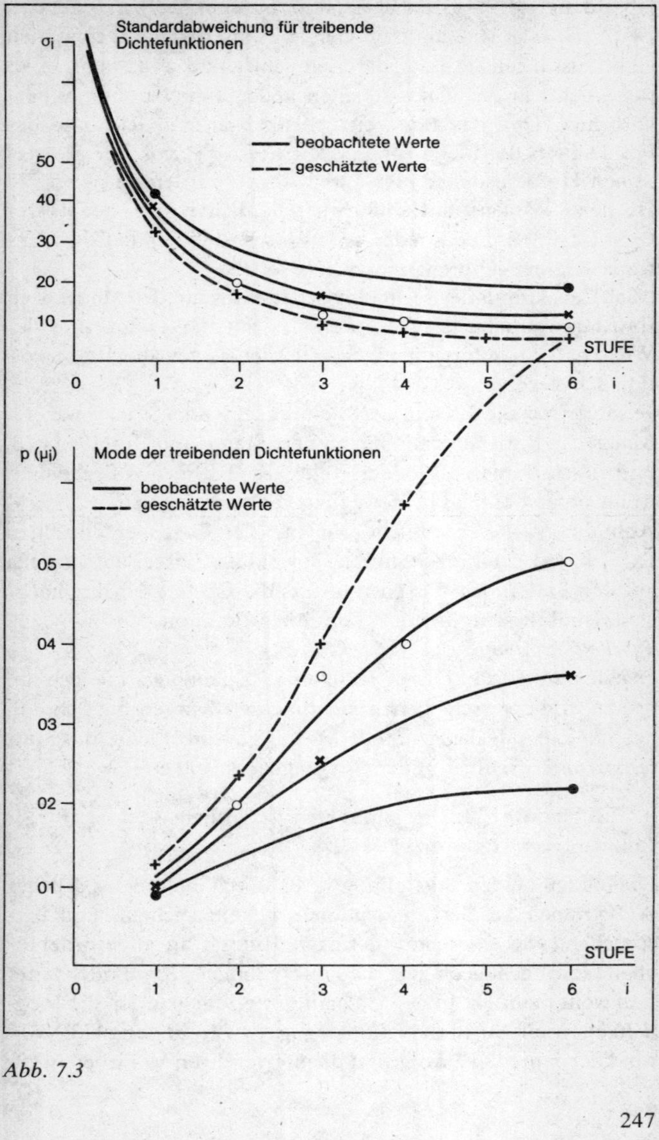

Standardabweichung für treibende Dichtefunktionen
σi
50
40
30
20
10
beobachtete Werte
geschätzte Werte
STUFE
0
1
2
3
4
5
6
i
p (μi)
Mode der treibenden Dichtefunktionen
beobachtete Werte
geschätzte Werte
05
04
03
02
01
STUFE
0
1
2
3
4
5
6
i

Abb. 7.3

Abbildung 7.4 illustriert horizontal, im Sinn der vorrückenden Zeit, wie die Gesamtheit der wissenschaftlich-technischen Glanzleistungen im Lauf der Zeit schwankte und, wenn es so weitergeht, in der Zukunft einen neuen Innovationsstoß hervorbringt. Und das Bild zeigt vertikal, also in Richtung des Hürdenlaufs der Ideen von der Theorie zur Praxis, wie die einzelnen Hürden immer höher und steiler werden, je näher die Hürde im Wissenstransfer der wirtschaftlichen Praxis steht. Der Prozeß faltet auf (wie jeder evolutorische Prozeß, der dem Entropie-Gesetz gehorcht).
Nach den Jahren des technologischen Patt und des Mangels an Basisinnovationen wird es, wenn es mit der Depression der Wirtschaft so weitergeht, einen neuerlichen, gewaltigen Innovationsschub geben.
Je moderner die Zeiten, desto einschneidender war bisher der Mangel an Basisinnovationen, der die Stagnation einreißen ließ, und desto durchschlagender rollte die Technik-Walze daher, wenn sie erst einmal in Bewegung gekommen war.
Abbildung 7.4 verdeutlicht, wie aus der Lage der einzelnen Kurven und aus ihrer Staffelung sowohl im Zeitverlauf als auch auf den Stufen des Wissenstransfers die Gestalt der den nächsten Schub beschreibenden Verteilungsfunktion

P (1989, 5)

erschlossen wurde. Diese Verteilung ist diejenige, die sich am besten in die verschiedenen nichtlinearen Kurven fügt, so daß auch in Zukunft das generelle Muster gewahrt bleibt, das Staffelung und Streuung in der Vergangenheit bildeten.

b) Ein Plädoyer für die gemischtwirtschaftliche Innovationspraxis

Die letzten beiden Jahrzehnte waren durch ein recht spärliches Aufkommen an Basisinnovationen gekennzeichnet, und entsprechend diesem relativ geringen Rinnsal an außerordentlichen Gewinnchancen ging die Unternehmensgewinnrate weiter und weiter zurück. In der Stagnationsperiode wurden die Möglichkeiten für Basisinnovationen sogar zu Raritäten, weil während der Jahre der Prosperität die notwendigen Vorarbeiten zur

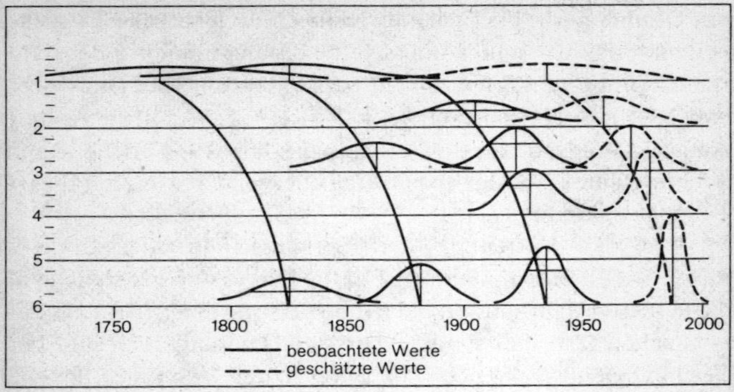

Abb. 7.4 Zusammenschau der Häufigkeiten der Ereignisse im Wissenstranfer auf 6 Stufen: (1) Neue Theorien, (2) Basisinventionen, (3) Technische Feasibilität, (4) Beginn der Entwicklung, (5) Innovations-Entscheidung, (6) Basisinnovationen

Erforschung, Entwicklung und Erprobung von technischen Neuerungen, die in industrielles Neuland führen, versäumt worden sind. Wenn die gängigen Tendenzen der Verzögerung des Wissenstransfers und der Beschleunigung durch den aufgestauten Nachfragesog nach technologischen Basisinnovationen weiter anhalten, dann folgt aus der obigen Verteilung P (1989, 5):

1. Von der Gesamtheit der Basisinnovationen, die in der westlichen Wirtschaft bis zum Jahr 2000 durchgesetzt werden, wird nur ein winziger Bruchteil noch in den siebziger Jahren durchgeführt werden.

Der Stagnationstrend, der Rezession und Depression mit sich bringt, wird deshalb – wenn die Dinge so weiterlaufen – in diesem Jahrzehnt nicht mehr gebrochen werden.

2. Rund zwei Drittel der technologischen Basisinnovationen, die in der zweiten Hälfte des 20. Jahrhunderts getan werden, fallen in das Jahrzehnt um 1989.

Der Innovationsschub kommt so richtig erst nach dem Jahr $\mu - \sigma = 1989 - 5 = 1984$ in Gang; überhaupt ein faszinierendes Datum, wenn man die entwicklungsgeschichtliche Tatsache bedenkt, daß die Innovationsschübe bislang immer in den Jahren einer eisernen Regentschaft passierten (um 1825, um 1886, um 1935). Man muß Orwells Vision „1984" und Andrej Amalriks Frage, ob die Sowjetunion das Jahr 1984 erleben kann oder ihre autokratische Verhärtung überwinden wird, mit dieser Tendenz zusammensehen!

3. Aus der Verteilung der Ereignisse auf der Stufe 3, P (1971, 10), entnehmen wir: Für die Hälfte der Technologien, die in diesem Jahrhundert noch innoviert werden, steht jetzt bereits schon fest, daß sie machbar sind. Die andere Hälfte der Technologien steckt noch im Bereich der Versuche, um die noch unbewiesene Vermutung zu überprüfen, daß die kühnen Ideen praktisch anwendbar sind (Feasibilität).

4. Aus der Verteilung der Ereignisse auf Stufe 4, Beginn der wirtschaftlichen Entwicklung, P (1979, 7), entnehmen wir: Noch nicht einmal 20 Prozent der Möglichkeiten für technologische Basisinnovationen sind heute, 1974/75, überhaupt schon in das Stadium der wirtschaftlichen Entwicklung gekommen. Und bis zum Jahr 1980 wird gerade erst die Hälfte der Basisinnovationsprojekte in die Entwicklungsarbeit eingegangen sein, obwohl dann schon für 80% der neuen Technologien die Machbarkeit bekannt sein wird.

Diese Daten, die natürlich nur bedingt sind, stecken den Rahmen ab für die unternehmerische Schatzsuche. Um zu illustrieren, was damit gemeint ist, schlagen wir ein Gedankenspiel vor: Wie stände ein Unternehmen im Jahr 2000 da, wenn es in einem der nächsten Jahre mit dem Erwerb des Nutzungsrechtes an einer der Ideen, die auf Stufe 3 geprüft werden, begänne und in den folgenden zwei Jahrzehnten die Ausbeute der Neuerung betriebe? Es stände da, groß und vermögend wie heute IBM, ITT, GE, XEROX, BOEING, POLAROID, DUPONT, 3M, FORD, . . ., aber etwa zwei- bis dreimal so massig, weil der Zug der Zeit zu den Größenordnungen geht.

Und wo liegen diese Schätze begraben? Wenn unsere Trendanalyse stimmt, dann sind 50% dieser Schätze noch nicht angeeignet; sie stecken noch im Bereich der Grundlagenforschung und der angewandten Forschung, ihre Feasibilität wird zwar schon von Forschern vermutet und behauptet; weil aber der Beweis noch aussteht, sind die Rechte an den Sachen noch nicht vergeben. Eine Bonanza!

Die Rechte an der anderen Hälfte – an jener Menge von technologischen Konzepten, deren Machbarkeit bereits demonstriert worden ist – sind allerdings schon vergeben. Aber erst 20% dieser Konzepte werden überhaupt schon auf ihre wirtschaftlichen Verwertungsmöglichkeiten hin geprüft. Eingedenk der Tatsache, daß die Industrieforschung nur zu fünf Prozent der Grundlagenforschung und Forschung auf Stufe 3 gewidmet ist, darf man vermuten, daß diese 20% schon angeeigneter Innovationsmöglichkeiten seltener von kapitalkräftigen Großunternehmen als von kapitalschwachen Kleinunternehmen gehalten werden, und diese sind für Joint ventures und Kapitalbeteiligungen offen.

Die restlichen 30% der Projekte, die Stufe 3 schon passiert haben, aber noch nicht auf Stufe 4 in die wirtschaftliche Entwicklung gegangen sind, sind im Besitz von Großfirmen, die nicht wissen, was sie haben, und von unselbständigen Einzelpersonen, die nicht haben, was sie sonst noch brauchen, um ihre patentierten Rechte in die Praxis umzusetzen. Dies ist die Zielgruppe für die Haie im Geschäft. Und wenn diese Personen, deren Talent ja eher im Technischen liegt, nicht ein weit über das Normale hinausragendes kaufmännisches Geschick entwickeln, dann werden sie übervorteilt oder ausgebootet werden und zur Gruppe der ohnehin ungerechtfertigt leer ausgehenden Personen stoßen, die im Innovationsprozeß auch etwas geleistet haben, ohne doch jemals in den Genuß eines Anteils an den außerordentlichen Gewinnen aus der Sache zu kommen.

Eine ausgleichende Gerechtigkeit für die Begünstigung weniger durch die Leistungen vieler könnte – auch wenn das Patentsystem bleibt, wie es ist – auf dem Weg der gemischtwirtschaftlichen Innovationspraxis angestrebt werden. Weil die öffentliche Hand fast alle ehemals marktfernen Technikprojekte in irgendeiner Phase einmal gefördert hat und sich dabei in begrenztem Umfang auch Nutzungsrechte als Gegenleistung für die Zuwendungen hat einräumen lassen, könnte sie bei der Verwertung der Nutzungsrechte stets darauf sehen, daß ein Gewinnbeteiligungsverhältnis ausgehandelt wird – sei es ein gemeinsames Unternehmen von privater und öffentlicher Hand (etwa der Gemeinden), sei es ein Kommanditisten- oder GmbH-Anteil am innovierenden Unternehmen.

Auf jeden Fall könnte das anteilige Nutzungsrecht des Staates zur Kontrolle darüber eingesetzt werden, daß die unselbständigen Erfinder im Umgang mit den Kapitaleignern nicht benachteiligt werden. Das wäre eine konstruktive Erweiterung der Patentpraxis mit höherer Effizienz. Denn dadurch würde die Geheimniskrämerei im Wissenstransfer teilweise unnötig, und ein Teil der Verzögerungen im Wissenstransfer würde ausbleiben – aber eben nur ein Teil. Einige Modelle für den effizienteren Wissenstransfer skizziere ich an anderer Stelle [6].

C. Vermeidung von Verbesserungsinnovationen und Drosselung des Qualitätswettbewerbs

Wir wollen hier den krisenträchtigen Aspekt des Patentsystems unter den modernen Bedingungen der Massenproduktion darlegen, der darauf beruht, daß das Patentsystem auch die Unterlassung von Verbesserungsmöglichkeiten schützt. Denn in der Spätphase des Branchenwachstums können die etablierten Großunternehmen die von ihnen besetzten Marktsegmente abschotten und mit Hilfe eines wahren Minengürtels von Patenten um die Produktionstechnologie herum die Gefahr von Qualitätsvorstößen der Konkurrenz weitgehend ausschalten. Das führt zur Überproduktion auf tiefgehaltenem Qualitätsniveau (Ramsch) und zum Preisheraufsetzen im Frühstadium der Stagnation. Eine Fülle von Scheininnovationen, labile Beschäftigung und Preisauftrieb kennzeichnen den Weg ins technologische Patt.

Ein gewisses Maß von Konzentration in der Wirtschaft ist durchaus vorteilhaft. Moderne, komplexe Technologien können nicht im Zwergbetrieb praktiziert werden. Aber übertriebene

Konzentration führt zu Wirtschaftskrisen. Im traditionellen Handwerksmilieu und bei noch unkonzentrierter Produktion kann das Patentsystem den technischen Fortschritt sehr wohl ankurbeln. Ist die Wirtschaft aber schon konzentriert, dann wirkt das Patentsystem eher umgekehrt, dabei aber noch konzentrationssteigernd:
Denn die Großunternehmen haben, während sie wuchsen, einen ganzen Strauß von Patenten und Nutzungsrechten erworben, die die von ihnen verwendete Technologie *und alle noch ungenutzten Varianten,* die überhaupt denkbar waren, abdekken. Sie verwenden nun ihre Patente auf die *ungenutzten* Technologien zur Unterbindung des Qualitätswettbewerbs, indem sie der Kleinkonkurrenz die Benutzung der Sperrpatente versagen. Der fundamentale Gegensatz von Qualität und Quantität schlägt sich, wenn erst einmal eine Branche hochkonzentriert ist, zu ungunsten der Qualitätsverbesserungen nieder, und die Quantitätsausweitung obsiegt auf niedrigerem Qualitätsniveau. Bis die Übertreibung den Punkt erreicht, wo die Verbraucher reagieren und der Absatz stockt.

1. Massenproduktion und Trägheit der Masse

Seit Einführung des Patentsystems, der Zeit des Columbus, Kopernikus, Dürers und des Götz von Berlichingen, haben sich die Merkmale der Produktion der Güter des täglichen und gehobenen Bedarfs grundlegend gewandelt. Wenn etwa Franz v. Taxis, der nach dem Vertrag von 1516 das Postwesen organisierte, einen Auftrag zum Bau von Postkutschen gab, so wurden Räder, Beschläge usw. an Gruppen von Handwerkern vergeben. Jeder von ihnen hatte seine eigene Werkstatt, in der auch nur wenige Hilfskräfte beschäftigt sein durften. Mit der Einführung des modernen, zentralisierten Fabriksystems durch die Industrielle Revolution [9] ging diese fragmentierte Produktionsweise weitgehend verloren; sie wurde durch die konzentrierte Massenfabrikation von weitgehend standardisierten Großserienprodukten ersetzt. Seitdem gibt es den Anzug von der Stange und das Auto nach Katalog.

Mit der Massenproduktion wurde aber auch das Gesetz der Massenträgheit zu einem Bestimmungsfaktor der industriellen Arbeitsweise. Keiner hat so treffend wie der Erfinder des Fließbands gesagt, daß in der Fließband- und Großserienfertigung qualitative Variationen nur Beschwerlichkeiten sind, die Kopfzerbrechen bereiten, weil sie den geregelten Ablauf stören. Ford pflegte deshalb Farbwünsche seiner Kunden mit dem Satz zu komplimentieren: „Sie können jede Farbe haben, wenn sie nur schwarz ist."

Wir haben im zweiten Kapitel über die industrielle Evolution gezeigt, daß die Massenfertigung eine rationelle Methode zur Befriedigung des Massenbedarfs ist, der sich auf technisierte Produkte für den täglichen Gebrauch richtet, und daß die Rationalisierung der Fertigung mit der Standardisierung und Normierung der Produkte und Bestandteile ursächlich verflochten ist. Qualitative Änderungen und Abwandlungen der Erzeugnisse erfordern eine Umorganisierung, Umordnung, Umstellung der Erzeugung, die eine Firma nur wegen des Zuckerbrots von extra Gewinnen oder unter der Peitsche des Kosten- und Qualitätswettbewerbs auf sich nimmt, also in Reaktion auf mächtige, außerhalb der Unternehmung liegende Anreize.

Insider, die für Änderungen eintreten, ernten dagegen leicht ein NEIN, besonders, wenn die vorgeschlagenen Änderungen Arbeit und Kapital kosten. Verbesserungsinnovationen sind lästige Ansinnen und werden abgelehnt. Zwei Beispiele:

1. Eine der wichtigsten, wenn nicht überhaupt die potenteste IBM-Innovation kam gegen den ausdrücklichen Willen der Top-Manager zustande: „Die Platten-Speicher-Einheit, das Herzstück der heutigen Computer, ist nicht ein logisches Produkt der Entscheidungen des IBM-Managements. Der Plan dafür wurde in einem der Laboratorien im Stiefelschaft entwickelt – gegen die ernsten Ermahnungen seitens der Firmenleitung, dieses Projekt einzustellen, weil es knappe Finanzmittel verschwende. Eine Handvoll Männer ignorierten diese Entscheidung. Sie brachen die Regeln. Sie riskierten ihre Stellung, um an einer Sache weiterarbeiten zu können, in die sie Vertrauen setzten" [10].

2. Die bisher augenfälligste Produktinnovation des VW-Konzerns, der Audi 100 der VW-Tochter Auto Union, ist von Ludwig Kraus 1966 gegen das ausdrückliche Entwicklungsverbot von Konzernchef Nordhoff konstruiert worden. „Durch das Unterlaufen des Entwicklungsverbots brachte Kraus Erfolgsmodelle auf die Straße, in deren Schlepp sich der VW-Konzern heute aus der Krise herausmanövrieren kann", heißt es in einem Capital-Artikel [11].

Berichte über abgelehnte Verbesserungsvorschläge dringen natürlich nur selten von der diskreten Welt des grauen Flanell nach außen. Nur in außergewöhnlichen Fällen, wenn – wie bei den genannten zwei Beispielen – die Sache schließlich und endlich doch ein durchschlagender Erfolg wird, der durch Kokettерie nur noch gesteigert werden kann, wird das Schweigen gelegentlich durchbrochen, mit dem die großen Unternehmungen ihre Forschung umhüllen.

Für diese Diskretion gibt es natürlich eine famose Begründung: Die Konkurrenz, sie betreibt Industriespionage. Oder: Die Konkurrenz, sie würde Wind von den Verbesserungsinnovationen bekommen, die wir gerade vorbereiten. In Wahrheit verdeckt das Schweigen einen ganz anderen Sachverhalt, nämlich das genaue Gegenteil: Viele machbare Qualitätsverbesserungen und mögliche Maßnahmen zur längeren Haltbarkeit oder größeren Sicherheit des Produktes werden unterlassen; die Pläne und Patente verschwinden in den Schubladen. Wem mangelt es an Verständnis für das mehrdeutige Verschweigen dieser Unterlassungen?

Die Gründe für das Unterlassen oder Verzögern des technischen Fortschritts sind natürlich in der wirtschaftlichen Literatur bestens bekannt; immer, wenn von der notwendigen Amortisationszeit oder der optimalen Nutzungsdauer von Maschinen und Anlagen geredet wird, ist eigentlich die Rede vom Fixkostenblock als dem Hemmschuh des technischen Fortschritts.

Das Abblocken von Bestrebungen, die den eingefahrenen Lauf der Dinge aus der alten Richtung bringen wollen, ist ein durchgängiges Prinzip in der klassischen Physik. Sei es in der Form des Massenträgheitsgesetzes (1. Newtonsches Bewegungsgesetz), welches das Beharren auf der alten Linie als Eigenschaft der Masse herausgreift, oder sei es in der Form des Massenwirkungsgesetzes (Le Châtelier-Prinzip des stabilen Gleichgewichts), das den Widerstand gegen Zustandsstörungen als Eigenschaft der Masse betont – immer wird die konservative Kraft der Massenerscheinungen in Rechnung gestellt.

Als das Patentsystem ursprünglich eingeführt wurde, um den technischen Fortschritt im handwerklichen Arbeitsmilieu zu fördern, hatte es einen großen Erfolg. Wir können ihn am Technisierungsdrall der industriellen Evolution ablesen. Es war ein Doppelerfolg: Sowohl die Rate der Erfindungen als auch die Rate der Anwendungen stieg deutlich an. Zwar gab es immer mehr Erfindungen als Anwendungen (zum Beispiel gibt es weit über 1000 Patente für den Pferdehuf-Beschlag). Aber ein handwerklich oder kleinbetrieblich arbeitender Erfinder einer Sache hatte stets ein positives Interesse an der Anwendung seiner Erfindung; ein Interesse an der Nicht-Anwendung hatte er nicht.

Inzwischen ist jedoch die Massenwirkung in die industrielle Fertigung eingezogen, und zwar in der Mehrheit der modernen Wirtschaftszweige. Nun wirkt auch das Patentsystem in einer ganz neuen Weise. Es hemmt den technischen Fortschritt. Dabei muß man die Hemmnisse auf seiten der Erfindungsrate von den Hemmnissen auf seiten der Anwendungsrate sorgsam unterscheiden.

Die Hemmnisse, die das Patentsystem auf der einen Seite – bei der arbeitsteiligen Erforschung und Entwicklung von Innovationsmöglichkeiten – entfaltet, habe ich im vorigen Abschnitt aufgezeigt. Das Mißverhältnis, daß im arbeitsteiligen Innovationsprozeß viele Personen mithelfen, aber nur wenige Personen die Monopolrente vom Patentsystem zuerkannt bekommen, führt zu Kampf und Krampf, der die Lern- und Experimentier- und Kommunikationsprozesse verzögert. Ich weiß nicht, ob die Patentrate insgesamt dadurch geringer geworden ist (obwohl David MacClelland in seinem Buch „Die Leistungsgesellschaft“ eine sehr gravierende Abnahme der amerikanischen Patentrate seit dem Ersten Weltkrieg feststellt). Zweifel-

los werden durch das fehlleitende Patentsystem aber die gewinnträchtigen, potenten Neuerungen (Basisinnovationen) verzögert.
Die Hemmnisse, die das Patentsystem auf der anderen Seite – bei der Anwendung des neuen technischen Wissens in der industriellen Praxis – entfaltet, wollen wir nun im Folgenden aufzeigen.

2. Patentschutz – sogar für unterlassene Verbesserungsmöglichkeiten

Sobald die wachsenden Unternehmungen eine gewisse Mindestgröße erreicht haben, wollen sie – wenn die Konkurrenz es zuläßt – das dauernde, teure Ummodeln, das der Qualitätswettbewerb verlangt, vermeiden. Und sobald sie eine gewisse Wachstumsschwelle überschritten haben, so daß sie „ihre“ Marktsegmente einigermaßen fest im Griff haben, weil sie von ihrer etablierten Position nicht mehr so ohne weiteres verdrängt werden können, dann können sie tatsächlich auch das Qualitätsniveau fixieren. Die Drosselung des Qualitätswettbewerbs, möglich und vorteilhaft für die Großindustrie nur unter den Bedingungen der Massenproduktion, wird von den Firmen durch Unterlassen von Verbesserungsinnovationen und Durchführung von Scheininnovationen erreicht. Und dafür liefert das Patentsystem den Firmen wertvollen Flankenschutz.

a) Das Verminen von Produktionszweigen mit Patenten

Eine Großunternehmung, die auf dem von ihr besetzten Marktsegment das Qualitätsniveau ihrer Erzeugnisse unter dem eigentlich machbaren Niveau hält, muß zwei Gefahrenquellen bedenken: Erstens könnte ein Neuling in den Markt einbrechen. Aber diese Gefahr ist praktisch außerordentlich gering, denn wäre der Neuling eine Kleinunternehmung, so wäre die neue Konkurrenz gar nicht spürbar; den Einfall von Großunternehmen hingegen hat die etablierte Großunternehmung nicht zu befürchten, denn kein Großkapitalbesitzer ist so unvernünftig, sein Investitionskapital auf einen weitgehend besetzten, gesättigten Markt zu werfen. Von Außenseitern droht dem Großunternehmen also keine ernste Gefahr. Die gehaltene Bastion bleibt unerschüttert (obwohl es Ausnahmen gibt; in allen bekannten Fällen sind die Angreifer ausländische Konzerne: US-Waschmittel, japanische Elektrogeräte, Hongkong-Textilien usw.).

Die zweite Gefahrenquelle ist tückischer: die Käufer laufen in Scharen zu einem Konkurrenten über, der sie mit einer deutlichen Qualitätsverbesserung anlockt. Diese Gefahr, daß der streckenweise eingeschläferte Qualitätswettbewerb plötzlich wieder auflebt, ist niemals gebannt; aber das Patentsystem hilft der Eindämmung dieser Gefahr. Denn der Patentschutz erstreckt sich auch auf nicht genutzte Patente. Wenn die Unternehmung eine genügende Palette von Patenten besitzt, so kann sie damit ihren Produktionszweig weitgehend gegen unerwünschte Qualitätssprünge seitens der Konkurrenz verbarrikadieren.

Mit Patenten, die sie gar nicht nutzen will, kann eine Großunternehmung einen veritablen Sperrgürtel um ihren Produktionszweig legen, den auch die eingeweihte Konkurrenz nicht überschreiten kann. Sie könnte es selbst dann nicht, wenn sie es wollte, was allerdings ohnehin zweifelhaft ist, weil die Firmen untereinander als Lizenznehmer sich gegenseitig auf der gleichen Technologie kein Auge aushacken können. AEG baut mit Siemenspatenten und umgekehrt.

Die konzentrierte Wirtschaft ist wie eine vergatterte Landschaft. Die etablierten Unternehmen markieren ihre besetzt gehaltenen Marktsegmente mit Warntafeln: **Zutritt verboten!** Die Warntafeln selbst liefert das Patentsystem. Die Vertreibung und Bestrafung von Eindringlingen obliegt der Gerichtsbarkeit, aber das Gerichtsgebaren, die Anwaltspraktiken und die Streitwerte sind derart ruinös für den Möchte-Gern-Qualitätskonkurrenten, daß nur selten ein Kleinunternehmen in das Qualitätsterrain einer Großunternehmung eindringt.

Auch ist das Rechtsempfinden bei der Patentgerichtsbarkeit, sagen wir, verdreht. Der Nimbus des Erfinders, der schutzbedürftig sei und vor Diebstahl des geistigen Eigentums bewahrt werden müsse, wird auch auf die Fülle der Sperrpatente übertragen. Nun werden diese zwar ganz routinemäßig und ohne jedes Wagnis in den Forschungsabteilungen erzeugt. Gegen ein solches Sperrpatent anzurennen ist dagegen für den Qualitätskonkurrenten höchst riskant. Ob man ihm dies nun als unsolide Abenteuerlust ankreidet oder ob die Großunternehmung vor Gericht einen Vertrauensbonus hat oder beides – die Patent-Gerichtsbarkeit neigt mehr zur buchstabengetreuen Auslegung der Patentbeschreibung als zur Würdigung der Wettbewerbsverhältnisse in dem umstrittenen Markt. Dieses Rechtsverständnis auf diesem Gebiete bestärkt die Tendenz zur Überkonzentration und disharmoniert mit dem sozio-ökonomisch Richtigen.

Kann man diese Wirkung des Patentsystems an verläßlichen Zahlen ablesen? Teilweise schon. Erstens daran, wer die meisten Patente erhält. Darüber gibt eine Erhebung Auskunft, die in den USA angestellt wurde und die vergleicht, ob Firmen oder Einzelpersonen ein Patent halten. Danach sind um die Jahrhundertwende noch rund 80% der Patente an individuelle Erfinder vergeben worden. In den 1940er und 1950er Jahren war hingegen die Anzahl der Patente, die an Unternehmen gegeben wurden, auf 65% geklettert [12]. Zweitens spricht der unterschiedliche Gebrauch der Patentrechte, den kleine, mittlere und große Firmen von ihren Nutzungsrechten machen, Bände. Das wurde an einer riesigen Stichprobe von zwei Prozent aller Patente aus den Jahren 1938, 1948 und 1952 überprüft: kleine und mittlere Unternehmen nutzen fast drei Viertel ihrer Patente auch aus, Großunternehmen aber nur die Hälfte [13]. Die Untersuchung fiel aber in die Kriegs- und Nachkriegszeit, als die Grenzen des Wachstums auf den meisten Märkten nicht spürbar waren, weil die Nachfrage noch hungrig war. Deshalb darf man wohl den Nutzungsgrad von Patenten in den Anfangsjahren des Stagnationstrends, etwa in der Mitte der sechziger Jahre, viel niedriger vermuten.

Der eindrucksvollste Beleg der hier vorgetragenen These kommt aus den Arbeiten Jacob Schmooklers. Er gewinnt aus

seinem umfangreichen Datenmaterial die Erkenntnis: „The amount of invention is governed by the extent of the market" [14], und das bedeutet: Wenn die wachsenden Firmen in Größenordnungen wachsen, die sie zur Drosselung des Qualitätswettbewerbs befähigen, dann lassen sie sich alle denkbaren Varianten der Produkte und Abarten der wesentlichen Teile patentieren, um die Trümpfe in die Hand zu bekommen: erst dann lohnt sich das Mauern. Denn bei gedrosselter Qualitätskonkurrenz winken wiederum Sondergewinne:
Wie wir bereits im zweiten Kapitel sagten, ist die wirksame Einschläferung des Qualitätswettbewerbs die Voraussetzung für das Abschotten der Märkte; das Abschotten wiederum macht die Hand frei für Preisheraufsetzungen. Gerade in jener Phase des Wirtschaftsablaufs, in der die Leitindustrien in jene Größenordnung gewachsen sind, wo die Grenzen des Marktwachstums ihre ersten Schatten auf sie werfen (Stagnation), beginnt sich auch das Preisniveau zu heben (Inflation). Stagnation und Inflation haben eine gemeinsame Ursache, und wenn die Stagflation erst einmal in Gang gekommen ist, dann nährt sie sich selbst, mehr und mehr.
Und eine der Voraussetzungen dieses Prozesses ist der Patentschutz für eigentlich mögliche, von den Patentbesitzern aber unterlassene und unterbundene Verbesserungsmöglichkeiten.

b) Das Zweitrecht als Blockadebrecher

Wir erinnern uns, daß schon die Dogen von Venedig in dem Dekret, mit dem sie das Patentsystem schufen, für sich ein Zweitrecht an der Sache für den Fall reserviert hatten, daß der Patentinhaber die Anwendung der Erfindung unterließ. Wenn dieses mittelalterliche Erbe nun schon heute noch gilt, sollten dann nicht wenigstens *die* Bestimmungen genutzt werden, die für die modernen Volkswirtschaften besonders nützlich wären? Dieses Zweitrecht könnte dem Konsumenteninteresse einen Nachdruck verschaffen, wie ihn die Marktwirtschaft bisher nicht kennt. Und ich nehme an, der Staat würde sich auf dieses

Zweitrecht besinnen, wenn wir neben oder anstatt der Arbeitgeber- und Arbeitnehmerparteien eine starke Verbraucherpartei hätten.

c) Ein Nein zur Investitionskontrolle

Unsere marktwirtschaftliche Ordnung ist erfreulicherweise insgesamt darauf angelegt, der Flexibilität der Organisationsformen und der Anpassungsfähigkeit der Menschen weiten Raum zu lassen im Gestalten der Lebens- und Arbeitswelt. Für die Überwindung von temporären Schwierigkeiten des Systems kommt man deshalb vielleicht auch schon mit Anstrengungen aus, die zwar den großzügigen Freiraum voll ausschöpfen, ihn aber nicht sprengen. Auf dieser Basis kann man Maßnahmen diskutieren, ohne von den unübersichtlichen Folgeproblemen weggespült zu werden.

Unser Problem ist die Überwindung des technologischen Patt und die Sorge um genügend Basis- und Verbesserungsinnovationen, so daß Arbeit und Kapital ausreichend Beschäftigung finden und die neuen Qualitäten das Beste sind im Sinne der Verbraucher.

In letzter Zeit ist die Investitionskontrolle öfter als ein denkbares Instrument zur Lenkung von Kapital und Arbeit erwähnt worden. *Zur Lösung des genannten Problems* scheint mir dieses Instrument jedoch nichts beizutragen. Denn konstruierte man die Investitionskontrolle konform mit der Marktordnung (wie das Selektive Investitions-Regulativ in Holland von 1972), dann hilft sie gar nicht. Konstruiert man sie hingegen griffig, dann liegt sie außerhalb der Marktordnung, und man muß sich mit Folgeproblemen befassen, die noch nicht ersichtlich sind. Auf keinen Fall ist einzusehen, warum Beamte einer Kontrollbehörde bessere Innovatoren sein sollten als findige Unternehmer und Erfinderunternehmer. Die Sorge um die Leistungsminderung der Privatwirtschaft in anderen Phasen der Wirtschaftskonjunktur, nämlich wenn es dann wieder industrielles Neuland zu erschließen und zu beackern gilt, bleibt außerdem bestehen.

d) Die sanfte Gewalt des Qualitätsbewußtseins

Die Fehlleistungen der Marktwirtschaft im technologischen Patt (Unterbeschäftigung von Arbeit und Kapital in überkonzentrierten Wirtschaftszweigen mit Überproduktion und Unterkonsumtion der suboptimalen Produktqualitäten) beruhen auf einem zwischenzeitlichen Sieg der Quantität über die Qualität. Der auf Verbesserungsinnovationen bedachte Erfindergeist wird von der ausgewachsenen Industrie in der Flasche der Massenträgheit gefangen gehalten. Vielleicht genügte es schon, den Korken zu lockern, um den Qualitätswettbewerb wieder in Gang zu bringen. Der Qualitätswettbewerb allein hat die Kraft, den Drang des Massenwirkungsgesetzes zu übergroßen Mengen auf das von den Verbrauchern gewünschte Maß zu trimmen. Denn die standardisierten Qualitäten wünscht die Bevölkerung so nicht mehr und in diesem Ausmaß nicht mehr. Die *Alte Nachfrage* räumt das *Alte Angebot* nicht vom Markt. Die *Markträumungsfunktion* ist eine mehrdimensionale Beziehung zwischen Angebot und Nachfrage. Beide sind nicht nur – wie es die Preistheorie üblicherweise darstellt – über das Preisgefüge in Wechselwirkung (Preismechanismus, Preiswettbewerb), sondern auch hinsichtlich des Qualitätsgefüges (Innovationspraxis, Qualitätswettbewerb). Und im technologischen Patt ist vermutlich das Qualitätsniveau die stärkere Variable oder besser: Konstante. Stagflation bedeutet: Auf zu vielen Märkten wurden die recht gut versorgten Nachfrager vom überkonzentrierten Angebot mit zu hohen Preisforderungen und zu geringen Qualitätsfortschritten zum Abwarten veranlaßt.

Das Problem ist also: Wie kann das *Alte Angebot,* von dem sich die Verbraucher in kritischem Maße abwenden, renoviert und innoviert werden, so daß eine lebhaft von den Verbrauchern geäußerte *Neue Nachfrage* entsteht?

Eine mögliche Lösung dieses vielfältigen Problems könnte darin bestehen, daß die potentiellen Nachfrager (nach besseren Qualitäten von morgen) den Korken ziehen helfen, der die Innovationsgeister in den Flaschen hält, die wiederum in den Händen von etablierten Anbietern (gestriger Qualitäten) liegen. Und

dazu mag vielleicht schon die sanfte Gewalt des Qualitätsbewußtseins ausreichen.
Vielleicht genügte schon etwas mehr Qualitätsbewußtsein und volkswirtschaftliche Rücksicht seitens der Patent-Gerichtsbarkeit in jenen Prozessen, in denen waghalsige kleinere und mittlere Unternehmen, die eine Verbesserungsinnovation vorhaben, sonst auf Antrag von Sperrpatentinhabern abgeschmettert wurden, woraufhin es dann viele andere nicht mehr wagten, das von den Marktführern gedrückte Qualitätsniveau zu überbieten. Es ist volkswirtschaftlich ganz erheblich, ob diese Prozesse dem Unterlassen von Verbesserungsinnovationen und deren Ersatz durch Scheininnovationen Vorschub leisten, weil der Hang der Wirtschaft zur Überkonzentration, Inflexibilität, Ausschaltung des Qualitätswettbewerbs und Stagflation darin neue Nahrung findet.
Das Ifo-Institut schätzte kürzlich, daß bis 1980 noch über 70000 Geschäfte dem Kostendruck und Preiswettbewerb würden weichen müssen (analysen und prognosen, November 1974). Für viele mittelständische Unternehmungen sind die nächsten Jahre eine Durststrecke, in der sie zum Umstrukturieren gezwungen sein werden, und in der sie auf Verbesserungsinnovationen angewiesen sein werden. Und diese müssen sie im Zweifel den Großunternehmungen abtrotzen, die den Qualitätswettbewerb lieber weiter im Dämmerschlaf ließen.
Dabei kommt es offenbar auf den Tenor der Rechtsprechung auf diesem Gebiete an. Und dieser wird vom Qualitätsbewußtsein geprägt, das wiederum einer der Gründe ist, weshalb sich die Nachfrager versagen, die *Alte Nachfrage* wie bisher zu kaufen.
Hier, im Wachhalten des Qualitätsbewußtseins, liegt eine weitere Aufgabe des modernen „Konsumerismus", der sich bereits durch Bürgerinitiativen wie „Aktion Sicheres Auto" und „Aktion Saubere Luft" bewährt hat. Eine „Aktion Warenqualität" könnte den kritischen Quantitätstrieb der überkonzentrierten Wirtschaftszweige Paroli bieten und die sich depressiv ausbreitende Qualitätsresignation auffangen; eine Resignation, die die Gefahr der Arbeitslosigkeit völlig falsch interpretiert; eine Re-

signation, der in den USA bereits umweltfreundliche Gesetze und verbraucherfreundliche Sicherheitsvorschriften geopfert wurden, und die in der Bundesrepublik die Forderung nach höheren Lebensqualitäten in Vergessenheit geraten läßt.
Maßnahmen, die Arbeitskräfte bei der Bedienung der *Alten Nachfrage* und der Herstellung des *Alten Angebots* halten, wenn sich die Chance eröffnet, *Neues* zu tun, sind falsch angesetzt.

Kapitel 8

Die Glättung der Innovationsrate, Aufgabe der Industriepolitik

Unsere Wirtschaftsordnung ist so angelegt, daß sich in ihr die Produktivkräfte, soweit sie sich auf die schnelle und hochgradige Versorgung der Bevölkerung mit Standardgütern des täglichen Bedarfs versteifen, voll entfalten können. Kosten- und Wachstumswettbewerb sind die Motoren dieser Art von Leistungsfähigkeit; sie ist allerdings auch von Fehlleistungen begleitet, die auf der gestatteten Drosselung des Qualitätswettbewerbs beruhen. Die Qualitätsdefizite hemmen wiederum die volle Entfaltung der Konsumtivkräfte, und darin liegt die Stagnation begründet, die auf der sanften Gewalt des Qualitätsbewußtseins beruht.

In den Industrieländern, wo weit mehr als die Hälfte des Volkseinkommens von privaten Haushalten ausgegeben wird (Bundesrepublik rund 55%, USA ca. 62%, DDR rund 67%), haben die Konsumtivkräfte einen viel geringeren konstruktiven Einfluß auf die von Staat und Privat erzeugten Güter und Dienste als die Produktivkräfte. Innovationen, die die Lebensweise von morgen gestalten, werden viel stärker von den Produzenteninteressen (Arbeitgeber, Arbeitnehmer) und vom Staat geprägt als von den Verbraucherwünschen. Der Bürger hat eigentlich nur die recht beschränkte Wahl zwischen Ja und Nein, nämlich zwischen Kaufen, Nichtkaufen und Nochnichtkaufen. Im technologischen Patt optieren die Verbraucher in größerer Zahl für Nein, weil ihnen das angebotene Qualitätsspektrum nicht mehr zusagt. Zunehmende Eintönigkeit des *Alten Angebots* ist die Schattenseite der Drosselung des Qualitätswettbewerbs und des daraus resultierenden Innovationsmangels, und die Verbraucher warten ab.

A. Wandel der Ordnung; Ordnung im Wandel

Die menschliche Gesellschaft ist eine innovative Gesellschaft; die Evolution der menschlichen Lebensweisen geht im Wechselspiel von Werden und Vergehen, von Innovation und Stagnation, unablässig vonstatten. Und wird die Innovation blockiert, so bricht sie später um so stärker durch. Die scheinbar dauerhafte Stabilität der wirtschaftlichen Verhältnisse zerbröckelt, die lange hinausgezögerte Anpassung erfolgt nunmehr zügig, und es kommt zu Innovationsschüben.

Die technischen, institutionellen, organisatorischen Änderungen halten sich dann auch nicht immer getreu an die ordnungspolitischen Regeln, die bis dahin jahrzehntelang gegolten haben. Manche Regeln mögen in der traditionellen Ordnung auch nur noch dem Buchstaben nach gegolten haben; andere hingegen können heftig umstritten sein, und das sind typischerweise die Regeln, die wichtige Innovationen bis dahin vereitelt haben und die nun weichen müssen. Insbesondere jener technische Fortschritt, der neue Arbeitsplätze und lohnende Investitionsgelegenheiten verspricht, bildet die Speerspitze in diesem Durchbruch; er wird von einem Strauß von organisatorischen Reformen und politischen Novellen begleitet, die den technischen Neuerungen oder ihren Nutzungsweisen den Weg ebnen. Den hervorstechenden Charakterzug dieser Neuerungen in einem Innovationsschub kann man prima facie an der Tatsache ablesen, daß solche Durchbrüche noch stets in der Regierungszeit restaurativer Herrscher, eiserner Kanzler oder autokratischer Regimes passierten, die von den Labilitätsverhältnissen des technologischen Patt der jeweiligen Zeit ins Amt gerufen wurden. Das war in der Epoche Metternich, in der Bismarckperiode und in der Hitlerzeit der Fall und gewiß kein Zufall.

Offenbar ging die sozialökonomische Evolution einen *Weg des bewahrenden Wandels:* Neuerungen, die an den Regeln der Ordnung rückten, konnten in der Vergangenheit eigentlich nur von Leuten durchgesetzt werden, deren Verwurzelung im Traditionellen und deren konservative Neigungen außer Zweifel

standen. Sie konnten nur in einer Periode zum Zuge kommen, in denen die bewahrenden Kräfte die Oberhand hatten.
Trotzdem war dieser konservative Fortschritt keinesfalls gering; er wandelte die Wirtschaftsordnung mehrmals um, und dabei wurden auch verschiedene Spielarten der Monarchie, der Republik, der Demokratie und der Diktatur durchwandert. Der Prozeß der schöpferischen Zerstörung, wie Schumpeter die sozialwirtschaftliche Evolution nannte, wirft also permanent die Frage auf, „was bleiben kann und was weichen muß" (Willy Brandt).
Diese Frage stellt sich ganz konkret nicht nur bei politischen Reformplänen, wie sie in den späten 60er und in den ersten 70er Jahren in den meisten Wohlstandsgesellschaften geschmiedet wurden*. Auch bei technologischen Änderungen stellt sich diese Frage – selbst bei kleinsten Detailänderungen. Aber die Antwort ist bei den Basisinnovationen von mehreren Umständen abhängig: Es kommt auf die Wirtschaftsordnung, auf die jeweils regierende politische Richtung, auf die wirtschaftliche Großwetterlage usw. an und andererseits auf die ganz konkret gegebene, machbare Innovationsmöglichkeit.
Ich unterscheide zwei Typen von Innovationen: Basisinnovationen eröffnen den Menschen ganz neue Wege (new ways of life), Verbesserungsinnovationen betreiben den Fortschritt auf etablierten Wegen (new qualities of life). Scheininnovationen, die bei der Drosselung des qualitativen Fortschritts eine so wichtige Rolle spielen, zählen wohl nicht als Innovationen.
Wenn die innovative Gesellschaft die Möglichkeit zur Wahl hat, zieht sie offenbar technologische Innovationen den Sozialinnovationen vor, und bei den technologischen Innovationen stellt sie Anstrengungen zur Verbesserung bestehender Technologien über das Wagnis, radikal neue Technologien in Angriff zu nehmen. Die Warte- und Vorbereitungszeit für Basisinnovationen betrug und beträgt Jahrzehnte. So führt die Neigung der Wirt-

---

* So ist das Scheitern von Reformen auch gar nicht nur ein kapitalistisches Übel, wie der Bericht des DIW über die gestoppten Reformen in der DDR zeigt (Sonderheft 98, Berlin 1974).

schaft, Basisinnovationen zu scheuen, zu Versäumnissen im Transfer des Wissens von der Theorie in die Praxis. Im technologischen Patt fehlen Basisinnovationen technischer und nichttechnischer Art, um die Stagnation zu bannen. Denn sie ist doch im wesentlichen eine Weigerung der Menschen in ihrer Rolle als Verbraucher, von dem *Alten Angebot* wie bisher zu nehmen, weil die geheimen Wünsche sich auf etwas anderes richten, ohne daß schon jemand genau artikulieren könnte, worin ganz spezifisch die *Neue Nachfrage* besteht.

Das ist heute der Fall. Soziale Reformen und wichtige Großtechniken, die uns als denkbare Lösungen verschiedener sozialer und wirtschaftlicher Probleme vorschweben, sind im Bereich des Experimentellen und der Kontroverse festgefahren. Diese neuen Betätigungsfelder fehlen heute, da es darauf ankommt, die in den stagnierenden Bereichen freigesetzten oder von der Freisetzung bedrohten Arbeitskräfte und Kapitalien anderweitig zu beschäftigen.

Wohin sollen sich die unterbeschäftigten Produktivkräfte wenden, da die Basisinnovationen fehlen, die neue Industrien und ganz neue Zweige im Gewerbe- und im Dienstleistungssektor eröffnen?

Vor dieser Frage nach Auswegen aus dem technologischen Patt, aus der verfahrenen Konjunkturlage von heute und morgen, stehen nun die meisten Industrieländer. Die Industrieländer halten einander im engen Clinch, weil die bisher am lebhaftesten wachsenden Industrien stagnieren. Die Stagnation beruht auf dem Umstand, daß die früher (in den 50er und 60er Jahren) großen technologischen Unterschiede zwischen heimischen und ausländischen Standardgütern des Massenbedarfs heute auf bloße, meist unerhebliche Qualitätsnuancen geschrumpft sind. Die Leitindustrien beschränken sich – ungewollt oder gewollt – weitgehend auf Scheininnovationen und kommen in fast allen Industrieländern mit ihren Hyperkapazitäten ins Gedränge auf beinahe gesättigten Märkten.

B. Das Stabilitätsproblem der Industriewirtschaft

Das Krisenproblem ist also weitverbreitet. Es ist ein den Industrieländern gemeinsames, also weder ein typisch amerikanisches, englisches, deutsches oder französisches, noch ein typisch westliches (was heute Japan einschließt), denn es ist ein Problem, das nicht nur im Kapitalismus auftaucht. Das technologische Patt als Wohlstandssyndrom in Industriegesellschaften taucht auch im Ostblock auf, wie es überhaupt als ein Problem der Hypertechnisierung überall dort auftaucht, wo der lebendige Organismus sehr viel mit Kunstprodukten umgeht, so daß der auf die lebendigen Kontakte entfallende Anteil von Lebensäußerungen fühlbar zu wenig ist. Die Krise der modernen Industriegesellschaft liegt im Mißverhältnis von Quantität und Qualität begründet – vom Verbraucherstandpunkt aus.

Jede denkbare Wirtschaftsordnung, die sich eine Industriegesellschaft zulegen mag, führt über kurz oder lang in dieses Dilemma: Um die Ordnung zu sichern, werden quantitative Leistungen, die das Bestehende nicht antasten, über qualitative Leistungen geschätzt, die die Struktur verändern könnten. Denn der Wandel ist ja nicht eingrenzbar; er metastasiert. Einerseits können kreative, konstruktive Leistungen nur dann reichlich erbracht werden, wenn die Wirtschaftsordnung – plakativ gesprochen – „progressiv" strukturiert ist; wie auch immer. Andererseits erleichtert eine – wiederum plakativ gesprochen – „konservativ" angelegte Struktur die Routinearbeit; sie erschwert die innovativen Prozesse der Qualitätsänderung und fördert Prozesse des quantitativen Wachstums.

Natürlich muß jedes belebte System durchlässig sein für beide Arten von Leistung. Sonst würde es absterben. Denn ohne Geburt und Tod kein Leben; ohne Änderung kein Bestand; ohne Wandel keine Ordnung. Ohne Innovationen gäbe es überhaupt keine sozialwirtschaftlichen Strukturen. Aber Stärke und Ergebnis des Innovationsprozesses sind strukturell verschieden. Ist von „Leistungsfähigkeit" die Rede, dann stellt sich immer die Frage nach der Art und Mischung von Leistungen, die eine

Wirtschaftsordnung erbringt. Und dabei schneidet die kapitalistische Marktwirtschaft gar so schlecht nicht ab: In puncto quantitativer Versorgung der Bevölkerung mit Standardqualitäten ist sie einfach ideal. Auch ist sie im Hervorbringen von Verbesserungsinnovationen immer noch besser als alle anderen bekannten Ordnungen – obwohl natürlich ihr Hang zur Scheininnovation im Zuge der Konzentration nicht vergessen werden darf. Die kritischen Versäumnisse der Marktwirtschaft auf dem Gebiete der Vorbereitung von Basisinnovationen sind hingegen sehr gravierend. Der Mangel an Basisinnovationen destabilisiert die westliche Wirtschaft. Die niedrige Innovationsrate ist – was die Menge der zur Arbeitsbeschaffung nötigen Erschließungen von Industrieneuland angeht – eine temporäre Fehlleistung mit Tendenz zur Umkehr. Wenn sich der Marktprozeß erst einmal das Innovieren zum Ziele setzt, dann tut er es mit Hochleistungsdruck und gleichsam unter Wettkampfbedingungen, die das Patentsystem mit seinen Aneignungsbedingungen setzt. Dabei schägt das Pendel leicht ins andere Extrem, so daß das schnell Machbare das eigentliche Bessere verdrängt. Die am Lohn und am Gewinn orientierte Selektion der technologischen Basisinnovationen erfüllt nicht unbedingt die höchsten Qualitätsansprüche. Und hinsichtlich der unterlassenen Sozialinnovationen ist die Marktwirtschaft gewiß nicht ideal.
Die Qualitätsdefizite wirken aber über die Verstimmung der Verbraucher auf die Stabilität der Beschäftigung zurück. Der Mangel an Innovationen im allgemeinen und der Mangel an starken neuen Nachfragereizen insbesondere läßt die am *Alten Angebot* arbeitenden Branchen stagnieren. Würde die Marktwirtschaft das Innovieren nicht vernachlässigen und die Innovationen mehr am Verbraucherinteresse als am Produzenteninteresse orientieren, so wäre sie gegen ihre wiederkehrende Neigung zur Unterbeschäftigung von Arbeit und Kapital und gegen die Depression gefeit.
Damit kommen wir zur zentralen Aussage dieses Kapitels. Eine Wirtschaftsordnung wird nur dann in ihren Hauptmerkmalen bestehen bleiben, wenn sie sich an die sich wandelnden Umstände (Umwelteinflüsse oder Wünsche der Bevölkerung, die

Nein sagen kann) anpaßt. Bestand durch Wandel ist ein evolutorisches Prinzip; wenn ein sozialwirtschaftliches Gebilde nicht das nötige Maß an Veränderungen generiert, dann verkrustet die Sozial- und/oder Wirtschaftsstruktur, sie wird spröde und brüchig.

Das *Stabilitätsproblem der Wirtschaftsordnung* wird durch Unterlassung von Basisinnovationen und durch Vermeidung von Verbesserungsinnovationen und deren Ersatz durch Scheininnovationen aufgeworfen (technologisches Patt). Der Druck der Ereignisse schwemmt die Hindernisse gegen Basisinnovationen fort. Möglicherweise werden auch im Wege stehende Grundpfeiler der traditionellen Ordnung versetzt. Aber für ein vernünftiges Abwägen von Neu und Alt gibt es keine Gelegenheit, wenn die Labilität schon soweit eingerissen ist, daß der Innovationsschub sich voll und ungefiltert Bahn bricht.

Das heutige technologische Patt gibt uns die Chance, die Richtung des Fortschritts möglicherweise selbst zu bestimmen, anstatt sie von der Zufälligkeit bestimmen zu lassen, mit der der ineffiziente Wissenstransfer neue Technologien gebiert, die niemand voll reflektiert hat. Diese Chance, das *Auswahlproblem des Wirtschaftswandels* vernünftig lösen zu können, setzt voraus, daß das Stabilitätsproblem zumindest partiell gelöst wird durch Glättung der Innovationsrate.

Die Glättung der Innovationsrate ist eine Gemeinschaftsaufgabe. Das Kapital ist überfordert, wenn es die Verbraucherwünsche mit den im Forschungssektor schlummernden machbaren Technologien auf einen Nenner bringen soll, die Arbeit koordinieren und finanzieren soll, das Risiko tragen soll, denn es ist schon vollbeschäftigt mit den Problemen der Desinvestition in den stagnierenden Branchen. Auch der moderne Staat ist auf diese Aufgabe nicht vorbereitet. Weder könnte die traditionelle Wirtschaftspolitik die Artikulierung der *Neuen Nachfrage* leisten, noch könnte die traditionelle Forschungspolitik die Spezifizierung des technisch Machbaren und sozioökonomisch Wünschbaren leisten.

Aber eine an der Nachfragestruktur – und nicht etwa nur an der Angebotstruktur – orientierte Industriepolitik, die mit dem staatlichen Forschungs-Management koordiniert ist, könnte die Aufgabe leisten und mit gezielter Innovationsförderung den Innovationsmangel überwinden helfen.

C. Das Qualitätsproblem der Konsumgesellschaft

Wohin also soll sich das nach neuen Anlagemöglichkeiten suchende akkumulierte Kapital wenden, und womit können die von der Stagnation mit Kurzarbeit und Arbeitslosigkeit bedrohten Menschen beschäftigt werden? Die plausible Möglichkeit, Kapital und Arbeit könnten mittels Basisinnovationen in neuen Industrien und Dienstleistungsbereichen unterkommen, scheitert zunächst an dem Mangel an im Handumdrehen machbaren Projekten. Wenn die Dinge weiterlaufen wie bisher, dann kommt zwar mit Sicherheit ein neuer Innovationsschub, aber nicht so bald (Kapitel 7). Die Glättung der Innovationsrate besteht also zunächst in der Ankurbelung von Projekten, die in den Vorstufen des Wissenstransfers steckengeblieben sind. Aber das geht nicht durch Investitionsförderung nach dem Gießkannenprinzip (allen etwas), sondern durch Konzentration auf innovative Projekte.

Innovationsförderung zum Zweck der Arbeitsbeschaffung ist ein Zauber, der den Zauberlehrling leicht ertränken könnte. Denn wenn der Zauber erst einmal wirkt, dann hat er die Neigung, sich im reichen, vollen Schwall zu ergießen. Glättung der Innovationsrate bedeutet auch, diesen Schwall neuer Technologien zu meistern: sein Volumen und seine Komposition zu steuern, damit die von den Innovationen hervorgerufenen Instabilitäten nicht überhand nehmen, wenn eine neue Technik-Welle über uns hereinbrechen sollte – wüster als je zuvor.

Die kritische Entwicklung in der Vergangenheit und die kritischen Aussichten für die Zukunft (Vorprogrammierung der Krise durch den nächsten Innovationsschub) enthüllen die sogenannte „konservative Deutung des technischen Fortschritts“ als Illusion. Sie lautet (nach J. Habermas):

„Wissenschaft, Technik, Industrie, Militär und Verwaltung (sind) heute Elemente, die sich wechselseitig stabilisieren und deren Interdependenz wächst. Die Erzeugung technisch verwertbaren Wissens, die Entwicklung der Technik, die industrielle und militärische Verwertung der Techniken und eine umfassende Administration aller gesellschaftlichen Bereiche, der privaten wie der öffentlichen, wachsen heute, so erscheint es, zu einem krisenfesten und dauerhaften expansiven System zusammen" [15]. Aber der Schein von Stabilität trügt.
Die Garantie für Dauerhaftigkeit und Krisenfestigkeit, die der bürgerliche Staat in die Ehe mit der Industrie eingebracht haben soll, ist in Wirklichkeit eine Mitgift, deren Zauber nicht alle Zeit anhält. Die Sozialisierung von Forschung und Entwicklung (in den USA zu 50%) verführt die Wirtschaft zu Unterlassungssünden in der Innovationstätigkeit, aber der Staat bietet gar keine Gewähr für das Vorhandensein von alternativen Beschäftigungsmöglichkeiten, wenn der Stagnationstrend zupackt. Im Gegenteil, der geschichtliche Überblick zeigt, daß die fortschreitende Arbeitsteilung in Forschung und Entwicklung zwischen Staat und Privat die Furchen im Innovationsaufkommen vertieft und verlängert. Abbildung 4.1 macht das deutlich.
Ebenso deutlich kann man dieses Aufschaukeln auch an der Verschärfung der Radikalität sowohl der Vermeidung von Basisinnovationen als auch des Durchbruchs der Innovationen erkennen, wenn der Schub erst einmal beginnt. Dafür stellen wir den Bestand des als machbar erkannten technischen Wissens (A) und die Menge der getätigten Basisinnovationen (N) gegenüber, die wir den Zeitreihen auf Stufe 3 und 6 in Abbildung 7.4 entnehmen. Beides sind gute Indikatoren für die Effizienz des Wissenstransfers. Und der Befund in Abbildung 8.1:
Der Bestand des verwertbaren technischen Wissens (A) und die Menge der getätigten Basisinnovationen (N) unterlagen im Fortgang der Industrialisierung in den letzten 150 Jahren gewaltigen Gezeitenhüben. Nach einer immer näher an den Nullpunkt herankommenden Rückkehr der Indikatoren (A, N) aus fernen Größenordnungen schlugen sie in um so weiter liegende Gefilde aus. Wie Kometenbahnen.

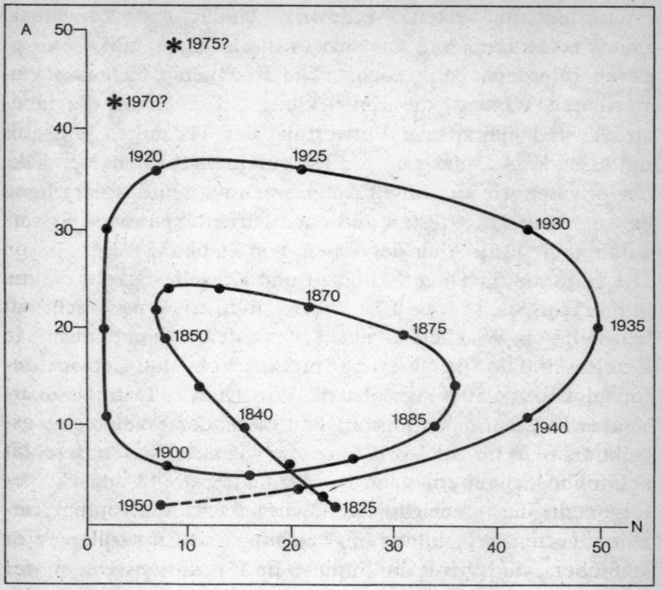

Abb. 8.1

Eine solche Spirale, bei der die zunehmende Annäherung an den Nullpunkt eine immer mehr raumgreifende Katapultwirkung auslöst, beschreibt ein System im labilen Gleichgewicht, das zwischen Implosion und Explosion pendelt [16]. „Das Verhängnis der Wirtschaft liegt in ihr selbst, wenn sie sich hemmungslos ihren Eigengesetzlichkeiten überläßt", sagte Karl Jaspers. Denn es gibt einen Punkt ohne Rückkehr. Es ist eine durch und durch liberale Deutung der Technik, wenn die Menschen selber die Richtung und das Maß des technischen Fortschritts bestimmen wollen [17]. Und es wird offenbar höchste Zeit:

Man kann in Fortdeutung der gezeigten geschichtlichen Tendenzen vermuten, daß die moderne Arbeitsteilung im Wissenstransfer und die Arbeitsweise der „Technostruktur", wie Galbraith den integrierten Komplex von Wissenschaft, Technik, Industrie, Militär und Verwaltung nennt [18], die Krisenhaftigkeit noch verschärft. Einerseits stabilisiert sie durch „Krisenmanagement" und Einsatz des wirtschaftspolitischen Instrumentariums die etablierte Praxis – auf etliche Jahre länger, als sie sich ohne die flankierenden Maßnahmen halten würde. Dann aber verlangt der aufgeschobene Strukturwandel um so brutaler sein Recht auf Neuerungen. Die staatliche Großforschung moderner Prägung dürfte dann, wenn die Depression den Innovationsbedarf weiter steigert, als ein Reservoir von neuen Technologien herhalten, in das die stagnierte Wirtschaft kräftig hineinlangt. Aber uns plagt die Vermutung, daß der in dem Reservoir befindliche Inhalt weniger zur Deckung des Bedarfs der Bevölkerung entstand als mehr zur Stillung der naturwissenschaftlichen Neugier einiger Forscher und Forschungsfunktionäre. Jedenfalls wurde aus Angst vor dieser Eventualität in Großbritannien unlängst ein Prüfprozeß eingebaut, die Requirement Boards, die den eigentlichen Zweck der vorangetriebenen Technikprojekte endlich einmal bedenken sollen. Wer weiß aber, wessen Interessen diese Boards dienen. Denen der Verbraucher?

In den meisten Industrieländern gibt es solche Auswahlmechanismen nicht. Deshalb muß man besorgt sein, daß der vor den Toren lauernde Innovationsschub die Chancen des gegenwärtigen technologischen Patt zur Bedarfsorientierung des technischen und organisatorischen Fortschritts über den Haufen wirft, weil sich die kritischen Instabilitäten weiter steigern könnten. Ohne wenigstens notdürftige Beherrschung des *Stabilitätsproblems* würde das *Auswahlproblem* aber gar nicht der Vernunft zugänglich. Dann würde die Krise das gleiche vollbringen, was Anarchisten und Chaoten wünschen – nur eben von der Hand der in die Verantwortung gewählten Volksvertreter.

Zunächst müßten die Industrieländer deshalb den mit dem Innovationsmangel unmittelbar verbundenen Krisengefahren Rechnung tragen. Das technologische Patt ist ein Zustand akuter Instabilität des Welthandels. Die Nationen sehen ihre stagnierenden Industrien im scharfen Wettbewerb mit ausländi-

schen Firmen. Und sie möchten den Absatz der heimischen Industrie wenigstens auf den heimischen Märkten sichern, so wie es der mächtige US-Abgeordnete Wilbur Mills für sein Land will: „Was ich möchte, ist eine Handelspolitik, die auch die Handelsinteressen der Vereinigten Staaten fair berücksichtigt, was heute nicht der Fall ist. Ich will unsere amerikanische Industrie schützen, wenn sie durch Importe aus dem Ausland geschädigt wird oder dabei ist, in eine Existenzkrise gestürzt oder gar ausgerottet zu werden“ [19].
Diese Art Schwarzmalerei führt leicht dazu, daß sich eine Regierung selbst in eine protektionistische Politik hineinversteigt und gegen den Zutritt der Handelspartner Barrieren errichtet wie 1974 Italien. Aussperrung kann schlimme Folgen haben: sperren sich die ehemaligen Partnerländer gegenseitig aus, entbrennt ein Wirtschaftskrieg, die Weltmärkte zerbröckeln, das internationale Währungssystem birst im Abwertungswettlauf, und Bankrotteure und Abermillionen Arbeitslose erfahren die Not der Weltwirtschaftskrise. Diesen Leidensweg durch das technologische Patt ist die moderne Menschheit seit der Industriellen Revolution schon dreimal gegangen, und zwar bei allen drei sich bietenden Gelegenheiten des technologischen Patt in diesem Zeitraum (siehe Abbildung 2.8). Wann immer das Wachstum in den Leitindustrien an die Schwelle der Marktsättigung stieß, nämlich um 1825, um 1873 und um 1929, brach die Weltwirtschaft zusammen.
Dieser Zusammenbruch ist nicht unumgänglich! Protektionismus ist eine Kurzschlußhandlung. Anstatt zu finessieren und abzuwarten, bis die neuen Investitions- und Arbeitsmöglichkeiten herangereift sind, versucht das Land, das aus der Partnerschaft ausbricht, sich aus der internationalen Stagnation auszuklinken, und bei diesem Versuch erfüllt es nur zu leicht das Orakel der Weltwirtschaftskrise.
Es ist ein wirtschaftsgeschichtliches Faktum, daß es allemal kleine Staaten waren, die zuerst aus der Loyalität flüchteten. Man kann vermuten, daß die Kenntnis der ungeheuerlichen Selbst- und Fremdkosten der Illoyalität diese Fehlentscheidungen verhindert hätte; daß die Regierungen den stagnierenden

Welthandel auch unter Verlusten gefördert hätten, anstatt ihn zu unterbrechen, wenn sie gewußt hätten, daß der Schwall von belebenden Basisinnovationen schon vor der Tür steht.
Dieses Buch hätte bereits seine Schuldigkeit getan, wenn es den vom technologischen Patt unter Zugzwang gebrachten Wirtschaftspolitikern ein Argument dafür liefern könnte, daß ein Ausscheren aus der gemeinschaftlichen Währungs- und Handelspolitik der erste Schritt ins Bodenlose sein könnte, wohingegen das Warten auf die heranreifenden Basisinnovationen in überschaubarer Zeit der Stagnation ein Ende setzt.
Das eigentliche Anliegen dieses Buches ist jedoch weiter gesteckt. Ich empfehle nicht allein das Warten auf die Basisinnovationen, die Früchte vom Baum der Erkenntnis, die im technologischen Patt wegen der Versäumnisse im Wissenstransfer erst einmal noch ein Stück von der Praktikabilität entfernt sind. Ich empfehle eine kräftige Steigerung der Anstrengungen, die den Wissenstransfer betreiben, damit ständig und besonders für Stagnationszeiten ein breites Angebot an machbaren Innovationsprojekten zur Wahl steht. Ein reicher Strom an Innovationen liefert die Gegengewichte gegen die Stagnation in überbesetzten Industriezweigen. Und zur Beförderung der Basisinnovation und zur Intensivierung der Verbesserungsinnovation scheint mir die Reform des Patentsystems ein denkbarer Ansatz.
Ein reicher Strom von machbaren Ideen ist die Voraussetzung für eine bedarfsorientierte Auswahl von Entwicklungslinien. In der Vergangenheit war es offenbar immer so, daß in der Not der Krise alle machbaren Technologien in die Praxis eingeführt wurden. Darunter waren gewiß auch Technologien, die man bei rechter Würdigung der Folgewirkungen besser unterlassen hätte. Eine Industriepolitik, welche die industrielle Evolution durch Innovationsauswahl steuern will, wäre eine echte Sozialinnovation, denn sie würde die lohn- und gewinnorientierte Innovationsauswahl durch Bedarfsorientierung im Sinne der Verbraucher ergänzen.
Die bisherige Praxis, daß anscheinend alle machbaren technologischen Neuerungen auch verwirklicht wurden, mag ver-

schleiern, daß die verwirklichten Basisinnovationen andere Möglichkeiten, die eventuell weit vorteilhafter gewesen wären, verdrängt haben. Das Kuckucksküken lehrt uns ebenso wie William Graham Sumner, der erste Sozialdarwinist, daß es sich in Fragen der Evolution niemals um einen Superlativ, sondern um einen Komparativ handelt. Es hat den Anschein, als habe sich bei der industriellen Evolution bisher nicht immer das Bessere, sondern das Schnellere durchgesetzt und der bedachten Abschätzung aller Vor- und Nachteile entzogen.

Die Abkehr vom Prinzip des „Wer zuerst kommt, mahlt zuerst" könnte der innovativen Gesellschaft die Chance eröffnen, das eigene Technikschicksal selbst zu bestimmen. Bisher hat es der Konjunkturlage und den Sachzwängen der Stagnation obgelegen zu bestimmen, welche Neuheiten ein existentielles Vakuum füllen könnten und welche nicht. Dieses anonyme Auswahlverfahren für Basisinnovationen ist völlig unbefriedigend. Es ist der Würde des mündigen Menschen nicht angemessen und angesichts seines knappen Lebensraumes und seines seidenen Lebensfadens unweise, den technischen Fortschritt sich selbst zu überlassen.

Und weil das Kaufverhalten der Verbraucher, die mehr als jede zweite Mark ausgeben, über Stagnation oder Erholung entscheidet, müssen die Verbraucherwünsche stärker berücksichtigt werden. Sonst bringt die *sanfte Gewalt des Qualitätsbewußtseins* die Krise zurück.

Die an weitsichtigen Zielen und an aktuellen gesellschaftlichen Bedürfnissen orientierte Innovationspolitik, insbesondere das Evolvieren in nichttechnische, immaterielle Dimensionen, erfordert es, wie Heinrich von Kleist in anderem Zusammenhang sagte, wieder vom Baum der Erkenntnis zu essen.

Dieser Schritt eröffnet Betätigungsfelder, die praktisch ohne Grenzen des Wachstums sind. Mit Wissen und Unwissen ist es wie mit Freud' und Leid: Geteiltes Leid ist halbes Leid, geteilte Freude ist doppelte Freude. „Das Phänomen des menschlichen Wissens ist ohne Zweifel das größte Wunder in unserem Universum" (Karl Popper).

LITERATUR-VERZEICHNIS

ERSTES BUCH

[1] *Clark Kerr,* Marshall Marx und Modern Times; London 1969, S. 64 („Depressions have become subject to control")

[2] *U. Weinstock,* Das Problem der Kondratieff-Zyklen, Berlin 1964

[3] *H. Rosenberg,* Große Depression und Bismarckzeit, Berlin 1967

]4] *J. A. Schumpeter,* Kapitalismus, Sozialismus und Demokratie, Bern 1950, S. 136/137

[5] *G. Mensch,* Basisinnovationen und Verbesserungsinnovationen, in: Zeitschrift für Betriebswirtschaft, 42 (1972), S. 291–297

[6] *M. E. Kamp,* Erfahrungen mit der Fiscal Policy, in: Vorträge aus Nationalökonomie und Finanzwissenschaft, Bonn 1969, S. 17

[7] *J. K. Galbraith,* Der große Krach 1929, Stuttgart 1963, S. 266

[8] *J. Ortega y Gasset,* Der Aufstand der Massen, in: Signale unserer Zeit, Stuttgart o. J., S. 189/90

[9] *J. Cocteau,* Essai de Critique indirect, deutsch: Versuche, München 1956, S. 151

[10] *F. Nietzsche,* Jenseits von Gut und Böse, Aphorismus 192

[11] *W. J. Feuerlein,* Die Beseitigung des internationalen Dollarüberhangs, in: Wirtschaftsdienst, 53 (1973), S. 522–27

[12] *C. P. Kindleberger,* Die Weltwirtschaftskrise 1929–1939, München 1974, S. 314/315

[13] *M. Eigen,* Selforganization of Matter and the Evolution of Biological Macromolecules, in: Die Naturwissenschaften, 58 (1971), 466–523, S. 521

[14] *G. Mensch,* Gemischtwirtschaftliche Innovationspraxis, Studie im Auftrag der Kommission für wirtschaftlichen und sozialen Wandel, Bonn, November 1974.

[15] *E. Salin,* Die EWG im Koma, in: Kyklos 26 (1973) 723–735, S. 723

[16] *W. Grotkopp,* Die Große Krise, Düsseldorf 1954, *J. K. Galbraith,* Der Große Krach 1929, Stuttgart 1963; *T. E. Burton,* Crisis and Depressions, Wells 1966; *E. Janeway,* The Economics of Crises, London 1968; *C. P. Kindleberger,* die Weltwirtschaftskrise 1929–1939, München 1974

[17] *Gscheidles* neues Monopol, Wirtschaftswoche, 29. Jg. (30.8.1974), Nr. 36, S. 20–21

[18] *S. Kuznets,* Economic Change, New York 1953, S. 109/10

[19] analysen und prognosen, November 1974, S. 7

[20] *N. Georgescu-Roegen,* The Entropy Law and the Economic Process, Cambridge 1971, S. 127

[21] *J. A. Schumpeter,* Kapitalismus, Sozialismus und Demokratie, Bern 1950, S. 184

[22] derselbe, Konjunkturzyklen II, Göttingen 1961, S. 1065

[23] *Jane Jacobs,* The Economy of Cities, Vintage Books 1970

[24] Vgl. die beiden Arbeiten von *J. Forrester:* Urban Dynamics und Industrial Dynamics

[25] *Jacobs,* a. a. O., S. 56

[26] *Jacobs,* a. a. O., S. 9

[27] *G. Mensch* (mit *H. Freudenberger),* Von der Provinzstadt zur Industrieregion; Ein Beitrag zur Politökonomie der Sozialinnovation, dargestellt am Innovationsschub der Industriellen Revolution im Raume Brünn, Göttingen 1975

[28] *Jacobs,* a. a. O., S. 58–60

[29] *M. Eigen,* Selforganization of Matter and the Evolution of Biological Macromolecules, in: Die Naturwissenschaften, 58 (1971), S. 465–523, S. 517

[30] *G. Mensch,* Zur Dynamik des technischen Fortschritts, in: Zeitschrift für Betriebswirtschaft, 41 (1971), S. 295–314
[31] *G. Mensch,* Basisinnovationen und Verbesserungsinnovationen, in: Zeitschrift für Betriebswirtschaft, 42 (1972), S. 295–314
[32] *G. Mensch,* Die Rolle des Ingenieurs in der Wirtschaft von morgen, in: Zeitschrift für die gesamte Technik, 114 (1972), 933–1012
[33] *J. Nötzold,* Untersuchungen zur Durchsetzung des technischen Fortschritts in der sowjetischen Wirtschaft, Stiftung Wissenschaft und Politik, Eggenberg 1972
[34] DIW, Zur Wirtschaftslage in der Sowjetunion, Wochenbericht 38/1974
[35] *A. H. Hansen,* Fiscal Policy and Business Cycles, New York 1941
[36] *J. A. Schumpeter,* Konjunkturzyklus II, Göttingen 1961, S. 937
[37] *H. Albach,* Zur Theorie des wachsenden Unternehmens, in: W. Krelle (Hrsg.), Theorien des einzelwirtschaftlichen und gesamtwirtschaftlichen Wachstums, Berlin 1965, S. 9–97; *K. Brockhoff,* Unternehmenswachstum und Sortimentsänderung, Köln-Opladen 1966; *A. Kieser,* Unternehmenswachstum u. Produktinnovation, Berlin 1970
[38] *E. M. Rogers,* Diffusion of Innovation, New York 1962;
T. Hägerstrand, Innovation Diffusion as a Spatial Process, Chicago 1967
[39] *G. Mensch,* Gemischtwirtschaftliche Innovationspraxis, Studie im Auftrag der Kommission für wirtschaftlichen und sozialen Wandel, Bonn, November 1974, S. 133–183; US-Department of Commerce, Technological Innovation and Its Environment and Management, Washington 1967
[40] *M. Scherer,* Research and Development Returns to Scale and the Schumpeterian Hypothesis: Comment, Berlin 1973; Journal of Political Economy (erscheint demnächst)
[41] *W. F. Haug,* Kritik der Warenästhetik, Frankfurt/Main 1973
[42] *A. Glyn* and *B. Sutcliffe,* British Capitalism, Workers, and the Profits Squeeze, Harmondsworth 1972
[43] *R. Vernon,* International Investment and International Trade in the Product Cycle, in: Quarterly Journal of Economics, 80 (1966), S. 190–207
[44] *J. J. Servan-Schreiber,* Le défi américain, Paris 1967
[45] *R. Turner Norris,* The Theory of Consumer's Demand, New Haven 1952
[46] *L. Infeld,* Leben mit Einstein, Wien-Frankfurt-Zürich 1969
[47] *J. A. Licari* and *M. Gilbert,* Is there a Postwar Growth Cycle? in: Kyklos, XXVII (1974), S. 511–520. „At the same time, the German experience appears to be the distinct exception rather than the rule." (S. 518)
[48] *G. Tintner* and *J. K. Sengupta,* Stochastic Economics, New York 1972
[49] *G. Tintner,* Multivariate Lognormal Diffusion Process of Economic Development, Operations Research Verfahren, 14/1973
[50] *K. J. Gantzel,* System und Akteur; Beiträge zur vergleichenden Kriegsursachenforschung, Düsseldorf 1973
[51] *H. Rosenberg,* Große Depression und Bismarckzeit, Berlin 1967
[52] S. Geiselberger (Hrsg.), Schwarzbuch: Ausländische Arbeiter, Frankfurt/Main 1972
[53] The North Pole Papers, in: Environment, 15 (1973). S. 2–38, S. 5
[54] *Friedrich Sieburg,* Die Lust am Untergang, Hamburg 1961, S. 44
[55] *A. und M. Mitscherlich,* Die Unfähigkeit zu trauern, München 1967, S. 225/26
[56] *E. H. Erikson,* Einsicht und Verantwortung, Frankfurt/Main 1971, S. 91
[57] *A. Mitscherlich,* Auf dem Wege zur vaterlosen Gesellschaft, München 1963, S. 280
[58] *A. und M. Mitscherlich,* Die Unfähigkeit zu trauern, S. 226
[59] *P. Teilhard de Chardin,* Die lebendige Macht der Evolution, Alten-Freiburg 1967, S. 244
[60] *Erikson,* a. a. O., S. 77
[61] *Erikson,* a. a. O., S. 92
[62] DER SPIEGEL, 1. 5. 1972, S. 62
[63] *Erikson,* a. a. O., S. 80
[64] *E. Salin,* Die EWG im Koma, in: Kyklos, 26 (1973), S. 732
[65] WDR, 6. 10. 1974

[66] analysen und prognosen, 36, November 1974
[67] *V. Giscard d'Estaing,* Four Types of Inflation, in: Economic Impact, 1974, Nr. 7, 18–22 (Nachdruck aus L'Expansion, Paris); S. 20
[68] ebd., S. 22
[69] *A. Glyn* and *B. Sutcliffe,* British Capitalism, Workers and the Profits Squeeze, Harmondsworth, 1972, S. 66: Netto-Rentabilität britischer Industrie- und Handelsfirmen in %; (A) vor Steuern, (B) nach Steuern

	1964	1965	1966	1967	1968	1969	1970
(A)	13,7	12,8	11,3	11,7	11,6	11,1	9,7
(B)	7,1	7,8	4,9	6,1	5,2	4,7	4,1

[70] Kennzahlen der Liquidität britischer Industrie- und Handelsunternehmen (alle börsennotierte) in Prozent (Glyn und Sutcliffe, S. 126): (A) Kassenfluß, (B) Eigenkapitalzufluß von der Aktienbörse, (C) kurzfristige Bank-, Lieferanten-, Steuerkredite

	1950–54	1955–59	1960–64	1965–69	1968–70
(A)	75,8	71,0	64,6	52,8	41,9
(B)	20,3	26,0	28,2	37,5	36,3
(C)	3,9	3,1	7,3	9,6	21,8

[71] *Glyn* and *Sutcliffe,* S. 127: „The average number of firms which went into liquidation in Britain was 4225 per year between 1950 und 1964; from 1964 to 1969 the average had risen to 8723. The number fell a little, so that there were 7040 liquidations in the year ending May 1971".
[72] *M. Friedman* and *A. J. Schwartz,* A Monetary History of the United States, 1867–1960, Princeton 1963, S. 298. Vergleiche auch die Zeitreihen über den damals abnehmenden Notenumlauf, das Wechselvolumen usw. bei Schumpeter, Konjunkturzyklen II, S. 916
[73] *Ch. P. Kindleberger,* Die Weltwirtschaftskrise 1929–1939, München 1973, S. 173
[74] *Woytinsky, W. S.,* Stormy Passage; A Personal History through Two Russian Revolutions to Democracy and Freedom, 1905–1960, New York 1961, S. 466
[75] *V. Giscard d'Estaing,* a. a. O., S. 22
[76] *Ch. P. Kindleberger,* a. a. O., S. 21
[77] ebd.
[78] *G. R. Treviranus,* Das Ende von Weimar; Heinrich Brüning und seine Zeit, Düsseldorf 1968, S. 173
[79] *W. Grotkopp,* Die große Krise, Düsseldorf 1954, S. 38

ZWEITES BUCH

[1] *K. P. Schlüter* in: Zeitschrift für die gesamte Staatswissenschaft, 129 (1973), S. 613–633
[2] ebd., S. 614, Fußnote 9
[3] Der Bundesminister für Wirtschaft: Technologie und Wirtschaft, in: BMWI Texte, Bonn 1970, S. 9–10
[4] *G. Mensch* (mit *H. Freudenberger*), Von der Provinzstadt zur Industrieregion (Brünn-Studie), Göttingen 1975
[5] Illinois Institute of Technology Research Institute, *T*echnology in *R*etrospect *A*nd *C*ritical *E*vents in *S*cience, NSF, Vol. 1, p. xi
[6] *U. Weinstock,* Das Problem der Kondratieff-Zyklen, Berlin-München 1964, S. 120
[7] *G. Mensch* und *C. D. Stolze,* Innovation und Industrielle Evolution, Preprint I/73-29, Internationales Institut für Management, Berlin 1973

[8] *Kenneth Arrow,* Economic Welfare and the Allocation of Resources for Invention, in: R. R. Nelson (Hrsg.), The Rate and Direction of Inventive Activity, Princeton 1962, S. 609–25: „ . . . . in a free-enterprise economy the profitability of invention requires a non-optimal allocation of resources . . . . ."
[9] Vgl. z. B. das Standardwerk von *E. M. Rogers* und *F. F. Shoemaker,* Communications of Innovations, New York 1971, p. 341
[10] *K. Popper,* Objektive Erkenntnis , Hamburg 1974
[11] *W. Goldschmidt,* Exploring the Ways of Mankind, New York, 1960, p. 115
[12] *M. Foucault,* The Order of Things, London 1970, S. XI
[13] *W. I. Cannon,* The Uniformitarian – Catastrophist Debate, in: Isis, 51 (1960), S. 38–55
[14] *J. Agassi,* Towards a Historiography of Science, Den Haag 1963
[15] *G. Buchdahl,* A Revolution in Historiography of Science, in: History of Science, 4 (1965), S. 55–69
[16] *T. S. Kuhn,* The Structure of Scientific Revolutions, Chicago, erweiterte Auflage 1970
[17] *J. Schmookler,* Invention and Economic Growth, Cambridge 1966, S. 196/7
[18] *T. S. Kuhn,* a. a. O., S. 56
[19] ebd., S. 61
[20] ebd., S. 109
[21] *G. Mensch* und *C. D. Stolze,* Innovation und Industrielle Evolution, a.a.O, S. 43/44
[22] *M. D. Robbins* u. a., Federal Incentives for Innovation, Denver Research Institute Report C790 an die National Science Foundation, November 1973, S. 4
[23] ebd.
[24] *Knut Borchardt,* Zur Frage des Kapitalmangels in der ersten Hälfte des 19. Jahrhunderts, in: Jahrbücher für Nationalökonomie und Statistik, CLXXIII / 1961, S. 401–21, zeigt, daß Kapital damals weitgehend brach lag (siehe auch *D. Landes,* The Unbound Prometheus, London 1969, S. 155/156)
[25] *G. Mensch* (mit *H. Freudenberger),* Von der Provinzstadt zur Industrieregion (Brünnstudie), Göttingen 1975, S. 45/46
[26] *J. T. W. Newbold,* The Beginnings of the World Crisis, 1873–1896, in: Economic History, 2 (1932), S. 437
[27] *H. Rosenberg,* Große Depression und Bismarckzeit, Berlin 1967
[28] *L. Robbins,* The Great Depression, London 1934, S. 171
[29] *M. McLuhan,* Understanding Media: The Extensions of Man, New York 1964, S. 35
[30] *H. Adams,* The Rule of Phase Applied to History, in E. Stevenson, A Henry Adams Reader, Garden City 1958
[31] *K. Brankamp,* Planung und Entwicklung neuer Produkte, Berlin 1971
[32] *K. Stamm* und *P. G. Willmes,* Produktplanung und Produktentwicklung als zentrale Stabsaufgabe, in: Hoesch-Estel 2 (1973), 41–50
[33] *H. W. Zipse,* Beherrschung der Dynamik mehrstufiger Innovationsprozesse, in: Hoesch-Estel, 2 (1973), S. 51–58
[34] *Y. Winters,* Henry Adams, or the Creation of Confusion: The Anatomy of Nonsense, Norfolk 1943
[35] *P. Sicherl,* Time-Distance as a Dynamic Measure of Disparities in Social and Economic Development, in: Kyklos, XXVI (1973), 559–78
[36] *G. Mensch,* Zur Dynamik des technischen Fortschritts, in: Zeitschrift für Betriebswirtschaft, 41 (1971) S. 295–314
[37] *R. Dahrendorf,* Pfade aus Utopia, München 1967, S. 323
[38] *G. Mensch,* Zur Dynamik des technischen Fortschritts, a. a. O.
[39] *M. T. Hodgen,* Change and History, New York 1952, S. 45
[40] ebd.
[41] *D. Gabor,* Innovations: Scientific, Technological and Social, London 1970, S. 5
[42] *N. Lindgren,* A New Process Gropes for a Market, in: D. Allison (Hrsg.), Dealing with Technological Change, Princeton 1971, S. 133

DRITTES BUCH

[1] *K. Marx,* Kommunistisches Manifest
[2] ebd.
[3] *J. M. Keynes,* Wirtschaftliche Möglichkeiten für unsere Enkelkinder, in: Ausgewählte Abhandlungen, Köln 1956, S. 267
[4] *J. Robinson,* Die Gesellschaft als Wirtschaftsgesellschaft, München 1971, S. 110–115
[5] Economic Welfare and the Allocation of Resources for Invention, Original 1962, hier in: N. Rosenberg (Hrsg.), The economics of technological change, Harmondsworth 1971, S. 171
[6] *G. Mensch,* Gemischtwirtschaftliche Innovationspraxis; Studie „Alternative Finanzierungsmöglichkeiten der staatlichen Forschungs- und Technologiepolitik unter Berücksichtigung der Ertragsbeteiligung der öffentlichen Hand" im Auftrage der Kommission für wirtschaftlichen und sozialen Wandel, Bonn 1974
[7] Stifterverband, Wirtschaft und Wissenschaft, 1969, Heft 3, S. 20, und 1972, Heft 1, S. 22
[8] Antwort der Bundesregierung auf die kleine Anfrage der Abgeordneten Lenzer u. a. zum Stande der Industrieforschung in der Bundesrepublik Deutschland, Bonn, den 11. 4. 1974, Drucksache 7/1988
[9] *G. Mensch* (mit *H. Freudenberger),* Von der Provinzstadt zur Industrieregion (Brünnstudie), Göttingen 1975
[10] *D. A. Schon,* Aussage vor dem Hart Committee über wirtschaftliche Konzentration, Committee of the Judiciary US-Senate, 98th Congress, Part 3, S. 1217
[11] Capital, 1/1974, S. 54–55
[12] Historical Statistics of the United States, Rev. Edition, 1960, Chap. W., Series W 66–75, S. 599
[13] *B. S. Sanders,* Patent, Copyright and Trademark Journal, Spring 1964
[14] *J. Schmookler,* Invention and Economic Growth, Cambridge 1966
[15] *J. Habermas,* Theorie und Praxis, Frankfurt/Main 1971, S. 341
[16] Das Spinnwebtheorem. Siehe z. B. Dr. Gablers Wirtschaftslexikon, Wiesbaden 1959, S. 2829
[17] *Habermas,* a. a. O., S. 339
[18] *J. K. Galbraith,* The new Industrial State, Boston 1967 (deutscher Titel: Die neue Industriegesellschaft)
[19] SPIEGEL-Gespräch mit W. D. Mills, DER SPIEGEL, 38 (1972), S. 102